EE

Donald W. Goodwin

Alkohol & Autor

Aus dem Englischen
von Michael Pfister

Edition Epoca

Titel der amerikanischen Originalausgabe:
«Alcohol and the Writer»
erschienen bei Andrews and McMeel, Kansas City 1988

Für Sarah (beide), William und Mary und Caitlin

1. Auflage, November 1995

Satz und Gestaltung: Tatiana Wagenbach-Stephan, Zürich
Schuber: Gregg Skerman, Zürich
Druck und Bindung: Kösel, Kempten

ISBN 3-905513-00-5

Inhalt

Vorbemerkung des Übersetzers

Die Rivalität zwischen Nordamerika und Europa zeigt sich auf so manchem Gebiet. Daß das Konkurrenzdenken auch Literatur und Kunst durchzieht, wird deshalb niemanden erstaunen. Weit ungewöhnlicher nimmt sich da schon der Umstand aus, daß Donald Goodwin nicht etwa behauptet, Amerika habe die besseren Schriftsteller, sondern die besten Trinker unter den Schriftstellern. Da mag der Europäer spöttisch die Brauen hochziehen und an seinem Malt Whisky nippen, schließlich blickt er auf eine Ahnenreihe zurück, die eindrücklich genug ist: Angefangen bei Platons Symposion, das heute manchmal mit «Zechgelage» übersetzt wird, über die römischen Oden an den Wein bis zu Oswald von Wolkensteins drängendem Gesang («Herr Wirt, uns macht der Durst Beschwerden, trag auf Wein, trag auf Wein, trag auf Wein») wurden millionenweise Krüge geleert und Verse gedrechselt, bevor Amerika überhaupt entdeckt war. Rabelais' mit Wein gesäugter Gargantua schlug die Brücke in die Neuzeit, zu den Heerscharen trinkender Schreiber, mit denen man ein eigenes Lexikon füllen könnte. Am Anfang des Jahrhunderts etwa Alfred Jarry, dieser «Surrealist im Absinth» (André Breton), dann der «heilige Trinker» Joseph Roth oder in der jüngeren deutschsprachigen Literatur neben vielen anderen Uwe Johnson, Ingeborg Bachmann, Friedrich Dürrenmatt oder Werner Schwab, der einen außergewöhnlich schnörkellosen Alkoholtod gestorben ist.

Donald Goodwin weiß um diese europäische Tradition, er weiß ebenfalls, daß es der bunten Literaturszene Nordamerikas auch in der zweiten Hälfte des zwanzigsten Jahrhunderts nicht an Süchtigen und Durstigen fehlt. Dennoch begreift er die erste Jahrhunderthälfte als Blütezeit der Allianz zwischen Alkohol und Autor und verengt den allzu weit schweifenden Blick auf eine Handvoll Dichter, die – mit Ausnahme des Vorsäufers Poe – alle um die Jahrhundertwende herum geboren wurden, alle dem Alkohol verfielen und alle – mit Ausnahme von Simenon – das

Image der amerikanischen Literatur entscheidend prägten. Man kann Goodwins Buch nicht nur als Annäherung an die bemerkenswerten Zusammenhänge zwischen Rausch und Kunst lesen, sondern auch als eine sehr persönliche Geschichte der amerikanischen Literatur von 1920 bis 1960 unter einem ganz bestimmten Gesichtspunkt. Der Alkohol ist gleichsam der rote Faden beim Parcours durch einen bewußt ausgewählten Bereich der Weltliteratur. Die Fokussierung auf Amerika hat zur Folge, daß für den deutschsprachigen Leser die eine oder andere knappe Information nötig wird, vor allem zu weniger bekannten Personen des amerikanischen Literatur- und Medienbetriebs; die Anmerkungen des Übersetzers erheben allerdings keinen Anspruch auf Vollständigkeit.

Goodwins Vorgehen mag altmodisch wirken; der biographische Zugang erfreut sich bei ihm ungebrochener Beliebtheit. Das ist beim Forschungsgegenstand Alkohol allerdings auch sinnvoll. Anekdoten sind wahrscheinlich aussagekräftiger als Statistiken, und die individuellen Trinkgewohnheiten, die Lebenssituationen, in denen der Griff zur Feder durch den Griff zur Flasche verdoppelt oder erst ermöglicht wird, prägen Stil und Erzählrhythmus des jeweiligen Autors. Alkohol schafft ein bestimmtes Klima, eine Grundstimmung; das Trinken wird zur Wettermacherei. Dies war auch der Verdacht des Rausch-Experten Baudelaire, als er sich mit Edgar Allan Poe beschäftigte: Das Saufen des Dichters als «mnemonische Methode», bei der man sich berauscht, um wieder zu Vision und Inspiration zu gelangen: «Der Dichter hatte so zu trinken gelernt, wie sich ein sorgsamer Literat Notizhefte anlegt. Er konnte dem Wunsch nicht widerstehen, die wunderbaren oder auch schrecklichen Visionen, die feinsinnigen Gedanken wieder aufleben zu lassen, denen er schon bei einem früheren Sturmgewitter begegnet war.» Jeder Trinker schafft sich seine eigene Atmosphäre, jeder Schriftsteller verdankt seine Visionen einem besonderen Trunk. Man kann Goodwins Porträts sowohl zum Anlaß nehmen, die in den meisten Fällen zu Klassikern gewordenen Werke wieder neu zu lesen, oder auch dazu, die Lieblingsdrinks der acht Autoren zu probieren: Mit Hemingway genehmigt man sich einen «Papa

Dobles» (allenfalls auch einen «Mojito» oder einen «Daiquiri»), mit Simenon trinkt man den Wein aus der Zehnliterflasche oder spricht dem Cidre zu, von Fitzgerald stammt die Empfehlung, einen «Bronx» zu bestellen, nur Poes Lieblingsgift, den Absinth, kann man heute nicht mehr auf legale Weise genießen.
Im Kapitel über Poe vertritt Donald Goodwin die «amerikanische» Position (im Gegensatz zur «französischen»), Poe sei nicht opiumabhängig gewesen, vielmehr verdankten sich seine literarischen Visionen dem besagten, damals noch überall erhältlichen Absinth. Dies, obwohl ihm bewußt ist, daß auch die «anderen Drogen» – vom Opium über Kokain zu Peyotl – einen nicht zu unterschätzenden Einfluß auf die Literaturproduktion haben können, namentlich in den letzten Jahrzehnten auch in Amerika und viel früher schon in Europa (de Quincey, Baudelaire, Rimbaud, Artaud usw.). Was den Alkohol (neben dem geschmacklichen Genuß!) auszeichnet und was am schönsten vielleicht bei Malcolm Lowry nachvollziehbar wird: Alkohol wirkt langsam, aber sicher – zuerst fein und dann immer heftiger; Alkohol ist keine Droge, um schlagartig Urlaub von der Realität zu nehmen, ganz im Gegenteil: die Verbindung zum «normalen» Leben bleibt quälend lange erhalten. Alkohol schafft mehr als andere Substanzen ein Miteinander von Realität und Rauschtraum; er ist ein hochgradig paradoxer Wirkstoff und führt zugleich zu Überreizung und Abstumpfung, zu Luzidität und Vergessen; Alkohol erleichert Kommunikation und macht einsam, er kann Fröhlichkeit und Trauer auslösen, er weckt Zärtlichkeit und Gewalt; je nach Situation wird er als Verengung oder als Erweiterung erlebt, und er gilt mit gleichem Recht als Mittel zur Selbsterfahrung und als schnellster Weg zum Selbstverlust – die Selbstzerstörung bleibt kaum je aus, auch das geht aus Goodwins biographischen Skizzen hervor.
Der von Donald Goodwin zitierte britische Autor Alistair Cooke meldet Zweifel an. Warum sollte es unter den Schriftstellern mehr Alkoholiker geben als unter den Klempnern? Goodwin ist es um den Nachweis der statistischen Häufigkeit zu tun, aber selbst wenn wir auch den Klempnern ihr Bier gönnen wollen, zeichnet sich der Berufsstand des Schriftstellers (oder wenigstens

des künstlerisch Tätigen) doch durch eine Besonderheit aus: Das Saufen scheint sich bezahlt zu machen. Wenn Klempner, Arzt oder Taxi-Chauffeur trinken, fügt uns dies womöglich Schaden zu, beim Gemüseverkäufer oder beim Steuerbeamten erwachsen zumindest keine nennenswerten Vorteile, dem Schriftsteller aber wird die Flasche zur Muse und zum Arbeitsgerät: «Dem Alkohol müßte man Tantiemen zahlen», schreibt Wilfried Schoeller in seinem Artikel «Das letzte Glas» (*du*, 12/1994), «er ist der mächtigste Erzeuger von Literatur, der sich denken läßt.» Vielleicht könnten Schnapsfirmen mit urheberrechtlichen Argumenten einen Teil jener manchmal in die Millionenbeträge schnellenden Schadenersatzsummen wieder einfordern, die in Amerika schon an die Opfer von Leberzirrhose und anderen alkoholbedingten Zerfallserscheinungen entrichtet werden mußten …

«Prosit!» heißt «Möge es nützen!». Goodwins Darstellungen trunksüchtiger Schriftsteller und vor allem die Werke, die uns diese hinterlassen haben, machen deutlich, daß man den Nutzwert von Alkohol bei der Produktion von Kunstwerken nicht unterschätzen darf. Dank sei dir, Dionysos, für Trunk und Buch!

Vorwort

Bücher und Alkohol entdeckte ich etwa im gleichen Alter: mit sieben. Ein Nachbar lieh mir ein Abenteuerbuch für Knaben, und ich kam davon nicht mehr los. Den Alkohol verdanke ich Onkel Ralph: Der brachte seine Verlobte Alice in unser Haus in Kansas City, um sie dort zu heiraten. Außerdem brachte er ein Six-Pack Bier mit – das erste Mal, daß Alkohol in unserem Haus überhaupt zugelassen war. Mein Vater pflegte in seiner kleinstädtischen Zeitung sogar Bierreklamen zurückzuweisen. Ralph war ein Ex-Football-Star, der Held meiner Kindheit. Alice war wunderschön. Sport, Frauen und das Six-Pack wurden in meinem Kopf eins. Das sind sie noch heute.

Ich studierte Anglistik in einem kleinen Methodisten-College, wo Alkohol verboten war. Schon die unteren Semester tranken viel und, weil sie nicht erwischt werden wollten, sehr schnell. Auch gewisse Bücher waren verboten, und erst im letzten Teil meines Studiums an der Columbia University bekam ich *Lady Chatterley* in die Finger. Zu dieser Zeit war für mich bereits klar: was verboten ist, macht wohl auch Spaß.

In New York fand ich einen Job bei einer Zeitungsagentur, wo ich persönliche Kolumnen schreiben durfte. Ich entdeckte den Three-Martini-Lunch, aber irgend etwas fehlte, denn jetzt waren die Drinks legal.

Mit dem Geld, das mir meine Kolumnen einbrachten, absolvierte ich ein Medizinstudium. Ich wurde Psychiater, wollte Forschungsarbeit leisten und brauchte ein Thema. Meine Wahl fiel auf den Alkohol. Dafür gab es durchaus vernünftige Gründe, aber ich habe den Verdacht, daß auch Onkel Ralph und sein Six-Pack nicht ganz unschuldig daran waren.

Die erste Entdeckung, die ich als Forscher machte, war die Erkenntnis, daß Schriftsteller sehr viel trinken – womöglich mehr als irgend jemand sonst. Sechs amerikanische Nobelpreisträger für Literatur gab es, und vier davon waren Alkoholiker. (Der fünfte trank ebenfalls ziemlich viel, und die sechste war Pearl S.

Buck, die den Preis wahrscheinlich gar nicht verdiente.) Dies kam der höchsten Alkoholikerquote gleich, die ich in einer Berufsgruppe überhaupt ausmachen konnte; sie übertrifft sogar den Prozentsatz unter den irischen Einwanderern in Boston.

Über diese meine Entdeckung schrieb ich in Zeitungen und Magazinen und erhielt prompt das Angebot, über das Thema ein Buch zu machen, was ich allerdings ablehnte. Meine Forschungsarbeit setzte ich jedoch fort, und schließlich schrieb ich auch Bücher über Alkohol und andere Themen wie zum Beispiel Angstzustände und psychische Erkrankungen, die von Random House und der Oxford University Press veröffentlicht wurden. 1988 brachte ich bei Ballantine ein Buch über Alkohol und Erblichkeit heraus, ein Thema, mit dem ich mich seit nunmehr zwanzig Jahren (hauptsächlich in Dänemark) auseinandersetze.

Jetzt habe ich endlich das lange hinausgezögerte Buch über die trinkenden Schriftsteller geschrieben. Mit den Jahren wuchs meine Überzeugung, daß der Alkoholismus unter (amerikanischen) Schriftstellern einer Epidemie gleichkommt. Was hinter dieser Epidemie steckt, ist das Thema dieses Buches, das von einem Blick auf die tragischen Lebensgeschichten einiger Autoren illustriert wird, die der Epidemie zum Opfer gefallen sind.

Einleitung

Ich glaube, in gewisser Hinsicht ist das Schreiben über das Trinken
mit dem Trinken selber vergleichbar:
Man macht immer weiter, ohne es zu merken,
und weiß nicht, an welcher Stelle man besser aufhören sollte.
(James Boswell, London Magazine*)*

Können Sie mir fünf amerikanische Autoren seit Poe nennen,
die nicht an der Trunksucht gestorben sind?
(Sinclair Lewis)

Dieses Buch geht von einer Hypothese aus. Die Hypothese besagt, daß berühmte amerikanische Schriftsteller aus der ersten Hälfte des zwanzigsten Jahrhunderts eine ungewöhnliche Anfälligkeit für eine Krankheit bewiesen, die man landläufig Alkoholismus nennt.

Sie unterstellt, daß der Alkoholismus bei amerikanischen Schriftstellern mithin die Ausmaße einer Epidemie annahm. Für diese Behauptung sollen Beweise erbracht werden.

Wie viele andere Epidemien wird auch die hier zur Frage stehende gerne heruntergespielt. Der britische Schriftsteller Alistair Cooke[1] meinte zum Beispiel: «Schwere Trunksucht ist eine Krankheit, von der jedes Metier, jeder Beruf betroffen ist. Einen Klempner kann es genauso gut erwischen wie einen Schriftsteller.»

Aber dann fährt er (sich selber widersprechend?) fort: «Das Hemingway-Fitzgerald-Faulkner-O'Hara-O'Neill-Syndrom scheint ein amerikanisches Leiden zu sein, das ich nicht durchschaue.» Man braucht das Syndrom wohl nur durch genügend Namen zu erweitern, um eine Epidemie daraus zu machen.

Auch Michael Crichton[2] gibt sich skeptisch: «Auch wenn es zutreffen mag, daß Schriftsteller mehr trinken als andere Leute, möchte ich doch bezweifeln, daß sie häufiger als andere Leute zu Zwecken trinken, die man mit ‹Selbsterfahrung› umschreiben könnte. Ich kenne eine ganze Menge berühmter wie auch eher unbekannter Maler, deren Trunksucht ins Bodenlose geht, und an alkoholsüchtigen Schauspielern und Regisseuren herrscht bestimmt kein Mangel. Was all diese Leute verbindet, ist eine Arbeitsweise, die ein beträchtliches Maß an öffentlicher Zurschaustellung erfordert – und sei es nur die Hoffnung darauf oder die Angst davor. ... Es hat mich überrascht, zu sehen, wie viele Leute im ‹Kunstbetrieb› ... zu schweren Trinkern werden, und wie viele von ihnen aus ebendiesem Grund überhaupt nicht trinken, und zwar auf jene vorsichtige, leicht verlegene Art und Weise, die auf ein Alkoholproblem irgendwo in der Vergangenheit hindeutet.»

Auch Barnaby Conrad meldet Zweifel an. Die Öffentlichkeit sehe die meisten arbeitenden Menschen *bei der Arbeit* – «der Fleischer, der Bäcker, der Arzt, der Anwalt treten dann in Erscheinung, wenn sie arbeiten. Der Schriftsteller zeigt sich – wenn überhaupt – nur in seiner Freizeit.» Außerhalb seiner Arbeitszeit entspanne sich der Schriftsteller wohl gern und trinke dabei vielleicht auch, so daß sich der Mythos vom trinkenden Schriftsteller weiterentwickeln könne. Das Publikum sehe ihn nie zu Hause, in nüchternem Zustand, über die Schreibmaschine gebeugt. Conrad schreibt: «Jedes Jahr sterben 100000 Amerikaner an Alkoholismus. Nicht *alle* von ihnen sind Schriftsteller.» Schon möglich. Objektive Daten sind nur schwer aufzutreiben. Die Todesursache Leberzirrhose, eine eng mit dem Alkoholismus zusammenhängende Erkrankung, wird in offiziellen (aber nichtsdestoweniger suspekten) Statistiken aufgeführt. Nach den Barkeepern bilden die Schriftsteller jene Berufsgruppe, die am zweithäufigsten von der Todesursache Leberzirrhose betroffen ist (zuunterst auf der Liste stehen die Briefträger).

Dies sind die harten Fakten. Nun können wir zu den Umfragen übergehen.

Ring Lardner Jr.[3] entnahm einem Almanach eine Liste mit 187 amerikanischen Schriftstellern aus dem zwanzigsten Jahrhundert. Seines Wissens war ein Drittel davon alkoholsüchtig, und dabei hatte er, wie er meinte, noch ein paar übersehen. Seiner Einschätzung zufolge lag damit der Prozentsatz mindestens dreimal höher als in der Gesamtbevölkerung. (Lardner kannte allerdings keine Einzelheiten über den Prozentsatz in der ganzen Bevölkerung, der allerdings auch schwer zu bestimmen ist. In

Haushaltungen durchgeführte Untersuchungen sind in diesem Fall nicht verläßlich, denn Alkoholiker sind selten zu Hause, wenn der Forscher mit dem Fragebogen an die Tür klopft, und von denen, die zu Hause sind, lügen wahrscheinlich viele.)

Was amerikanische Träger des Nobelpreises für Literatur angeht, so beträgt deren Alkoholikeranteil über 70 Prozent. Der erste war Sinclair Lewis – ein starker Alkoholiker. Dann kam Eugene O'Neill – ein starker Alkoholiker. Sodann Pearl S. Buck, die kaum trank. (Frauen neigen weniger oft zu Alkoholsucht als Männer, da sie sozusagen besser davor geschützt sind, und da Buck als Kind eines Missionarenpaares in China aufwuchs, war sie noch besser geschützt.) Es folgte William Faulkner – ein starker Alkoholiker. Dann Ernest Hemingway – ein Alkoholiker auch er («Trinken ist eine Art und Weise, den Tag ausklingen zu lassen.»). Der nächste ist John Steinbeck – gewissen Zeugnissen zufolge ein «beidhändiger» Trinker, anderen zufolge einfach ein Alkoholiker. (Steinbecks Trunksucht wird ab Seite 113 einer «wissenschaftlichen» Prüfung unterzogen – wenn auch lediglich so wissenschaftlich wie Freuds Analyse eines Rechtsanwaltes, die bloß auf einem Buch über diesen Mann beruhte – , und der Befund lautet bei Steinbeck ebenfalls: Alkoholismus.) Alsdann kommen wir zu einem jüdischen Preisträger, Saul Bellow. Wie die Frauen sind Juden, ungeachtet ihres Berufes, gegen Alkoholismus «gefeit» – aus Gründen, über die nur spekuliert werden kann. Bellow ist ein maßvoller Trinker.

Das sind alle amerikanischen Träger des Nobelpreises für Literatur, mit Ausnahme von T. S. Eliot, der den größten Teil seines Lebens in England verbrachte und die englische Staatsbürgerschaft erhielt, weshalb er für gewöhnlich nicht als amerikanischer Autor aufgelistet wird (vor allem dann nicht, wenn etwas bewiesen werden soll).[4] Der polnische Schriftsteller Isaac Bashevis Singer gewann den Preis ebenfalls und lebt in Amerika, schreibt jedoch in jiddischer Sprache – Grund genug, ihn nicht zu berücksichtigen.

1987 ging der Nobelpreis an den russischen Lyriker Joseph Brodsky, der fünfzehn Jahre zuvor seines Landes verwiesen worden war und die amerikanische Staatsbürgerschaft erlangt hatte.

Die meisten seiner Gedichte sind in russischer Sprache geschrieben. Wie steht es um seine Trinkgewohnheiten? Als er vom Erhalt des Preises erfuhr, saß er gerade mit John Le Carré beim Mittagessen und «nippte an einem Whiskey». Dieser Whiskey wird in fast allen Berichten erwähnt, denn Reporter haben stets ein wachsames Auge auf den Zusammenhang zwischen Trinken und Schreiben, aber es gibt keine Belege dafür, daß Brodsky alkoholsüchtig wäre. Obwohl Rußland als ein Reich der Saufbolde verschrien ist, scheint Alkoholismus unter russischen Schriftstellern eher die Ausnahme zu sein.

Fassen wir zusammen: Wir haben es mit sieben amerikanischen Preisträgern zu tun: vier sind eindeutige Alkoholiker, der fünfte wahrscheinlich auch, der sechste ist eine Frau und der siebte Jude. Fünf von sieben, das macht 71 Prozent, unbestreitbar der höchste Prozentsatz von Alkoholikern in jeder genau definierten Personengruppe.

Eine weitere Erhebung: In den fünfziger Jahren machte Upton Sinclair eine Liste der fünfzehn schlimmsten Säufer, denen er je begegnet war. Zehn davon waren Schriftsteller. Von den anderen fünf hatten alle einmal *ein bißchen* geschrieben. Freilich war die Studie unwissenschaftlich und basierte auf Berühmtheiten, die Sinclair persönlich gekannt hatte.

Ein letztes Beweisstück: Als Nancy Andreasen an einem Autoren-Workshop an der University of Iowa Schriftsteller untersuchte, fand sie unter Anwendung der gängigen Kriterien heraus, daß 30 Prozent von ihnen Alkoholiker waren. Mehr zu dieser wichtigen Studie im Schlußkapitel.

Vielleicht die beste Strategie, um zu beweisen, daß es sich in der Tat um eine Epidemie handelt, besteht darin, jemanden dazu zu überreden, in einer halben Stunde jeden amerikanischen Schriftsteller aufzuschreiben, der ihm in den Sinn kommt und der von Zeitgenossen oder Biographen als Alkoholiker eingeschätzt wurde oder wenigstens genug trank, um sich (wenn vielleicht auch manchmal ungerechtfertigterweise) den Ruf eines Alkoholikers zu erwerben. Es folgt nun eine solche Liste, die sich allerdings auf Schriftsteller beschränkt, die bereits gestorben sind (vielleicht muß ich hinzufügen: die *ganz sicher* gestorben sind):

Edgar Allan Poe, Edwin Arlington Robinson, Ambrose Bierce, Theodore Dreiser, Hart Crane, Sinclair Lewis, Eugene O'Neill, Edna St.Vincent Millay, Dorothy Parker, F. Scott Fitzgerald, Ring Lardner, Ernest Hemingway, John O'Hara, William Faulkner, John Steinbeck, Dashiell Hammett, Thomas Wolfe, John Berryman, J. P. Marquand, Wallace Stevens, E. E. Cummings, Theodore Roethke, Edmund Wilson, James Thurber, Jack London, Tennessee Williams, Truman Capote, William Inge, Robert Benchley, Jack Kerouac, O. Henry (William Sydney Porter), Mr. Dooley (Finley Peter Dunne), John Cheever, Conrad Aiken, Woolcott Gibbs, Stephen Crane, Philip Barry, James Jones, Robert Ruark, William Saroyan, Irwin Shaw, Delmore Schwartz, Robert Lowell, Randall Jarrell, Jean Stafford, James Agee, Ralph Maloney, Raymond Chandler, plus, dem nicht-alkoholsüchtigen Theaterkritiker Brendan Gill zufolge: praktisch jeder Autor, der in den dreißiger Jahren für den *New Yorker* schrieb.

Nur einer davon, Poe, gehört dem neunzehnten Jahrhundert an. Alle anderen starben im zwanzigsten Jahrhundert. Die Liste ist unvollständig. Professor George Wedge von der University of Kansas, vermutlich der weltweit führende Spezialist auf dem Gebiet der trinkenden Schriftsteller, hat eine Liste von 150 berühmten amerikanischen Autoren zusammengestellt, die Alkoholiker oder zumindest schwere Trinker waren. Meine Liste habe ich aus dem Kopf und in nur dreißig Minuten geschrieben. Problemlos.
Hingegen ist es schwierig, amerikanische Autoren des zwanzigsten Jahrhunderts zu nennen, die *keine* Alkoholiker waren. Wenn Robert Frost, Edith Wharton, Willa Cather, Upton Sinclair, Edgar Guest, Pearl S. Buck, Herman Wouk, James Michener, Jessamyn West und ein paar andere einmal aufgezählt sind, wer bleibt noch übrig? Natürlich gibt es noch einige weitere, aber die meisten von ihnen sind jüngere Autoren – zu jung, als daß schon Biographien von ihnen vorliegen könnten.
Wer sich mit Alkohol beschäftigt, bemüht sich meist auch fieberhaft, eine Definition von *Alkoholismus* geben zu können. Dieser Begriff wird in diesem Buch in einem ziemlich weiten Sinne verwendet. Das Kapitel über Steinbeck sucht nach einer etwas

genaueren Definition von Alkoholismus. Man könnte vielleicht sagen, mit Alkoholismus werde ein Trinktrieb bezeichnet, der stark genug ist, um die Gesundheit, die gesellschaftlichen Beziehungen und die Produktivität eines Menschen zu beeinträchtigen.

Das Diagnoseproblem stellt sich nicht bei eindeutigen Alkoholikern wie O'Neill, Faulkner oder Lowry, sondern bei Trinkern wie Hemingway und Steinbeck, die keine Mühe scheuen, ihr persönliches Alkoholproblem in Abrede zu stellen. Die Diagnose wird zusätzlich durch den Umstand erschwert, daß Freunde und Verwandte einen zur letzterwähnten Gruppe gehörenden Schriftsteller bei verschiedenen Gelegenheiten in ganz unterschiedlichem Maße trinken sehen (außerdem sind Freunde und Verwandte auch nicht immer zuverlässig).

Steinbecks Biograph schrieb beispielsweise mehr als 1100 Seiten über sein Thema, ohne je auf die zahlreichen Berichte einzugehen, denen zufolge Steinbeck auf seiner Nordafrikareise als Kriegsberichterstatter andauernd betrunken gewesen sei. Hemingways Trinkgewohnheiten haben zu vielen Meinungsverschiedenheiten Anlaß gegeben. Einigen Beobachtern – und auch seiner eigenen Darstellung – zufolge, hüpfte er jeweils um sechs Uhr morgens aus dem Bett, schrieb schön brav bis zwölf Uhr mittags, wobei er etwa fünfhundert Worte zustande brachte, und betrank sich vormittags nie. Seinem Sohn Gregory zufolge stand er um fünf Uhr morgens auf und schrieb bis zehn. «Ich wußte, daß er Schriftsteller war, aber ich sah ihn nie schreiben … denn ich stand immer erst gegen zehn Uhr auf. Um diese Zeit stand er jeweils herum, hatte einen Drink in der Hand und fragte: ‹Was willst du heute unternehmen?› … er trank dann den ganzen Tag und den ganzen Abend lang, stand aber dennoch am nächsten Morgen wieder auf, um zu schreiben.»

Feine Unterschiede, doch wem soll man Glauben schenken? Vielleicht bezog sich Gregory auf eine andere Lebensphase als Ernest selber. Es gilt, das Gesamtbild zu untersuchen und so zu einem Urteil zu gelangen, das natürlich immer noch trügerisch sein kann.

Über einen Punkt scheint man sich vollkommen einig zu sein: In der ersten Hälfte des zwanzigsten Jahrhunderts waren Amerikas Schriftsteller dem Alkohol sehr zugetan. Er war in der Welt der Literatur der Gesprächsstoff Nummer eins.

«Ich glaube, man muß unglaublich lange suchen, wenn man in der amerikanischen Literatur des zwanzigsten Jahrhunderts einen Autor finden will, der nicht ein Trunkenbold oder wenigstens ein schwerer, regelmäßiger Trinker war», schreibt Matthew J. Bruccoli.

«Schnaps hat in den Lebensläufen der modernen amerikanischen Autoren eine mindestens so zentrale Rolle gespielt wie Begabung, Geld oder Frauen», schreibt Alfred Kazin.

«In diesem Land», meint Brendan Gill, «ist die Beziehung zwischen Autoren und Alkohol merkwürdigerweise viel enger als in jedem anderen Land, das ich kenne.»

In seiner Antwort auf den Einwand von Alistair Cooke, Schriftsteller seien keine schlimmeren Trinker als Klempner, stellte Barnaby Conrad fest, wenn die Alkoholikerquote bei großen Klempner so hoch wäre wie bei großen Schriftstellern, dann «wären Amerikas Wasserleitungen andauernd verstopft».

Conrad hatte einen schriftstellernden Freund, der jeweils sein «stahlblaues, mit Gin gefülltes» Glas hob, «es schwenkte, als wäre es das ultimative Hilfsmittel, um gut zu schreiben, und entschuldigend erklärte: ‹Nennt mir, abgesehen von Mary Baker Eddy[5] doch nur einen einzigen amerikanischen Schriftsteller, der kein Säufer war.› Ein weiterer befreundeter Autor soll auf die Scotch-Flasche gedeutet haben, die zwischen Conrad und ihm auf dem Tisch stand, mit der nachdenklichen Bemerkung: «Was hat eine volle Schnapsflasche bloß an sich, daß sie jedem amerikanischen Schriftsteller das Gefühl vermittelt, er könne gar nicht anders, als sie so schnell wie möglich zu leeren?»

Jeder, der sich sein Leben mit Schreiben verdient, und jeder Inhaber eines Universitätsabschlusses in englischer Literatur verfügt über einen Vorrat an Witzen über trunksüchtige Schriftsteller. Mein Lieblingswitz geht so:

Dorothy Parker besuchte zusammen mit einer Freundin ein Leichenhaus in New York, um einem berühmten Schriftsteller, der frühzeitig verstorben war, die letzte Ehre zu erweisen.

Als sie so in den Sarg schauten, seufzte die Freundin: «Sieht er nicht wunderschön aus?»
«Kein Wunder», versetzte Dorothy, «er hat ja auch seit drei Tagen nichts getrunken.»

Wie soll man sich den hohen Anteil an Alkoholikern unter den Schriftstellern erklären? Ist diese Verknüpfung reiner Zufall? Trinken Schriftsteller aufgrund der Art ihrer Arbeit oder des Lebens, das sie führen? Verfallen schlechte oder unbekannte Autoren dem Alkohol ebenso oft wie berühmte Schriftsteller? (Führt vielleicht gerade der Ruhm zum Alkoholismus?) Haben literarische Begabung und Alkoholismus vielleicht dieselben Wurzeln? Gibt es bei guten Schriftstellern irgendeine angeborene Eigenheit, die sie für den Alkoholismus prädisponiert?
Die Schriftsteller in diesem Buch wurden ausgewählt, um diesen Fragen nachzugehen. Sechs von ihnen sind Amerikaner, vier Nobelpreisträger. Der siebte ist ein belgischer Romancier, der in Frankreich lebte und wie die Franzosen trank, um dann später nach Amerika zu ziehen und dort nach amerikanischer Art zu trinken. Der achte ist ein englischer Romancier, dessen – nicht hundertprozentig erfolgreiche – Entziehungskur darin bestand, in der kanadischen Wildnis zu leben.
Die Auswahl erfolgte mit Bedacht, nämlich im Sinne des Versuchs, ein komplexes Problem aus vielen verschiedenen Winkeln zu beleuchten. Das Schlußkapitel nimmt sich vor, eine Erklärung zu liefern.

---

[1] Allistair Cooke (geb. 1908), amerikanischer BBC-Journalist und Autor.

[2] Michael Crichton (geb. 1942), namhafter Bestseller-Autor und Verfasser erfolgreicher Hollywood-Vorlagen wie *Westworld*, *Jurassic Park*, *Disclosure* etc.

[3] Ring Lardner Jr. (geb.1915), Sohn des Schriftstellers und Komikers Ring Lardner; Journalist und Drehbuchautor; für das Drehbuch zu Robert Altmans Film *MASH* gewann er einen Oscar.

[4] Einer unlängst erschienenen Biographie von Peter Ackroyd zufolge könnte Eliot mehr getrunken haben, als man vielleicht glauben möchte. «Sein ganzes Leben lang», so berichtet Ackroyd, «trank er ziemlich viel», und er bekannte, daß er «auf Alkohol angewiesen war, um sich in Schreibstimmung zu versetzen». Im Jahre 14 v. Chr. schrieb Horaz: «Gedichte, die von Wassertrinkern geschrieben wurden, können nicht lange Gefallen erregen oder überleben.» Eliots Gedichte haben überlebt, und vielleicht kennen wir nun den Grund dafür. Dennoch hat ihn nie jemand als Alkoholiker bezeichnet. (Anm. d. Autors)

[5] Mary Baker Eddy (1821–1910), religiöse Führerin und Gründerin der «Church of Christ», spirituelle Heilerin.

Edgar Allan Poe
(1809–1849)

Der Ehrenvorsitzende des Vereins

Was Sie fälschlich für Verrücktheit nehmen,
ist nichts denn eine Überschärfe der Sinne.
(Edgar Allan Poe, Das verräterische Herz)

In seinem Gehirn steckt eine kleine Dampfmaschine,
die nicht nur die Gehirnmasse in Bewegung setzt,
sondern ihren Besitzer keinen Augenblick lang aus dem Heißwasserbad entläßt.
(New York Mirror)

[Poe] gehörte zu jener Bruderschaft der Glanzvollen und Verfemten,
deren Fehlern die Welt mit Nachsicht begegnet,
teils aufgrund der Begabungen, mit denen sie gesegnet sind,
teils aufgrund des Elends, das ihnen stets auf den Fersen ist.
(Richard Henry Stoddard)[1]

In den frühen achtziger Jahren unseres Jahrhunderts ersuchten ein paar Vertreter der New Yorker Literaturszene ihren Bürgermeister darum, eine Straße nach Edgar Allan Poe zu benennen. Der Bürgermeister, der auf den Namen Ed hörte (und – wie Poe – als Kind Eddie gerufen worden war), erklärte sich einverstanden.[2] Man wählte eine Straße in der Nähe jenes Bauernhauses im Norden der Stadt, wo Poe 1845 den *Raben (The Raven)* geschrieben hatte, also in der zu Poes Zeiten noch bewaldeten Gegend von 84. Straße und Broadway. Auf dem Schild, das man aufstellte, stand zu lesen: «Edgar Allen Poe St.» Der Bürgermeister heimste Glückwünsche ein, und alle Anglistik-Studenten waren selig.

Erst Tage später fiel jemandem (wahrscheinlich einem Mathematik-Studenten) auf, daß mit dem Schild etwas nicht stimmte: Poes Mittelname war falsch geschrieben. Richtig hätte es, nach Poes Pflegevater John Allan, «Allan» heißen müssen. Trotzdem ließ die Stadt das Schild noch lange stehen. Edgar Poe wäre wohl stolz darauf gewesen, und die falsche Schreibweise hätte er höchstens mit einem Achselzucken quittiert, paßte sie doch gut zu seinem ganzen Leben, einer einzigen Folge von Identitätskrisen.

Sein Pflegevater rief ihn Master Allan, wenn er mit ihm zufrieden war, Master Poe, wenn er ihn tadeln wollte. Man nannte ihn bald ein Genie, bald einen Schreiberling. Er war Romantiker und Realist, Geisterseher und Logiker zugleich. Longfellow verachtete ihn, in den Augen Baudelaires war er großartiger als eine Mischung von Shakespeare und Cannabis. Er war bemüht, sich wie ein Gentleman aus den Südstaaten zu kleiden, doch er sah aus wie ein schäbiger Leichenbestatter. Er war zugleich höflich und grob. Er war ein Damenheld, doch Sex war seine Sache nicht. Er war ein As in Kryptographie, er hätte einen Teufelskerl von einem Glücksspieler abgeben und auf dem Literaturmarkt ein Bombengeschäft machen können; statt dessen darbte er in Armut und starb ohne einen roten Heller in der Tasche.

Die Poe-Biographien sind Legion, aber keine von ihnen sagt das gleiche: Der erste Biograph – von Poe selbst als literarischer Testamentsvollstrecker auserkoren – vollstreckte statt dessen ein rachetriefendes Todesurteil.[3] Er verglich Poe mit einer Figur aus einem Roman von Bulwer[4]: «... reizbar, mißgünstig ... von einem kalten, abstoßenden Zynismus, während er seinen Leidenschaften hämisch Luft machte ... er war in krankhafter Ausprägung von jenem Streben nach Berühmtheit besessen, das man landläufig Ehrsucht nennt ...». Ein anderer Biograph zeichnete Poe als einen großzügigen und arbeitsamen Musterbürger. Beide nannten ihn ein Genie. *Alle* seine Biographen halten Poe für ein Genie, aber das ist auch schon der einzige Punkt, in dem sie sich einig sind.

Warum ihre Ansichten derart auseinanderklaffen, ist unerklärlich. Was W. H. Auden über die Anti-Poe-Biographen sagte, trifft auch auf die Pro-Poe-Biographen zu: «Daß ein Mann einen anderen nicht mag und nach dessen Tod schlecht von ihm spricht, ist ja ganz natürlich, aber sich solche Mühe zu machen, um einen guten Leumund auf derart raffinierte Weise anzuschwärzen, erfordert einen dauerhaften Haß, was immer sehr interessant ist, denn die Fähigkeit, dauerhafte Gefühle zu empfinden, ist eher selten.»

Es macht die Sache nicht leichter, daß Poe mit vierzig starb, während viele seiner Zeitgenossen ein hohes Alter erreichten und nur wenige von ihnen der Versuchung zu widerstehen vermochten, der Welt mitzuteilen, was für ein Mann Poe in Wirklichkeit gewesen sei. Noch vierzig oder fünfzig Jahre nach seinem Tod warteten Schriftstellerkollegen, literarisch angehauchte Damen sowie der Arzt, der an seinem Sterbebett zugegen war, mit ihrer je eigenen Version von Poe auf. Diese Versionen wichen stark voneinander ab.

Dies ist heute nicht anders. Als 1978 zwei neue Poe-Biographien erschienen, hätte man meinen können, 129 Jahre nach dem Tod des Mannes sei genügend Zeit verstrichen, um die Sachlage zu klären. Offensichtlich ist dem nicht so: Der eine Biograph behauptet, Poe sei opiumsüchtig gewesen; der andere läßt verlauten, hierfür gebe es keine Beweise. Hier stirbt Poes Mutter mit einundzwanzig, dort mit vierundzwanzig Jahren. Einer gibt das genaue Todesdatum seines Vaters an; der andere meint, niemand wisse, wann er gestorben sei. Der eine, mit hübschen Bildern ausgestattete Wälzer beschreibt die Menschen und Ereignisse in Poes Leben bis in die feinste Einzelheit; der andere Biograph warnt den Leser, er solle *rein gar nichts* von alledem glauben, was über Poe geschrieben worden sei, und vermutlich meint er damit auch das, was er selber über ihn geschrieben hat.

Wo soll man inmitten solcher Wirrsal ansetzen? Bei den Genen natürlich.

Die übliche Warnung: Waren es überhaupt *Poes* Gene? Sagen wir doch ja, denn wenn wir nein sagen, müßte man gleich mit dem Milieu weitermachen, wo es noch viel mehr Fragezeichen gibt.

Poes Urgroßvater väterlicherseits war ein irischer Pachtbauer. Poes Großvater väterlicherseits, David Poe, wanderte von Irland nach Baltimore (Maryland) aus, wo er Spinnräder herstellte. Während des Unabhängigkeitskriegs war er Zweiter Stellvertretender Quartiermeister von Baltimore und brachte es zum Major. Aus unbekannten Gründen wurde er später «General Poe» genannt. Nach dem Krieg kam der «General» zu Wohlstand und hatte vier Kinder. Zwei von ihnen spielten in der Geschichte von Edgar Allan Poe zentrale Rollen.

Der eine, David Jr., war ein gutaussehender junger Mann, der zuviel trank. Er hatte Jura studiert, hängte das Studium aber schließlich an den Nagel und wurde Schauspieler, worauf ihn sein bürgerlich eingestellter Vater enterbte. Er heiratete eine Schauspielerin und hatte drei Kinder, darunter Edgar Allan Poe.

Eine Schwester von David Poe Jr. hieß Maria und heiratete einen Mann namens Clemm, der kurz darauf starb. Später wurde sie Edgars Ersatzmutter, und *ihre* Tochter Virginia Edgars Frau. Doch davon später.

Klären wir zunächst die Herkunft seiner Mutter: 1796 traf die Einwandererin und Schauspielerin Elizabeth Arnold in Boston ein. Ihr Ehemann, gleichfalls Schauspieler, war bereits gestorben. Auf demselben Schiff befand sich ein weiterer englischer Schauspieler namens Charley Tubbs sowie Mrs. Arnolds achtjährige Tochter Elizabeth.

Tubbs und Mrs. Arnold heirateten in Boston. Zusammen mit der Tochter bildeten sie eine kleine Theatertruppe. Die kleine Elizabeth avancierte bald zu deren Aushängeschild. Im Alter von zehn Jahren wurde sie von einem Kritiker als «die wunderhübsche Miss Arnold» beschrieben, «deren schauspielerische Fähigkeiten Beachtung verdienen». Zwei Jahre später starben (oder verschwanden) ihre Mutter und Mr. Tubbs.

Mit zwölf Jahren verwaist, stieg Elizabeth Arnold im Theater von Boston zu einem Kinderstar auf. Sie war vielseitig begabt, konnte tanzen und singen; mit vierzehn erhielt sie Hauptrollen und spielte in Philadelphia die Ophelia. Sie war klein und liebreizend, besaß schöne Augen und eine fröhliche, kecke Wesensart. Mit etwa fünfzehn Jahren heiratete sie einen Schauspieler, der drei Jahre später starb, worauf sie einen weiteren Schauspieler heiratete. Dieser *zweite* Schauspieler war David Poe, der Sohn von General Poe.

Sie hatten zusammen drei Kinder: Henry, Edgar und Rosalie. Bereits drei Wochen nach der Niederkunft stand die Mutter jeweils wieder auf der Bühne. Dann verschwand David plötzlich; General Poe kümmerte sich um Henry, aber die beiden anderen Kinder behielt sie bei sich und setzte sie jeweils hinter die Bühne, während sie von Stadt zu Stadt reiste und überschwengliche Rezensionen, offenbar jedoch wenig Lohn erntete. Sie erkrankte an Tuberkulose und verarmte. Ihre letzten Tage verbrachte sie in Richmond (Virginia). Die vornehmen Damen von Richmond organisierten Wohltätigkeitsveranstaltungen, um der bekannten, attraktiven und mittellosen jungen Schauspielerin und Mutter von zwei Kindern zu helfen, die mit Tuberkulose im Sterben lag.

Als sie mit einundzwanzig (oder vierundzwanzig – je nach Biograph) Jahren starb, war Edgar drei- und Rosalie zweijährig.
Wie gut konnte sich Edgar an seine Mutter erinnern? Manche Biographen antworten lediglich mit Schulterzucken und einem «Das wissen die Götter!», andere sind der Ansicht, daß er sich an alles erinnerte.
Zu letzteren zählt Wolf Mankowitz: er meint, daß Edgar «ein äußerst guter Beobachter und grenzenlos sensibel» war, und fügt hinzu, daß der Tod seiner Mutter eines der «grauenvollsten Bilder aus Poes Kindheit gewesen sein muß ... die kleine, feenhafte Gestalt seiner Mutter in ihrem besten Kleid, das Gesicht nach der Hektik ihrer letzten Lebenstage weiß wie ein Wachstuch, im Schein des Kerzenlichts eine entrückte Traumdame in geheimnisschwangerem Schlummer ...». Mankowitz versetzt sich in die Lage des Kindes. Ob es sich wohl um eine weitere Theatervorstellung handelte? «Würde sich die himmlische, aber unsterbliche Elizabeth Arnold Poe schon bald wieder erheben?» (Schließlich hatte Edgar seine Mutter schon oft auf der Bühne sterben sehen.)
«... friedvoll wie reiner Marmor, endlich erlöst von ihrem verheerenden Husten und ihren furchterregenden Blutstürzen, war Elizabeth im flackernden Kerzenlicht schöner als je zuvor. So verschmolzen Liebe und Tod in der kindlichen Erfahrungswelt des Edgar Poe unauflöslich miteinander. Hinter den Frauen in Poes Leben und jenen, die er in seinen Erzählungen schuf, leuchtet stets das Idealbild der bleichen Schönheit Elizabeth Poes: und die entsetzliche Krankheit, von der es durchtränkt war, wurde zur schauerlich-gefährlichen, aber auch zur unverzichtbaren romantischen Begleiterin der Liebe.»
Ein anderer Biograph meint, sie sei gestorben, punktum; und von da an sei Edgar ein Waisenkind gewesen.
Doch zurück zu Edgars Genen. Talent und Temperament werden zu beträchtlichen Teilen vererbt. Wissen wir etwas über Poes Familie, was zu einer Erklärung beitragen könnte, weshalb Poe einer der größten und schöpferischsten Schriftsteller der Welt wurde?
Sein Vater David wurde als zurückhaltend, scheu, zerbrechlich,

ungelenk und gehemmt beschrieben. Er scheint kein besonders guter Schauspieler gewesen zu sein. Den Worten eines Kritikers zufolge wurde er «auf der Bühne jeweils derart von der Angst gepackt», daß er fast «die Sprache verlor». Wenn man ihn überhaupt einmal hörte, hatte er allerdings eine melodiöse Stimme. Wenn sich die Biographen in *einem* Punkt einig sind, dann darin, daß er zuviel trank.

David war streitsüchtig und empfindlich, was auch auf Edgar zutrifft. Wie der Vater war auch der Sohn stets pleite und pumpte Verwandte um Darlehen an. Beide tranken.

Wie stand es mit der Mutter? Zu ihrer Beschreibung griff man zu Wörtern wie «quecksilbrig» und «ätherisch», aber ein Ausdruck scheint ganz besonders passend: sie besaß ein «einnehmendes Wesen». Die Leute mochten sie, und sie förderte deren wohltätigen Instinkte zutage. In den Tagen vor ihrem Tod schrieb eine Dame aus Richmond an ihre Schwester:

«Diese Saison wird von einer sonderbaren Mode geprägt – es handelt sich um – Nächstenliebe. Mrs. Poe, die du ja kennst, ist eine sehr gutaussehende Frau, unseligerweise todkrank und (nach einem Streit mit ihrem Gatten und der Trennung von ihm) mittellos. Der modischste Treffpunkt für Zusammenkünfte ist zur Zeit – ihre Kammer. Und die Köchinnen und Krankenschwestern bieten ihr ganzes Können auf, um sie mit Köstlichkeiten zu versorgen.»

Anders als ihr Gemahl besaß sie schließlich auch ein angeborenes Talent, das offenbar schon vor ihrer Pubertät in voller Blüte stand. Gewiß kam ihre Begabung nicht von ungefähr. Ihre Großeltern mütterlicherseits und ihre Mutter waren Schauspieler gewesen, desgleichen ihre beiden Ehemänner. Bei ihr scheint es sich aber um einen Ausnahmefall gehandelt zu haben. Sie beherrschte überdurchschnittlich viele Dinge, und diese meisterlich. Und ihr Sohn Edgar? Vielseitigkeit war auch seine Trumpfkarte.

Sowohl künstlerische Begabung als auch Alkoholismus werden innerhalb von Familien vererbt. Möglicherweise hatte Edgar das eine von seiner Mutter, das andere von seinem Vater, aber darüber kann man – wie über die meisten Dinge, die Poe betreffen – nur spekulieren.

Nur eines kann mit Gewißheit festgehalten werden:
«Weder vor noch nach [Poe] hat jemals jemand so geschrieben wie er, und vielleicht wird dies auch nie wieder jemand zuwege bringen, denn es war eine Verknüpfung außergewöhnlicher Umstände erforderlich, um einen derart genialen literarischen Psychopathen wie Edgar Allan Poe hervorzubringen.»
Diese Passage stammt von Julian Symons, dem besten seiner Biographen in jüngerer Zeit.

Doch nun zum Milieu:
Nach Elizabeths Tod wurde ihr älterer Sohn Henry von seinem Großvater, General Poe, in Baltimore aufgezogen. Eine gewisse Mrs. Mackenzie adoptierte Rosalie, und die mit ihr befreundete Mrs. John Allan nahm sich des kleinen Edgar an.
Die Kinder brachten ihre Erbschaft mit. Rosalie wurde eine leere Schmuckdose hinterlassen. Edgars Erbstück war ein Miniaturporträt seiner Mutter und ein kleines Gemälde, das sie vom Bostoner Hafen gemacht hatte; auf der Rückseite befand sich eine Botschaft: ihre Empfehlung an Edgar, er solle seinen Geburtsort lieben, da sie dort ihre glücklichsten Zeiten erlebt habe.
Henry wurde Dichter und Trinker; er starb noch in jungen Jahren an Tuberkulose. Rosalie war geistig zurückgeblieben. Sie lebte bis in die mittleren Jahre bei Mrs. Mackenzie, blieb nach dem Bürgerkrieg obdachlos zurück und sah sich gezwungen, in den Straßen von Richmond und Baltimore Bilder von ihrem unterdessen berühmt gewordenen Bruder zu verkaufen.
Ein schlechter Stern scheint das Schicksal der ganzen Familie gelenkt zu haben; am meisten weiß man natürlich über das Schicksal von Edgar, und das stand weiß Gott unter einem schlechten Stern.
Mrs. Allan war die Gattin eines erfolgreichen Richmonder Kaufmanns. Sie war selber kinderlos, jedoch eine liebevolle und nachsichtige Mutter für Edgar. Nach langer Krankheit starb sie, als er zwanzig war.
Ihr Ehemann John war als Zehn- oder Zwölfjähriger von Schottland nach Baltimore ausgewandert. Er verdiente gut, aber

richtig wohlhabend wurde er erst, als er – Edgar war gerade sechzehn – eine Erbschaft machte. Er weigerte sich stets, Edgar zu adoptieren. Man beschrieb ihn als «typischen Schotten»: dickköpfig und geizig. Seine Frau betrog er oft, und er hatte zwei uneheliche Kinder. Er war ein schwerer Trinker. Niemand hielt ihn für einen guten Vater – am allerwenigsten Edgar. Einige Monate nach dem Tod seiner Gattin heiratete er eine Frau aus New Jersey, der er schon in der Endphase der Krankheit seiner Frau den Hof gemacht hatte. Er starb im Alter von dreiundfünfzig Jahren, als Edgar Mitte zwanzig war.

Die beiden verstanden sich nie. Wie wenig sie miteinander anfangen konnten, wird in der Biographie von Wolf Mankowitz beschrieben:

«Im Februar 1834 hörte Poe, John Allan liege in den letzten Zügen. Er faßte den Entschluß, einen letzten Ansturm auf die Festung in Richmond zu wagen, bevor das Ungeheuer endgültig Abschied nehmen würde. Auf irgendeine Weise wollte er an den alten Mann appellieren und sich seiner ‹Rechte› versichern, indem er mit viel Beredsamkeit seine Bedürfnisse, besser noch: die Ansprüche, die sein Genie stellte, herausstrich und sich auf seinen jüngsten Erfolg und seine Aussichten für die allernächste Zukunft berief. Ein Mann auf dem Sterbebett würde doch gewiß jemandem verzeihen, der ihm so nahe gestanden hatte wie ein leiblicher Sohn ...

Als er im Hause Allan eintraf, verschaffte er sich gewaltsam Einlaß und rannte hinauf in Allans großes Schlafzimmer auf der Vorderseite des Hauses. John Allan lag wassersüchtig und hilflos da; von einem Kissenberg gestützt, las er in einer Zeitung, neben sich den Spazierstock. Aber seine Krämeraugen waren so schlau und scharf wie eh und je, und als sie den schwarzgekleideten Edgar wie einen ungebetenen Gast unter der Tür erblickten, reagierte Allan, als ob er gewaltsam angegriffen worden wäre, hob seinen Stock, schwang ihn gegen Edgar und begann zu fluchen. Mrs. Allan und die Bediensteten stürzten ins Zimmer und drängten Poe hinaus, während Allan herumschrie, bis er nicht mehr konnte und Edgar endlich einsah, wie eingefleischt der Haß des Alten war ... Als Allan etwa einen Monat später starb, wurde

Edgar in seinem Letzten Willen mit keinem Wort erwähnt, nicht einmal eine Verwünschung oder ein Vorwurf war zu finden …»
Der alte Mann war der Meinung, er habe von Edgar schon viel zu viel schlucken müssen. Das Faß zum Überlaufen brachte ein von Edgar an einen Bekannten adressierter Brief, in dem es hieß, sein Pflegevater sei «nicht gerade oft nüchtern». Allan bekam den Brief zu Gesicht und verzieh Edgar nie. Er fuhr damit fort, gewisse Schulden von Edgar zu begleichen, aber das hatte er schon seit so vielen Jahren getan, daß es zur Gewohnheit geworden war.
In Edgars Kindheit war es nicht immer *ganz* so schlimm gewesen. Er war ein kluger, charmanter Junge, ehrerbietig, höflich und lernfreudig. Wenn er ein Gedicht rezitierte oder eine Darbietung zum besten gab, erhielt er zum Lohn bisweilen ein wenig mit Wasser vermischten Wein. Er besuchte die besten Schulen und gewann eine Auszeichnung für seine Vortragskunst. Er war ein guter Läufer, Schwimmer und Boxer, trieb derbe Späße und hatte immer genug Taschengeld.
Seine schönsten Jahre verbrachte er offenbar in Richmond. Als Sechsjähriger reiste er mit seinen Pflegeeltern nach England, wo Mr. Allan eine Filiale gründete. Sie blieben fünf Jahre dort – fünf einsame Jahre, denn Edgar lernte keine Freunde kennen, und seine Pflegemutter war schon damals die meiste Zeit über krank. In den englischen Schulen fühlte er sich isoliert. Sein Pflegevater benahm sich ihm gegenüber immer feindseliger und nannte ihn Master Poe statt Master Allan, um herauszustreichen, daß Master Poe kein Familienmitglied, sondern der verwaiste Sproß einer Schauspielerin war. Vor allem bezichtigte er Edgar der Undankbarkeit. Edgars Bruder schrieb er: «Der Junge besitzt keinen Funken Zuneigung zu uns, keine Spur von Dankbarkeit für all meine Freundlichkeit und Obhut … Er tut überhaupt nichts und macht der ganzen Familie einen unglücklichen, mürrischen und schlechtgelaunten Eindruck.»
Bei seiner Rückkehr nach Richmond fand Edgar Freunde und andere Ablenkungen, in erster Linie die Mutter eines Freundes, zu der er leidenschaftliche Zuneigung faßte. Er nannte sie einmal die «ideale Liebe meiner Seele». Als sie starb, besuchte er Nacht für Nacht ihr Grab. Die Nekrophilie, die in Poes Erzählungen immer wieder auftaucht, mag von dieser Erfahrung herrühren.

Bei ihrem Tod war er fünfzehn Jahre alt. Sie war die erste in einer langen Reihe von Idealfrauen. Noch während er seine Friedhofsbesuche machte, verliebte er sich in ein Mädchen seines Alters, die Tochter eines Nachbarn. In seinem letzten Lebensjahr, als sowohl sie als auch er selbst verwitwet waren, machte er ihr einen Heiratsantrag, den sie annahm. Zur Hochzeit kam es allerdings nicht mehr: Wegen seines Alkoholproblems wollte sie es sich noch einmal überlegen, und wenig später starb er.

Ein Jahr nachdem Thomas Jefferson die Universität von Virginia eröffnet hatte, immatrikulierte sich Edgar Poe dort. Die Studentenschaft bestand aus 120 jungen Männer, die größtenteils alten, wohlhabenden Familien aus Virginia entstammten und einer glanzvollen Zukunft entgegensahen. Die Anwesenheit bei den Vorlesungen wurde nicht kontrolliert, und es gab auch keine Prüfungen, geschweige denn Zucht und Ordnung. Meistens spielten und tranken die Studenten, und keiner tat dies eifriger als Poe. Sein Verhalten beim Kartenspiel galt als tollkühn, seine Trinkgewohnheiten als leidenschaftlich und obsessiv. An der Universität erwarb er sich zum ersten Mal den Ruf eines Saufbruders. Ein Kommilitone erinnerte sich, wie «er immer das verführerische Glas packte, in der Regel ohne Beimischung von Zucker oder Wasser, also gänzlich pur, und den Inhalt ohne das geringste Anzeichen von Genuß hinunterstürzte, wobei er niemals innehielt, bevor der letzte Tropfen über seine Lippen gegangen war». Für gewöhnlich war das Glas mit Whiskey oder Brandy gefüllt. Trotz alledem erzielte er gute Noten, vor allem in den sprachlichen Fächern, und er legte zeichnerische Begabung an den Tag. Irgendwann stellte sich die Frage, ob er eher als Maler oder als Dichter Berühmtheit erlangen würde. Er hatte begonnen, Gedichte zu schreiben, las sie anderen vor, und in den Ohren dieser jungen, reichen Virginier klangen sie gar nicht so übel.

Seine Studentenlaufbahn währte acht Monate. Sein Pflegevater zahlte Spielschulden in der Höhe von zweitausend Dollar ab und weigerte sich alsdann, Edgar das College weiterhin besuchen zu lassen. Also kehrte Edgar nach Hause zurück, stritt sich ein wenig mit dem Vater herum und verzog sich gedemütigt, um in die Armee einzutreten.

Poes Soldatenkarriere verlief in zwei Teilen. Zwei Jahre lang diente er als einfacher Soldat unter dem Namen Edgar A. Perry (das erste von mehreren Pseudonymen, das er sich zulegte). Meistens war er damit beschäftigt, irgendwelche Häfen an der Ostküste zu bewachen. Einer davon, der Hafen von Charleston (South Carolina), bot später den Schauplatz seiner Erzählung *Der Goldkäfer (The Gold-Bug).* Die Armee zahlte nicht gerade fürstliche Löhne, und so schrieb er zahlreiche «Lieber Papi»-Briefe, in denen er um Geld bat, ganz zu schweigen von Liebe, Rat und Zuspruch. Manchmal erhielt er das Geld, die anderen Dinge nie.

Poes letztes Dienstjahr fand in West Point statt.[5] Endlich tat ihm sein Pflegevater über die Begleichung der Schulden hinaus einen Gefallen: Mit Hilfe seines politischen Einflusses verschaffte er ihm Zutritt zur Militärakademie; offensichtlich hatte er die Hoffnung in den Jungen noch nicht ganz aufgegeben. Edgar seinerseits versuchte immer noch, seinem Pflegevater zu gefallen, und der Besuch von West Point bedeutete eine gute Voraussetzung für einen gesellschaftlichen Aufstieg.

In West Point scheint man Poe vor allem deshalb in Erinnerung behalten zu haben, weil er satirische Texte über seine Vorgesetzten schrieb. Dies machte ihn bei anderen *Offiziersanwärtern* so beliebt, daß sie eine Subskription organisierten und er einen Gedichtband publizieren konnte.

Dies war sein dritter Gedichtband. Der erste trug den Titel *Tamerlan und acht andere Gedichte (Tamerlane and Eight Other Poems)* und war erschienen, als er neunzehn war. Der zweite folgte ein Jahr später. Nichts davon schlug in der Literaturwelt sichtbare Wellen. Nur ein paar wenige Exemplare wurden mit Hilfe eines Zuschusses aus der Kasse von Edgars Pflegevater (jedoch ohne dessen Wissen) gedruckt. Diese Gedichte waren in einem melancholisch-romantischen Ton à la Byron geschrieben und handelten hauptsächlich von der Liebe. Der dritte Band enthielt weiteres in derselben Art, allerdings auch einige seiner besten Gedichte wie zum Beispiel *An Helen (To Helen)* und *Israfel.*

In West Point kam Poe zum ersten Mal mit Wissenschaft und Mathematik in Berührung (was sich in späteren Texten als nütz-

lich erwies). Seine Noten waren ganz anständig, und er festigte seinen Ruf als «ausdauernder Brandy-Trinker».
Nach einem Jahr West Point wollte er den Dienst quittieren, um sich hundertprozentig der Literatur widmen zu können, doch sein Pflegevater weigerte sich, das Entlassungsgesuch zu unterschreiben (was damals noch erforderlich war), so daß Poe einfach den Unterricht nicht mehr besuchte und vor ein Militärgericht gestellt wurde. Zu diesem Zeitpunkt hatte sein Vater bereits den Brief zu Gesicht bekommen, in dem seine Nüchternheit angezweifelt wurde, worauf er jeglichen Kontakt abbrach.
Unterdessen hatte Edgar eine zweite Mutter für sich gefunden: seine Tante Maria Clemm. Mit neununddreißig verwitwet, hatte sie zwei Kinder und wenig Geld. Eines der Kinder war Virginia, die später Poes Frau wurde.
Von West Point aus ging Poe nach Baltimore, um dort mit Mrs. Clemm, den beiden Kindern und seinem älteren Bruder Henry zusammenzuwohnen, welcher zu einem schweren Alkoholiker verkommen war. Kurz nach Edgars Ankunft starb Henry in Mrs. Clemms Haus an Tuberkulose. Henry war selber ein ziemlich romantischer Charakter gewesen, und es macht ganz den Anschein, als hätte sich Edgar den Bruder gewissermaßen als Vorbild gewählt, zumindest nahm er einzelne Abenteuer, die sein Bruder angeblich erlebt hatte, für sich in Anspruch (zum Beispiel eine Rußlandreise sowie weitere Auslandsaufenthalte). «Es spricht einiges dafür», meint Julian Symons, «daß der ältere Bruder auf Edgar einen tiefen Eindruck machte, daß er ihn inspirierte und daß es Edgar empfindlich traf, einen solch vielversprechenden Menschen in Mißerfolg und Tod enden zu sehen.» Überhaupt kam Edgars Leben einer langen Reihe von Verlusten gleich; es ist schwierig, sie gegeneinander abzuwägen und festzustellen, was ihm am allermeisten zu Herzen ging.
So oder so waren die Jahre mit Mrs. Clemm in Baltimore hart. Mit zweiundzwanzig hatte Poe drei Gedichtbände publiziert, aber seine Meisterleistungen scheinen ausschließlich ihn selbst beeindruckt zu haben. Wahrscheinlich schöpfte er immerhin genügend Mut, um weiterhin Gedichte und später auch Kurzgeschichten zu schreiben. Die Geschichten verfaßte er

hauptsächlich, um ein wenig zu verdienen und so seine wahre Leidenschaft, die Lyrik, finanzieren zu können. Mrs. Clemm wird von Julian Symons als eine «liebenswürdige, einfache Frau, ohne Taktgefühl und persönliche Ausstrahlung» beschrieben, «jedoch gutherzig und voller Hingabe darum bemüht, ihrem ‹Eddie› zu Diensten zu sein, der im Verlauf der Jahre für sie eine Art Heiliger mit ein paar bedauerlichen menschlichen Schwächen wurde». Wie Mrs. Clemm und ihre merkwürdige Sippe in diesen Jahren finanziell über die Runden kamen, ist rätselhaft. Poes Erzählungen wurden, wenn überhaupt, für fünf oder zehn Dollar verkauft, von denen ein gut Teil für Tranksame herhalten mußte. Die ganze Zeit hindurch soll er jedoch «modisch schick, elegant, höflich und ausgeglichen» geblieben sein. Der Freund, der ihn so beschrieb, machte auch eine Bemerkung über Poes offenkundig nicht vorhandenen Sexualtrieb:

«Von allen Männern, die ich jemals kannte, war er der *leidenschaftsloseste*; und ich berufe mich auf seine Schriften, um diese Behauptung zu untermauern ... Edgar A. Poe hat nie auch nur eine einzige Zeile geschrieben, die einem lüsternen Gedanken das Wort redet. Die weiblichen Geschöpfe seiner Phantasie sind allesamt entweder Statuen oder Engel.»

Später wurde behauptet, er sei impotent gewesen, aber hierfür gibt es keine schlagenden Beweise.

Eine gewisse Anerkennung wurde Poe schließlich zuteil, als er mit der Erzählung *Manuskriptfund in einer Flasche (MS. Found in a Bottle)* das Preisausschreiben einer Zeitung gewann. Zu dieser Zeit traf er auch den ersten von mehreren Gönnern in seinem Leben: John Kennedy, einen Rechtsanwalt und Romancier, der Poe mit dem Redaktor der Literaturzeitschrift *Southern Literary Messenger* bekannt machte. Dies führte dazu, daß Poe mit sechsundzwanzig Jahren seine erste Stelle antrat. Zunächst produzierte er jeden Monat eine Erzählung und rezensierte Bücher, später avancierte er zum festangestellten Autor des Magazins. Zum ersten Mal verfügte er über ein, wenn auch schmales, Einkommen. Auf jeden Fall scheint er nüchtern geblieben zu sein und hart gearbeitet zu haben.

In dieser Phase gebar er die fixe Idee, seine eigene Zeitschrift zu

besitzen, ein Ziel, das er bis zu seinem Tod nicht aufgab. Mit sechsundzwanzig kam er auch zum Schluß, daß er seine Cousine Virginia liebte. Als sie zwölf war, überredete er sie, ihn heimlich zu heiraten, und ein Jahr später feierten sie die offizielle Zeremonie.
Zum ersten Mal besaß Edgar Poe eine richtige Familie: eine «Mutter» in Maria Clemm, und eine Ehefrau in Virginia. Die Mitglieder dieser Familie standen einander sehr nahe, und das blieb so bis zu Virginias Tod, dreizehn Jahre später. Sie trennten sich selten und lebten in immer neuen Pensionsräumen und kleinen Hütten in verschiedenen Städten, je nachdem, wo Poe Arbeit fand.
Während seines Jahres als festangestellter Mitarbeiter des *Messenger* erwarb sich Poe einen Ruf als Kritiker. In einem einzigen Jahr verfaßte er mehr als neunzig Rezensionen, die allesamt derart bissig waren, daß er praktisch das ganze literarische Establishment der Ostküste, inklusive Cooper, Irving, Emerson, Bryant und Longfellow[6] brüskierte. Seine Kritik war ebenso rücksichtslos wie lustig, und man konnte ihm danach unmöglich vergeben. Obwohl er sich viele Feinde machte, erwarb er sich auch einen Ruf als erstklassiger Autor – ein Zeitgenosse hielt ihn sogar für den «besten aller jungen Autoren». Sein Fleiß war beeindruckend. Eine Zeitlang bestand der *Messenger* nahezu vollständig aus Texten von E. A. Poe.
Aber dann gewann die Trunksucht wieder die Oberhand. Schon früh war Poes Arbeitgeber klargeworden, daß er ein schwerer Trinker war, oder jemand, der «seinen Schnapskonsum nicht im Griff hatte». Sein Redaktor gab ihm den Rat, er solle «sich von der Flasche und den Saufkumpanen lossagen». Einmal feuerte er Poe und stellte ihn anschließend wieder ein, wobei er ihm versprach, ihn endgültig zu entlassen, falls er wieder trinken sollte. Poe trank wieder und wurde entlassen.
Dies war die erste von einer ganzen Reihe von Stellen bei Zeitungen und Zeitschriften, die Poe jeweils für kurze Zeit innehatte; verabschiedet wurde er fast immer wegen Trunkenheit. Wenn er in der einen Stadt seine Stelle verlor, zog er in die nächste, um als freier Autor zu arbeiten und für jede Seite bestenfalls einen Dollar zu verdienen; gleichzeitig legte er Nachtschichten ein und verfaßte einen langen Text mit dem

Titel *Umständlicher Bericht des Arthur Gordon Pym von Nantucket (The Narrative of Arthur Gordon Pym of Nantucket)* sowie einen nie abbrechenden Strom von Erzählungen und Gedichten. *Pym* wurde vom Harper's Verlag veröffentlicht, jedoch nur in wenigen Exemplaren verkauft. Es war ziemlich kompliziert, Arbeit zu finden, denn Poe hatte es sich praktisch mit jedem verdorben, der in der Position gewesen wäre, ihm eine Stelle zu vermitteln. Eine Weile wohnte Familie Poe – Maria, Virginia und Edgar – in einem alten Holzhaus in Greenwich Village (Manhattan) und verdiente sich den Lebensunterhalt mit Kostgängern, die Maria ins Haus holte.

Wieder kann man sich schwer vorstellen, wie die Poes finanziell über die Runden kamen. Schwer faßlich auch, wie Poe seine Kollegen beeindruckte. Julian Symons ist es vielleicht am besten gelungen, Poes Wesen einzufangen:

«Merkwürdige Typen gab es unter den amerikanischen Journalisten jener Zeit genug, aber die meisten von ihnen waren extravertierte Prahlhänse, immer ein wenig breitspuriger und lautmäuliger als das tägliche Leben. Verglichen mit ihnen war Poe ein Sonderfall. Sein bleiches, zerbrechliches Intellektuellengesicht mit seinen verachtungsvoll gekräuselten Lippen, seine offenkundige Armut und seine umständliche Reinlichkeit, seine Neigung, fast immer Schwarz zu tragen, hätten schon ausgereicht, um das Augenmerk auf ihn zu lenken. Seine Stimme war leise, während die meisten um ihn herum laut krächzten; manche glaubten, er kultiviere sie bewußt, um in einem Tonfall zu sprechen, mit dem er sogar eine Rhetorik-Lektion hätte erteilen können. In nüchternem Zustand war er ausgesprochen pünktlich und nicht minder höflich; in seiner Höflichkeit schwang allerdings ein Hauch von Ironie mit, was wohl ziemlich irritierend war.»

Mit dreißig veröffentlichte Poe seine erste Sammlung von Erzählungen: *Grotesken und Arabesken.* Von Washington Irving und ein paar anderen wurden sie gepriesen; die meisten Kritiker ignorierten sie aber ganz einfach. Wohl als Folge seiner mit Lob bedachten Geschichtensammlung konnte er eine weitere bezahlte Stelle antreten, und zwar bei *Burton's Gentleman's Magazine.* Die erste Auflage des Buches betrug 750 Stück, und er verdiente damit zwar kein Geld, dafür wuchs langsam aber sicher die Wertschätzung seiner Begabung. Nun wurde er im Impressum sogar namentlich als Redaktor aufgeführt. Seine Beiträge bestanden aus Rezensionen und Erzählungen. Gleichzeitig blieb sein ehrgeiziges Ziel bestehen, auf eigene Faust eine Zeitschrift herauszugeben. Er hielt pausenlos Ausschau nach möglichen Geldgebern und bereitete in den zehn Jahren, die ihm noch blieben, Konzepte für drei verschiedene Magazine vor, von denen allerdings kein einziges je lanciert wurde. Allzu viele Männer von Macht und Einfluß hatte er beleidigt und beschimpft. Zum Beispiel schrieb er: «Mr. Longfellow *mag* stehlen, doch kann er vielleicht gar nichts dafür.» Oder auch: «Mr. Bryant ist keineswegs *nur* ein Hausnarr. Mr. Willis[7] ist weit davon entfernt, *bloß* ein Esel zu sein.» Poe selber war freilich außerstande, auch nur milde Kritik einzustecken.

Ziemlich oft blieb er zu Hause. Manchmal weil er «krank» war, aber auf jeden Fall schien er sich zu Hause recht glücklich zu fühlen; er war ein glücklicher Ehemann mit einer glücklichen Familie. Er hatte viele Interessen, denen er in seiner Abkapselung nachgehen konnte: die Entschlüsselung von Geheimschriften, das Studium von Phrenologie und Mesmerismus. Bücher verschlang er buchstäblich. Es fiel nicht auf, daß Poe ein einsamer Mensch war, denn sein Kopf quoll von Plänen und Projekten über.

Von Zeit zu Zeit schrieb er ein außergewöhnliches Gedicht oder eine so neuartige und phantastische Erzählung, daß dereinst ganze Generationen über die treffende Deutung zu streiten haben sollten. Damit fand er auch zu seiner Zeit bereits ein gewisses, wenn auch kleines Publikum, aber es war nie so groß genug, daß er seine Rechnungen hätte bezahlen können. Diejenige Erzählung, die er selber für seine beste hielt, *Ligeia*, verkaufte er für zehn Dollar.

«Arm, aber stolz» war Edgars kleine Familie, und sie machte, als er zwischen dreißig und fünfunddreißig Jahre alt war, durchaus keinen unglücklichen Eindruck. Während seiner Arbeit beim Magazin *Graham's* erfand Poe auch die Detektivgeschichte, die er in einer Zeit, wo es noch gar keine Detektive gab, «tales of ratiocination»[8] nannte. Zum ersten Mal in *Graham's* veröffentlicht, dann anderswo wiederabgedruckt und schließlich in Buchform herausgegeben, erfreuten sich diese Erzählungen großer Beliebtheit, namentlich in Frankreich. Baudelaire und die Symbolisten versetzte Poe mit seiner «Faszination des Abgrunds» in wahre Verzückung. Poe wurde ins Französische übersetzt, aber nichts zeugt davon, daß Poes Familie je Lizenzgebühren erhalten hätte. Dann brach die Katastrophe herein. Virginia erlitt beim Singen einen Blutsturz: Tuberkulose, der «rote Tod». Noch fünf Jahre lang lebte sie als Invalide weiter. Poe dachte darüber nach, den Schriftstellerberuf aufzugeben, und Freunde (offenbar hatte er trotz allem noch Freunde) versuchten ihm zu einer Stelle als Leiter eines Büros in Washington zu verhelfen. Für ein Bewerbungsgespräch wurde er zu einem Treffen mit Präsident Tyler[9] vorgeladen, aber Poe ließ sich vollaufen und erschien erst gar nicht.

Wenn er sich nicht betrank, war er allzu emsig mit dem Schreiben von Erzählungen beschäftigt. Zwischen dreiunddreißig und fünfunddreißig schrieb er mindestens fünfzehn Erzählungen, dazu zahlreiche lange kritische Artikel, während er daneben noch eine Ganztagesstelle als Redaktor bei *Graham's* innehatte.

Um Geld an sich kümmerte sich Poe offenkundig herzlich wenig. Nach seinem Tod sagte sein Verleger Robert Graham, Poe sei es nur darum gegangen, seiner Frau und seiner Schwiegermutter beizustehen: «Außer wenn es um deren Wohlergehen – oder um den ganz natürlichen Wunsch nach einer eigenen Zeitschrift – ging, hörte ich ihn nie über den fehlenden Wohlstand klagen. Wahr ist, daß er sich wenig aus Geld machte und sich eigentlich nichts darunter vorstellen konnte ...»

Während Poe für *Graham's* arbeitete, verdiente er übrigens fast einen normalen Lohn. Als Literaturredaktor erhielt er wöchentlich fünfzehn Dollar und für jeden Artikel, den er schrieb, zusätzlich etwa fünfundzwanzig Dollar, so daß er auf rund tausend Dollar jährlich kam.

Doch der Wohlstand war nicht von Dauer. Mit sechsunddreißig war er wieder arbeitslos; er hatte seine Familie mit nach New York genommen. Abermals machte Poe einen ziemlich glücklichen Eindruck. Er unternahm ausgedehnte Waldspaziergänge und enthielt sich des Trinkens. Immer wenn er eine Erzählung

oder ein Gedicht fertiggestellt hatte, nahm Maria es mit nach New York und versuchte es zu verkaufen. Das reichte allerdings nicht, um davon leben zu können, dafür ergatterte sie für ihn schließlich eine Stelle als Kritiker beim *New York Mirror*. Der Redaktor, der ihn anstellte, war ein Dichter, den Edgar verleumdet hatte, aber offenbar war er ein nachsichtiger Charakter.
Während seiner Zeit beim *Mirror* wurde der kaum beachtete Poe, der bis dahin höchstens als kleinerer Dichter und scharfzüngiger Kritiker bekannt war, zu einer Berühmtheit. Dies verdankte er dem *Raben*. Zwei Jahre lang hatte er an dem Gedicht herumgefeilt, und er betrachtete es wie auch seine «tales of ratiocination» als eine Art «Übung». Der Rabe im *Raben* war aus Coleridges *The Ancient Mariner*[10] entlehnt, obwohl Poe dies abstritt. Wenn es seinen literarischen Zielen zugute kam, zögerte Poe jeweils nicht lange, sich Ideen zu borgen oder gar zu plagiieren. Angeblich hatte er den Raben durch eine Eule ersetzen wollen, aber das englische «owl» war ein Wort, auf das kaum Reime zu finden waren. Anfang 1845 brachte der *Mirror* den *Raben* auf der Titelseite, begleitet von einer wahrscheinlich von Poe selber geschriebenen Vorbemerkung, in der behauptet wurde, dieses Gedicht habe «nicht seinesgleichen an subtiler Konzeption, kunstvollem Versbau und beständiger Steigerung des imaginativen Aufschwungs … wer es liest, dem wird es im Gedächtnis haften».
Und so war es. *Der Rabe* war ein Blitzerfolg und wurde im Lauf der Zeit zum bekanntesten Gedicht Amerikas. Kurz nach seiner Veröffentlichung wurde es weitherum abgedruckt, und allenthalben zitierten alle möglichen Leute Verse daraus. Poe war wohl nie ganz sicher, ob er es mit seinem Gedicht wirklich ernst meinte oder nicht, aber er traute ihm «durchschlagende Wirkung» zu. Sein einziger Massenerfolg war bis dahin *Der Goldkäfer* gewesen, nun aber bemerkte er, «der Vogel habe den Käfer glatt aus dem Feld geschlagen».
Der Rabe machte Poe marktfähig. Man veröffentlichte eine Sammlung von Erzählungen, darunter auch seine vier «tales of ratiocination». Die Erzählungen ernteten positive Kritiken, und etliche Exemplare wurden abgesetzt, auch wenn es zum Abzahlen aller Schulden nicht reichte. Später wurde eine

Gedichtsammlung zusammen mit dem *Raben* herausgegeben, die aber ein etwas kühleres Echo auslöste.
Unterdessen hatte man Poe eingeladen, Vorlesungen zu halten, und er zog bisweilen mehrere hundert Leute an. Er war der Held des Tages. Für die verbleibenden vier Jahre seines Lebens kannte man ihn als den Autor des *Raben*. Wo er auch hinging, man bat ihn, daraus zu rezitieren.
Poes Ruhm verhalf ihm auch zu einer besseren Stelle. Er begann für das *Broadway Journal* zu arbeiten, und sein Name stand im Impressum auf der Frontseite. Aber wie immer verdarb er sich das Ganze selbst. Nach einem Jahr der Abstinenz griff er erneut zum Glas. Er verschwand zu ausgedehnten Zechgelagen und fühlte sich bei der Heimkehr jeweils «schrecklich unwohl». Er machte sich einen Namen als beschwipster «Spinner», und man sah ihn die Straßen von New York hinuntertorkeln – «besoffen wie ein Indianer». Er log Fremde an und machte ihnen weis, Königin Victoria habe ihn gebeten, den *Raben* bei Gelegenheit am königlichen Hof vor Publikum vorzutragen. Manchmal war sein Rausch schon fast ein Delirium. Er verbrachte immer mehr Zeit im Bett, sagte Vorträge ab, war krank und mutlos.

Der Rest seines Lebens war eine Phase des Niedergangs. Er verliebte sich in ledige und verheiratete Frauen, manchmal in mehrere zugleich. Seine Liebschaften waren ebenso intensiv wie platonisch. Das *Broadway Journal* ging ein, und Poe verlor seine letzte Stelle. Er hielt weniger Vorlesungen und sprach dafür wieder vermehrt dem Alkohol zu. Weiterhin beschimpfte er all diejenigen, die ihm allenfalls noch hätten helfen können. Seine Neigung, den Leuten faustdicke Lügen aufzutischen, wurde immer ausgeprägter. Er verkündete, einmal sein Publikum zum Narren gehalten zu haben, indem er ein mit zwölf Jahren geschriebenes Gedicht vorgelesen habe, was damit endete, daß man witzelte, Poes Begabung sei seit dem Alter von zwölf Jahren auf dem absteigenden Ast.
Er litt unter geheimnisvollen Krankheiten, entwickelte Fieberanfälle und ängstigte sich, an Tuberkulose erkrankt zu sein. Mehreren Duellen entging er nur knapp. Den Literaten von New York gegenüber schlug er immer bitterere Töne an, und er

schrieb anstößige Farcen über die großen, berühmten Namen. Damit setzte er seiner Kritikerkarriere ein Ende, ja er wurde wegen Verleumdung gerichtlich belangt, was allerdings ohne Folgen blieb. Er war so arm, daß seine Freunde Subskriptionen organisierten, um ihm auszuhelfen. Am Hungertuch nagte die Familie nie, aber viel hätte nicht dazu gefehlt.

Nach Virginias Tod stand es Poe frei, sich auf platonische Liebeleien mit verschiedenen Frauen einzulassen, die ihn zwar anhimmelten, sich dann aber doch darauf besannen, ledig zu bleiben oder die Ehe mit ihren Gatten fortzuführen. Einmal nahm er eine Überdosis Opiumtinktur (Laudanum); ob es sich in der Tat um einen Selbstmordversuch handelte, wurde nie ganz klar.

In seinem letzten Jahr litt Poe unter Konzentrationsschwierigkeiten und klagte über Kopfschmerzen. Seine Verfassung spiegelte sich in seinen Gedichten:

Das Siechen – der Schwindel –
  der Schmerzen Verwirrn –
erlosch mit dem Fieber,
  das quälte mein Hirn –
dem Fieber, 's heißt ‹Leben›,
  das mir brannte im Hirn.

Er hoffte immer noch, eine eigene Zeitschrift gründen zu können, und eine Zeitlang verfügte er über einen finanzkräftigen Partner aus Illinois, aber es fehlten ihm die Mittel, das Land zu durchreisen, um Abonnenten zu werben. Seine platonische Erotomanie – wie sie einmal genannt wurde – ließ nicht nach, und er machte einem Mädchen einen Heiratsantrag, das er als Jugendlicher gekannt hatte. Sie willigte ein, jedoch unter der Bedingung, daß er nüchtern bleibe, und phasenweise trat er sogar den «Sons of Temperance» (Söhnen der Mäßigung) bei, die den heutigen Anonymen Alkoholikern entsprechen.

In den letzten Wochen seines Lebens reiste er von Philadelphia nach Richmond und weiter nach Baltimore. Seine Verlobte in Richmond war dagegen, daß er Richmond verließ: er war depressiv, hatte Fieber und befand sich nicht in der Verfassung, um reisen zu können.

Und Baltimore war denn auch seine letzte Station. Nachdem er fünf Tage lang verschollen gewesen war, wurde er besinnungslos vor einem Wahllokal aufgefunden (es war gerade Wahltag). Vier Tage später, am 7. Oktober 1849, starb er. Im Krankenhaus delirierte er und sprach mit «Geistern und Phantasieobjekten an den Wänden». Er gebärdete sich wie ein Wilder, und es brauchte zwei Krankenschwestern, um ihn im Bett festzuhalten. Immer wieder stieß er den Namen «Reynolds» hervor, dann verstummte er, sagte «Herrgott, sei meiner armen Seele gnädig!» und starb. Verschiedene Theorien über die Identität dieses Reynolds wurden aufgestellt, aber niemand war sich sicher.
Zum Begräbnis erschienen lediglich ein paar wenige Leute. Erst etwa dreißig Jahre später erkannten die Einwohner von Baltimore, daß Poe ein großer Schriftsteller gewesen war, und beschlossen die Errichtung eines Gedenksteins. Für diese Zeremonie marschierte eine ansehnliche Volksmenge auf. In ihr befand sich allerdings nur ein einziger Dichter: Walt Whitman[11]. Sämtliche zeitgenössischen Dichter hatte man um ein Epitaph auf dem Stein gebeten, aber alle fanden irgendeine Ausrede. Ein Epitaph wurde nie eingraviert.

«Jeder, der über Poe schreibt, wählt sich seinen eigenen Poe», schrieb Alethea Hayter, «... jeder Poe-Leser geht auf seine Weise Poes Eigenpropaganda auf den Leim.»
Meine überaus verkürzende Darstellung von Poes Leben war genauso selektiv wie alle anderen. Man kommt nun einmal nicht darum herum: Die biographischen Quellen widersprechen sich gegenseitig, sind sowohl von Poes «Eigenpropaganda» wie auch von der Optik und den Hintergedanken der Poe-Biographen beeinflußt. Meine Skizze zielte darauf ab, den Einfluß von Alkohol und anderen Drogen auf Poes schöpferisches Leben ein wenig zu beleuchten.
Daß er Alkoholiker war, steht außer Zweifel. Selbst jene Biographen, die ihm am meisten Sympathie entgegenbringen, erwähnen die immer wieder auftretenden Saufgelage, seine Entlassungen, die Sorgen, die sich seine männlichen und weiblichen Freunde um ihn machten, und das betrunkene, sprunghafte

Gebaren, das sein ganzes Erwachsenenleben durchzog. Poes Trunksucht mag von seinen Verleumdern überbewertet worden sein, aber zu viele seiner Freunde machten sich Sorgen über seine Trinkgewohnheiten, als daß man diese als bloßen Klatsch abtun könnte. Er war offenbar außerstande, mit Maß zu trinken. In Baudelaires Worten trank Poe «nicht wie ein Genießer, sondern wie ein Barbar, mit typisch amerikanischer Geschäftigkeit, als ob er das Amt eines Henkers versehen würde, als ob er *etwas* in seinem Innern abtöten müßte ... *a worm that would not die*[12]». Baudelaires Information stammte zwar aus zweiter Hand, was aber nicht unbedingt heißt, daß sie nicht zutrifft.

Die detaillierteste Beschäftigung der Biographen mit Poes Alkoholismus besteht in sporadischen Hinweisen auf seine angebliche Neigung, schon auf geringe Mengen Alkohol Überreaktionen zu zeigen. Die für gewöhnlich zuverlässige Alethea Hayter schrieb, daß Poe «jeder Art von Stimulanzien gegenüber kaum Abwehrkräfte besaß – er war schon bei einer Alkoholdosis, welche die meisten Männer kaum gespürt hätten, sturzbetrunken». Doch leider führt sie ihre Quellen nicht an, und in Tat und Wahrheit gibt es diese auch gar nicht. Bei seinen verzweifelten Versuchen, nicht ständig wieder entlassen zu werden, hielt Poe seinen Alkoholkonsum wie die meisten Alkoholiker in Grenzen und nährte so wahrscheinlich den Mythos, auf geringe Dosen Alkohol überempfindlich zu reagieren. Trotzdem: All jene, die in seiner Studienzeit mit ihm zusammen soffen oder ihm beim Saufen zuschauten, beschreiben seine Trinkfestigkeit als erstaunlich.

Schon widersprüchlicher sind die Ansichten zu Poes Opiumkonsum. In ihrem Buch *Opium and the Romantic Imagination* nennt Alethea Hayter die Diskussion um Poes Verhältnis zu Opium einen «schwer verminten Strand der Gelehrtenwelt». Bis zu einem gewissen Grad, so fügt sie hinzu, handle es sich um eine transatlantische Schlacht. In Frankreich glaubt man steif und fest, Poe sei opiumsüchtig gewesen, in Amerika gibt man sich eher skeptisch, und in England bleibt man neutral (wobei es in allen drei Ländern Ausnahmen gibt).

Lediglich ein einziges Mal bekannte Poe *ausdrücklich*, Opium genommen zu haben: In seinem letzten Lebensjahr beging er vielleicht einen Selbstmordversuch, indem er dreißig Gramm Laudanum schluckte. In jener Zeit war Laudanum allerdings genauso legal und gebräuchlich wie heutzutage Aspirin oder Alkohol. Es galt als beliebte Arznei gegen körperliche Gebresten wie etwa Darmstörungen und wurde auch seiner euphorisierenden Eigenschaften wegen gerne verwendet.

Lange nach Poes Tod äußerten sich zwei weibliche Verwandte zu seinem Opiumkonsum. Eine Kusine erzählte, er sei «wegen seines Opiumkonsums oft in trübseliger Verfassung» gewesen, und seine geistig zurückgebliebene Schwester erinnerte sich, daß Poe viele Jahre früher um Morphium gebettelt habe. Dies sind die einzigen «stichhaltigen» Beweise für Poes Opiumsucht. Zwei Ärzte, die ihn gut kannten, stritten ab, irgendwelche Zeichen von Opiumsucht bei ihm festgestellt zu haben; Freunde und Bekannte verteidigten ihn ebenfalls gegen diese Beschuldigung. Viele Leute *tranken* zusammen mit Poe und sahen ihn im Rausch, aber niemand berichtete davon, mit ihm Opium geraucht oder auch nur gesehen zu haben, daß er Laudanum nahm.

Das Hauptbeweisstück für Poes Opiumkonsum ist indirekt: es stammt aus seinem Werk. Viele englische und französische Schriftsteller des neunzehnten Jahrhunderts waren opiumsüchtig, und einige von ihnen hatten das Gefühl, Poe hätte gewisse Erzählungen und Gedichte unmöglich schreiben können, wenn er im Moment des Schreibens nicht unter dem Einfluß von Opium gestanden oder zumindest früher schon ausgedehnte Erfahrungen mit Opium gesammelt hätte. Kein Zweifel, Poe schrieb oft über Opium und dessen Wirkungen, aber diese Wirkungen waren wohlbekannt, und man konnte davon Kenntnis besitzen, ohne am eigenen Leib Erfahrungen gesammelt zu haben.

Mehrere seiner Figuren sind opiumsüchtig. Opium führt bei ihnen hauptsächlich zu einer Art Hyperästhesie, einer «Überschärfe der Sinne» (die Poe für die Grundlage des Wahnsinns hielt). Hier in einem Beispiel aus der *Geschichte aus den Rauhen Bergen (A Tale of the Ragged Mountains)*:

«Derweilen tat das Morphium seine gewohnheitsmäßige

Wirkung – die nämlich, der gesamten Außenwelt ein hochgespanntes Interessant-Sein zu verleihen. Im leisen Zitterrascheln eines Blatts – im Farbschatten eines Grashalms – im Formgebild des Kleeblatts – im Summen einer Biene – im Schimmern eines Tautropfens – im Hauch des Winds – in den linden Düften, die vom Walde herüberstrichen – in all diesem tat sich eine ganze Welt von Suggestionen auf – all diesem entstieg ein lustiger und buntscheckiger Zug von rhapsodischen und unmethodischen Gedanken.»

Roderick Usher, dieser «unheilbare Opiumesser» aus einer der berühmtesten Erzählungen Poes, läßt verlauten, Opium intensiviere den Geschmacks- und den Geruchssinn sowie die Wahrnehmung von Licht und Musik in einem kaum mehr erträglichen Ausmaß.

Der Held einer anderen Erzählung stellt fest, daß Opium ganz banale Dinge überdurchschnittlich interessant werden lasse: das Flämmchen einer Lampe, ein gewöhnliches Wort, einen Schatten an der Wand. Alethea Hayter behauptet, «die düsteren Säle und Kammern in Poes Geschichten mit ihren prachtvollen Wandbehängen und ihrem karmesinroten Dämmerlicht» seien «typisch für Opiumträume», doch wie Hayter betont, mag sich Poe auch einfach «wie ein Verhungernder nach Luxus gesehnt» haben, «verbrachte er doch sein ganzes Erwachsenenleben in kahlen Kämmerchen, in Hütten und Blockhäusern, mit billigen Stühlen und Tischen aus Holz, Baumwollvorhängen und Bastmatten-Böden». Phantasien über rote Teppiche, «goldene Vorhangkordeln, rosafarbene Lampen, schwere Tücher aus Samt und Seide, süße Düfte usw.» seien daher auch ohne den Treibdorn des Opiums verständlich.

Abgesehen von seinen Erzählungen und ihrer traumartigen Nähe zu Opiumräuschen, gründen sich die Mutmaßungen über Poes Opiumkonsum hauptsächlich auf die Ansicht, Opium sei damals derart leicht erhältlich gewesen, daß Poe der Versuchung kaum hätte widerstehen können, *namentlich in seinen letzten Jahren.* Gewisse Äußerungen von ihm scheinen diese Ansicht zu untermauern. In *Ein Kapitel Suggestionen (A Chapter of Suggestions)* schreibt er, daß Genies ihre geistige Energie durch einen allzu

schnellen Lebensrhythmus verschlissen; und weiter: «In späteren Jahren meldet sich dann das unwiderstehliche Begehren, die Imagination … anzustacheln …, das ernstliche Verlangen nach artificiellen Erregungs-Zuständen …»
Stimulanzien mögen die Imagination in der Tat anstacheln, aber dies hat seinen Preis. In *Der Fall des Hauses Usher (The Fall of the House Usher)* erwähnt er «eine solche Verödung der Seele … daß ich kein irdisches Gefühl passender damit vergleichen kann, als den Traumrückstand des Opiumsüchtigen – das bittere Abgleiten in Nüchternheit und Alltag – die scheulich-schlimme Entschleierung. Etwas fein Eisiges stellte sich ein, vor dem das Herz sank und verelendete, eine durch nichts einzulösende Gedankentrübsal …»
Thomas de Quincey[13] kam in einer Passage über Coleridge zu demselben Schluß: «Es ist ein schlimmes Unglück … aus dem Zauberkelch jener *jugendlichen* Verzückung gekostet zu haben, von der sich das poetische Gemüt umgetrieben fühlt. Wenn diese Quelle feingeschmiedeter Empfindsamkeit erst einmal versuchsweise entfesselt worden ist, kann man selten beobachten, daß es inskünftig noch möglich ist, sich der Abgeschmacktheit des täglichen Lebens zu unterwerfen.» Coleridge habe, so sagt er, zu «künstlichen Stimulanzien» Zuflucht genommen, als «der Aufruhr seiner Lebensgeister nicht mehr durch sein jugendliches Blut genährt wurde».
Kurz gesagt: Für viele Poe-Leser scheint es einfach *sinnfällig*, daß er Opium nahm. Wieso auch nicht? Was hätte ihn daran hindern sollen? Man kommt allerdings nicht um die Tatsache herum, daß er, falls er wirklich Opium nahm, offenbar nie darüber sprach oder schrieb, wohingegen er bezüglich seiner Alkoholsucht kein Blatt vor dem Mund nahm. Wenn er von Angstzuständen heimgesucht wurde – so steht bei ihm zu lesen – , dann wurde er «geistig verwirrt, wenngleich mit langen Abschnitten geistiger Klarheit. Während dieser Anfälle trank ich – einzig Gott weiß, wie oft und wieviel. Selbstverständlich schrieben meine Feinde die Geistesverwirrung lieber dem Alkohol zu als die Alkoholsucht der Geistesverwirrung.»
Gewiß hätte Poe über die Auswirkungen von Opium schreiben

können, ohne sie am eigenen Leib erfahren zu haben, andererseits weisen viele der in seinen Erzählungen dem Opium zugeschriebenen Auswirkungen überhaupt keine Ähnlichkeit mit den tatsächlichen Auswirkungen von Opium auf. Selten bis gar nie beschreibt er die klassischen Symptome des Opiumentzugs wie Gänsehaut oder Schweißausbrüche. Dafür beschreibt er Halluzinationen, die normalerweise weder mit der Einnahme noch mit dem Entzug von Opium verknüpft sind.

Ein letzter Punkt: Opium führt zu einem Zustand vollständiger Passivität. Poes Rauschzustände zeichneten sich hingegen – vor allem gegen Ende seines Lebens – oft durch *unbändige Wildheit* aus. Er blieb tagelang verschwunden und wurde dann (Julian Symons zufolge) entweder von Freunden oder aufgrund eifriger Nachforschungen Marias nach Hause gebracht – «bleich, reumütig und dem Zusammenbruch nahe». Einmal wurde er aufgegriffen, als er durch die Wälder von New Jersey irrte. Sein Biograph J. H. Ingram, ein Zeuge, der bekanntlich nicht zu seinen Sympathisanten zählt, schreibt: «In Wahnsinn oder Melancholie versunken, wanderte er durch die Straßen, seine Lippen formten unverständliche Flüche, seine Augen wandten sich wie zu leidenschaftlichem Gebet himmelwärts … Und nachts, wenn seine Kleider durchnäßt waren und er, wild mit den Armen rudernd, Wind und Regen verscheuchen wollte, führte er gleichsam Gespräche mit Gespenstern.» Solche Episoden sind gut belegt. Bei Ausflügen mit befreundeten Brandy- und Absinth-Trinkern benahm sich Poe zuweilen wie ein Wilder – wie ein Delirierender. Vielleicht *delirierte* er tatsächlich, vielleicht litt er unter Delirium tremens, der schlimmsten Erscheinungsform des Alkoholentzugs. Allerdings tritt Delirium tremens für gewöhnlich nicht auf, solange jemand weitertrinkt; es beginnt erst ein paar Stunden oder Tage, nachdem man mit dem Trinken aufgehört hat. Poe aber scheint schon außer Rand und Band geraten zu sein, *während* er sich einen schweren Rausch antrank. Eine von seinen Zeitgenossen und Biographen nicht erwähnte Erklärung hierfür mag mit dem Getrunkenen selbst zusammenhängen. Zumindest bei gewissen Gelegenheiten handelte es sich nämlich um Absinth.

Absinth war zu Poes Zeit ein ungemein beliebtes Getränk, dem vor allem auch Künstler und Bohemiens gerne zusprachen. Da Absinth im Zusammenhang mit Poes merkwürdigen Alkoholräuschen bisher von niemandem berücksichtigt wurde, mag ein kurzer Exkurs zu diesem Thema durchaus am Platze sein.
Absinth wird hergestellt, indem man ein scharfschmeckendes Kraut namens Wermut *(Artemisia absinthium)* in Alkohol einlegt und den Spiritus destilliert. Sein Geschmack ist bitter, so daß man Lakritze, Kalmus oder andere Aromen beifügt. Das Ergebnis besteht in einem leuchtend grünen und äußerst würzigen Getränk. Das Gebräu wurde in der Schweiz erfunden. Jedenfalls erhielt Henri-Louis Pernod 1797 von einem Schweizer Allgemeinpraktiker das Rezept für die Absinth-Herstellung. Pernod produzierte und verkaufte Absinth als Arznei, die geeignet sei, das Gehirn zu «erkräftigen» und Fieber zu senken, außerdem als Allheilmittel. Allerdings wurde es in erster Linie als *Rauschmittel* rasch sehr beliebt und war in europäischen und amerikanischen Cafés des neunzehnten Jahrhunderts erhältlich. Im späten neunzehnten Jahrhundert äußerten einige Ärzte Bedenken bezüglich der Harmlosigkeit von Absinth; es handle sich dabei eindeutig um ein Suchtmittel, das bei übermäßigem Gebrauch zu Halluzinationen, Delirium, Stupor oder gar zum Tod führe. Nachdem man den Absinth früher als Aphrodisiakum gepriesen hatte, galt er nun als Ursache für Impotenz. Die Ärzte konnten sich freilich nicht einig werden, ob nun der hohe Alkoholgehalt (der notwendig war, um die ölige Essenz aufzulösen) oder aber der Wermut für die krankhaften Zustände verantwortlich war. Auf jeden Fall handelte es sich um ganz andere Wirkungen als bei reinem Alkohol. Bis zu einem gewissen Grad ähnelten sie denen von Marihuana und anderen halluzinogenen Wirkstoffen, die jene «Überschärfe der Sinne» erzeugen, die Poe mit Wahnsinn (oder Absinth?) in Verbindung brachte.
Die Zweifel an der Harmlosigkeit von Absinth wuchsen so rasch, daß das Getränk in der Schweiz bereits 1908 verboten wurde, und andere Länder wie die USA (1912) und Frankreich (1915) diesem Beispiel folgten. Heute ist Absinth in fast jedem Land verboten, wiewohl sich Pernod und andere Getränke mit Anis-

Geschmack *ohne* Wermut-Zusatz immer noch großer Beliebtheit erfreuen (namentlich der Ouzo in Griechenland).[14]
Für amerikanische Exilanten im Paris der zwanziger Jahre kam das Absinth-Verbot gerade noch rechtzeitig. Wenn sie ihre sonstigen Exzesse noch mit Wermut hätten anreichern können, wäre die «lost generation» wohl wirklich rettungslos verloren gewesen. Absinth erklärt Poes Aufgewühltheit, seine Halluzinationen und Delirien viel einleuchtender als Opium, welches für gewöhnlich nichts von alledem hervorruft. Vielleicht hat er die halluzinatorischen, LSD-ähnlichen Zustände sogar geliebt und gesucht: Saatkörner für Gruselgeschichten ... jene «künstliche Stimulation», die ein alternder romantischer Dichter braucht, um die Imagination anzustacheln, das Leben in neuer Frische pulsieren zu lassen, letztendlich um dem Haus Usher den Rest zu geben – das tragische Schicksal jedes guten romantischen Dichters.
Poe war der erste der großen amerikanischen Schriftsteller, der dem Alkohol verfiel. Er erfand nicht nur die Detektivgeschichte und die Literaturgattung Science Fiction, er begann auch die Tradition – oder unterzeichnete allermindestens die Gründungsakte – jener «Bruderschaft der Glanzvollen und Verfemten», jener heimatlosen, entwurzelten Künstler. Wäre denn soviel – so viele Bände in so vielen verschiedenen Sprachen – über ihn geschrieben worden, wenn er nicht heimatlos und entwurzelt gewesen wäre? Keiner, der ihn nicht als Genie bezeichnet hätte. Wenn Edgar Allan Poes Lebensführung so vorbildlich und gesund gewesen wäre wie diejenige von Edgar Guest[15] , dann nähme sein Werk in der Bibliothek zwar nicht weniger Platz ein, aber sein Leben hätte gewiß weit weniger Anteilnahme geweckt. Wer interessiert sich schon für ein gesundes Genie?

Bibliographische Notiz

Es ist fraglich, ob überhaupt irgendein anderer Schriftsteller den Gegenstand so vieler Biographien und kritischer Untersuchungen gewesen ist wie Edgar Allan Poe. Sieben Jahre nach seinem Tod erschien die erste Biographie, und seither sind sie pausenlos zwischen den Druckwalzen hervorgeschossen. Jeder einzelne Aspekt von Poes Leben gab Anlaß zu Meinungsverschiedenheiten. Als Führer durch den Dschungel der Poe-Forschung bediente sich dieses Kapitel der Biographie von Julian Symons, *The Tell-Tale Heart* (Harper & Row, New York 1978). Symons ist zurückhaltend, vorsichtig und besonnen – Tugenden, die bei Poe-Biographen nicht eben oft zu finden sind.

Die Biographie von Wolf Mankowitz, *The Extraordinary Mr. Poe* (Summit Books, New York 1978), besticht durch einen Detailreichtum und einen blumigen Stil, und obwohl sich die Einzelheiten auf eine eher dürftige Tatsachen-Basis stützen, vermitteln sie von Poe einen poetischen Eindruck, der dazu anregt, seine Werke zu lesen. Mankowitz› Buch enthält auch zahlreiche herrliche Bilder, darunter eine Miniatur von Poes Mutter (angeblich Teil von Edgars Erbschaft) sowie eine Skizze von Virginia auf ihrem Sterbebett. Den Biographien von Symons und Mankowitz verdanke ich besonders viel Quellenmaterial für dieses Kapitel.

The Complete Works of Edgar Allan Poe sind 1902 in einer siebzehnbändigen Ausgabe bei J. A. Harrison erschienen. Zitate aus Briefen von Poe stammen aus *Letters of Edgar Allan Poe* (Harvard University Press, Cambridge 1948). Von den vielen anderen Werken über Poe erwiesen sich die folgenden als hilfreich: J. H. Ingram, *Edgar Allan Poe: His Life, Letters and Opinions*, Ward Lock, London 1891; G. E. Woodberry, *The Life of Edgar Allan Poe, Personal and Literary, with his Chief Correspondence with Men of Letters*, 2 Bände, Houghton Mifflin, Boston 1909; J. W. Krutch, *Edgar Allan Poe: A Study in Genius*, Knopf, New York 1926; A. H. Quinn, *Edgar Allan Poe: A Critical Biography*, Appleton-Century, New York 1941.

Alethea Hayters *Opium and the Romantic Imagination* (University of California Press, Berkeley 1968) analysiert die Indizien für und gegen die These von Poes Opiumsucht und kommt zum Schluß, daß man nichts mit Bestimmtheit sagen kann.

Auf deutsch gibt es eine große Biographie von Frank T. Zumbach, *Edgar Allan Poe: eine Biographie*, Winkler, München 1986. Ein kürzer gefaßtes Lebensbild bietet Walter Lennig, *Poe,* rororo-Bildmonographie, Hamburg 1959.

Die deutsche Fassung der Poe-Zitate stammt aus der einzigartigen Poe-Übersetzung von Arno Schmidt und Hans Wollschläger: Edgar Allan Poe, *Das gesamte Werk in vier Bänden*, hg. v. Kuno Schumann und Hans Dieter Müller, Walter, Olten 1966.

[1] Richard Henry Stoddard (1825–1903), von Nathaniel Hawthorne geförderter, amerikanischer Dichter, Journalist und Politiker.

[2] Es handelt sich um den demokratischen Bürgermeister Ed Koch, der von 1978 bis 1989 amtierte.

[3] Der ehemalige Reverend Rufus Wilmot Griswold (1815–1857) wurde vom Verleger Graham aufgrund von Poes dienstlichen Unregelmäßigkeiten als dessen Nachfolger eingesetzt; Poe machte ihn zu seinem literarischen Testamentsvollstrecker. In seinem «Memoir», das im dritten Band der Poe-Gesamtausgabe erschien, stellte Griswold Poe als Inbegriff der Sittenlosigkeit dar. Baudelaires Reaktion hierauf: «Gibt es denn in Amerika keine Verordnung, die Hunden das Betreten des Friedhofs verbietet?»

[4] Edward George Earle Bulwer-Lytton (1803-1873), erfolgreicher Romancier, Dramatiker und Vielschreiber; sein berühmtestes Werk sind die *Letzten Tage von Pompeji.*

[5] In West Point (Orange County), am Westufer des Hudson River, etwa fünfzig Meilen nördlich von New York City, befindet sich seit 1802 *die* Militär-Akademie der USA.

[6] James Fenimore Cooper (1789-1851), amerikanischer Schriftsteller, der mit Seefahrer-Geschichten und vor allem mit den *Lederstrumpf*-Bänden Berühmtheit erlangte; Washington Irving (1783-1859), amerikanischer Diplomat und Schriftsteller, der als Stilist und Verfasser von Biographien, historischen Büchern und vor allem Kurzgeschichten *(Rip van Winkle)* von sich reden machte; Ralph Waldo Emerson (1803-1882), amerikanischer Dichter, Essayist und Philosoph, der von Nietzsche als großer Stilist bewundert wurde und Führer der «New England Idealists» war; William Cullen Bryant (1794-1878), Zeitungsredaktor und Dichter im Stil der Wordsworth'schen Romantik, Besitzer und Chefredaktor der New Yorker *Evening Post*; Henry Wadsworth Longfellow (1807-1882), mit Nathaniel Hawthorne befreundeter Dichter *(The Song of Hiawatha)* und Dozent in Harvard.

[7] Nathaniel Parker Willis (1806–1867), mit Poe befreundeter Journalist, Dichter und Autor von Kurzgeschichten.

[8] In etwa: «Vernunftschluß-Geschichten» oder «Logisch-analytische Geschichten» ... in Analogie zu Gruselgeschichten («tales of terror», «tales of mystery»).

[9] John Tyler (1790–1862), als Vizepräsident von William Henry Harrison, rückte er 1841 als 10. Präsident der USA nach und regierte fast eine ganze Amtszeit lang bis 1845.

[10] *The Rime of the Ancient Mariner* (1798) ist das berühmteste Gedicht des englischen Frühromantikers Samuel Taylor Coleridge (1772-1834).

[11] Walt Whitman (1819–1892), auf Long Island geborener Quäkersohn, Redaktor der größten New Yorker Zeitung jener Zeit, des Brooklyn Eagle, fortschrittlicher Politiker und Kämpfer gegen die Sklaverei, berühmter Dichter *(Leaves of Grass).*

[12] «a worm that would not die» ist im Original englisch («ein Wurm, der nicht sterben wollte»). Baudelaire zitiert aus Poes Erzählung *Morella.*

[13] Thomas de Quincey (1785-1859), mit Coleridge und Wordsworth befreundeter englischer Dichter, der vor allem mit den *Bekenntnissen eines englischen Opiumessers* (1821) bekannt wurde.

[14] *Artemisia absinthium* scheint sich von anderen *Artemisia*-Arten, aus denen Wermut (mit höchstens 22,5 Volumenprozent) hergestellt wird, durch einen höheren Anteil des Nervengiftes Thujon zu unterscheiden. Ob dies oder schlicht der hohe Alkoholgehalt zu den besonderen Auswirkungen der «grünen Fee» (wie der Absinth in der Westschweiz genannt wird) führt, ist nach wie vor umstritten. Neben Wermut wurden bei der Absinth-Herstellung auch Fenchel, Koriander, Anis u.ä. verwendet. Das Absinth-Verbot beschloss das Schweizer Volk 1908 gegen den Willen des Bundesrates, nachdem 1905 der Weinbauarbeiter Jean Lanfray in der Waadtländer Gemeinde Commugny bei Genf im Absinthrausch seine Frau und die beiden Töchterchen erschossen hatte.

[15] Edgar Guest (1881-1959), Bestseller-Poet, der eine Kolumne in der *Free Press* in Detroit hatte und dort jahrzehntelang täglich ein Gedicht veröffentlichte.

F. Scott Fitzgerald
(1896–1940)

«Gestatten, F. Scott Fitzgerald, der bekannte Alkoholiker.»

«Dann war ich viele Jahre lang betrunken,
und dann bin ich gestorben.»
(*F. Scott Fitzgerald*, Notebooks)

Von allen amerikanischen Schriftstellern des 20. Jahrhunderts wurde über deren zwei wohl am meisten geredet, geschrieben und geklatscht: Ernest Hemingway und F. Scott Fitzgerald. Hemingway war schon zu Lebzeiten eine literarische Berühmtheit, Fitzgerald wurde es nach seinem Tod.
Wenn jemand nur eine einzige Anekdote aus der Welt der Literatur kennt, dann ist es für gewöhnlich die folgende:

Fitzgerald: Die steinreichen Leute sind ganz anders als du und ich.
Hemingway: Ja, sie haben mehr Geld.

Dieser Wortwechsel hat, wenn man den beiden Beteiligten Glauben schenken darf, nie stattgefunden, aber das ist Nebensache: er macht jedenfalls eine der großen sadomasochistischen Freundschaften der Literaturgeschichte anschaulich: die zwischen Ernest dem Peiniger und Scott dem Opfer.
Ein weiteres Beispiel:
«Natürlich bist du ein Trunkenbold», schreibt Hemingway an Fitzgerald, «aber auch nicht schlimmer als die meisten guten Schriftsteller.»
Fitzgerald hätte Hemingway gegenüber nie einen solchen Ton angeschlagen. Er war stets Hemingways Förderer, versuchte für ihn einen Verleger zu finden, als er noch am Anfang stand, und überhäufte ihn sogar für mißratene Bücher mit Komplimenten. Hemingway dagegen verglich Fitzgeralds letzten Roman mit schimmligem Speck.
Jahrzehnte, nachdem die beiden gestorben sind, zahlt Scott es Hemingway endlich heim. Immer mehr Leute sind der Ansicht, daß er der bessere Schriftsteller war.

Am 23. Dezember 1940 veröffentlichte die *New York Times* einen Nachruf auf Fitzgerald. Er begann wie folgt:
«F. Scott Fitzgerald, Romancier, Verfasser von Kurzgeschichten

und Drehbuchautor, ist gestern im Alter von 44 Jahren in seinem Haus in Hollywood gestorben. Schon vor drei Wochen erlitt er einen Herzinfarkt.
Fitzgeralds Leben und Werk stehen stellvertretend für ‹all die traurigen jungen Männer›[1] der Nachkriegsgeneration. Mit dem Können eines Reporters und der Begabung eines Künstlers fing er die Essenz einer Epoche ein, in der die Flappers[2], der Gin und ‹die Schönen und Verdammten›[3] als Symbole des unbekümmerten Wahnsinns einer ganzen Generation galten.
Grob gesagt begann seine Karriere mit den zwanziger Jahren und ging mit ihnen auch wieder zu Ende.»

So machte es 1940 wenigstens den Anschein. Fitzgerald war der «Chronist der Jazz-Ära» und ein begabter Autor, der sich jedoch an Hollywood und an die *Saturday Evening Post* verkauft hatte und jenseits des Rampenlichtes starb – als einer, dessen Ruhm bereits wieder abgeblättert war. Der Nachruf endet mit einer Passage, in der sich Fitzgerald selber mit einem Teller vergleicht, der einen Sprung hat.
Einige Jahre zuvor hatte er im *Esquire* geschrieben:
«Doch manchmal muß der Teller mit dem Sprung in der Anrichte bleiben, wo er weiter als unverzichtbares Haushaltsgerät verwendet wird. Allerdings darf er nie wieder auf der Herdplatte erwärmt werden oder mit den anderen Tellern in den Abwasch kommen; wenn Besuch da ist, wird er nicht hervorgeholt, aber für Salzgebäck am späten Abend oder als Behältnis für Speisereste im Kühlfach reicht er allemal aus.»
Fitzgerald verglich sich also mit Speiseresten, na ja … Seine letzte Jahresabrechnung von Scribner's belegt den Verkauf von vierzig Exemplaren (darunter siebenmal *Der große Gatsby*), was einem Honorar von dreizehn Dollar und dreizehn Cent entsprach. In seiner Biographie aus dem Jahre 1981 präsentiert Matthew J. Bruccoli, ein führender Fitzgerald-Experte, dem wir all diese Angaben verdanken, aber auch einige andere Aufstellungen:
In den vierzig Jahren seit Fitzgeralds Tod verkaufte Scribner's mindestens acht Millionen seiner Bücher. Einundzwanzig Bände mit unveröffentlichten Texten wurden herausgegeben, außerdem

rund fünfzig Biographien, Sekundärstudien und Aufsätze. Seine Werke wurden in fünfunddreißig Sprachen übersetzt. *Der große Gatsby (The Great Gatsby)* stapelt sich in den Schulzimmern und verkauft sich unterdessen allein in den USA jährlich dreihunderttausendmal.

F. Scott Fitzgerald wird heute definitiv unter die größten Schriftsteller aller Zeiten gereiht, was immer sein Ziel war. Und was ihm auch zusteht. Kurzum, Fitzgerald ist zu einem sicheren Wert in der Literaturgeschichte geworden. Etwas Ähnliches geschah auch mit Poe, der ebenfalls mit vierzig Jahren starb – bis zum heutigen Tag jagt eine Biographie die andere. Poe und Fitzgerald verbindet vieles: Beide starben jung und galten zum Zeitpunkt ihres Todes als gescheiterte Dichter. Beide schrieben hauptsächlich, um ihren Lebensunterhalt bestreiten zu können. Beide waren schwere Alkoholiker und erlagen letztlich wohl auch den Folgen dieser Krankheit.

Beide waren in ihren besten Zeiten großartige Schriftsteller, aber im öffentlichen Bewußtsein vermischten sich ihre persönlichen Tragödien so sehr mit ihrer künstlerischen Leistung, daß es unterdessen unmöglich ist, beides voneinander getrennt zu betrachten.

Bei Poe sind selbst die grundlegendsten Fakten seines Lebens schlecht verbürgt. Bei Fitzgerald dagegen sind die Tatsachen durchaus bekannt; dafür bereiten die Hintergründe um so mehr Schwierigkeiten.

F. Scott Fitzgerald wurde 1896 in St. Paul (Minnesota) geboren, wo er den größten Teil seiner Kindheit verbrachte. Sein Vater war im Geschäftsleben ein Versager, aber die Familie lebte bequem vom Erbe des Großvaters mütterlicherseits. Scott besuchte ein römisch-katholisches Internat und ging dann nach Princeton, wo er allerdings schon im ersten Jahr wegen Krankheit und schlechter Noten vom College flog. Im nächsten Jahr versuchte er es nochmals in Princeton, wechselte aber schon nach zwei Monaten als Unteroffizier zur Armee. In dieser Zeit begann er mit der Arbeit an seinem ersten Roman *Diesseits vom Paradies (This Side of Paradise)*, dessen ersten Entwurf er in

Princeton beendete und dessen zweite Fassung in Fort Leavenworth entstand, wo er die Offiziersschule absolvierte. Man schrieb das Jahr 1918, und Fitzgerald wollte nach Übersee, wurde statt dessen jedoch in der Nähe von Montgomery (Alabama) stationiert. Dort begegnete er seiner zukünftigen Frau, Zelda Sayre, bei einer Tanzveranstaltung in einem Freizeitclub in der Vorstadt. Nach dem Krieg arbeitete Fitzgerald eine Zeitlang für eine Werbeagentur in New York und kehrte dann nach St. Paul zurück, wo er seinen Roman beendete. Er wurde von Charles Scribner's Sons veröffentlicht und erwies sich als Bestseller. Mit vierundzwanzig Jahren bereits berühmt, heiratete Fitzgerald seine Zelda und nahm einen zweiten Roman, *Die Schönen und Verdammten (The Beautiful and Damned)*, sowie Erzählungen für die *Saturday Evening Post* in Angriff.

Einen großen Teil der zwanziger Jahre verbrachten die Fitzgeralds in Europa; sie wohnten in Paris oder an der Riviera. Sein dritter Roman, *Der große Gatsby*, erschien 1925 und verkaufte sich mehr schlecht als recht, aber mit seinen Kurzgeschichten verdiente Fitzgerald so gut, daß er und Zelda auf großem Fuße leben konnten. Vor allem nach dem Erscheinen von *Der große Gatsby* genoß Fitzgerald auch bei anderen Autoren hohes Ansehen, und er blieb die ganzen zwanziger Jahre über eine kleine Berühmtheit.

Mit dem Ausklingen der zwanziger Jahre ging es allerdings auch mit Fitzgerald abwärts. In den dreißiger Jahren veröffentlichte er gerade noch einen einzigen Roman, *Zärtlich ist die Nacht (Tender is the Night)*, und einige Erzählungen, aber seine literarische Produktivität schrumpfte – und damit auch Einkommen und Ruhm. Seine Frau litt unter einer Psychose (laut der Diagnose des Schweizer Psychiaters Auguste Forel[4] handelte es sich um Schizophrenie) und wurde für den größten Teil ihres restlichen Lebens in Krankenhäusern verwahrt. Sie starb 1947.

Eine Weile lebten die Fitzgeralds in der Nähe von Baltimore, wo Zelda von Adolf Meyer[5] behandelt wurde, 1937 aber zog Scott nach Hollywood, um für den Film zu schreiben. Dort begegnete er der Kolumnistin Sheilah Graham, die Jahre später ein Buch schreiben sollte, in dem sie behauptete, sie sei seine Geliebte gewesen. Die Arbeit für den Film sagte ihm wenig zu, und er erntete auch keine großen Erfolge. (Lediglich ein einziges Mal wurde er im Vorspann überhaupt erwähnt.) Er war mit der Arbeit an dem Roman *Der letzte Taikun (The Last Tycoon)* beschäftigt, als er 1940 im Alter von 44 Jahren in Hollywood einem Herzinfarkt erlag. Sein Tod blieb fast unbemerkt. Viele glaubten, er sei schon Jahre zuvor gestorben. Andere hielten «F. Scott Fitzgerald» für eine Romanfigur aus den zwanziger Jahren. Zum Zeitpunkt seines Todes waren die meisten seiner Bücher vergriffen.

Dann geschah etwas Seltsames: Anfangs der fünfziger Jahre begann Fitzgeralds Beliebtheit wieder zu wachsen. Seine Bücher wurden allesamt wiederaufgelegt und verkauften sich millionenfach. *Der große Gatsby* wurde ein Klassiker, galt allenthalben als obligatorische Lektüre für Anglistik-Studenten, und fast jeden Monat wurde über Scott und Zelda in irgendeiner Zeitschrift oder Zeitung geschrieben. Wie Fitzgerald wohl darauf reagiert hätte? Seine Freunde sind sich einig: Er wäre entzückt gewesen. Vielleicht nicht ganz ohne Abstriche. Wie Leslie Fiedler[6] betont, gibt es in der Literatur der westlichen Welt ein ungeschriebenes Gesetz, demzufolge große Schriftsteller unbedingt irgendein Gebrechen, einen «charismatischen Defekt» aufzuweisen haben. Daß Fitzgerald ein Trinker war, mag für seinen Ruhm – sollte Fiedler Recht haben – ebenso wichtig gewesen sein wie seine literarischen Leistungen.

Fitzgeralds Trunksucht, sein charismatischer Defekt, ist außerordentlich gut dokumentiert. In seinen Biographien wird sie ausführlich beschrieben, Fitzgerald selbst erörtert sie in Briefen und Essays, außerdem wimmelt es in seinen Romanen und Erzählungen von Säufern, die eine frappierende Ähnlichkeit mit ihrem literarischen Schöpfer aufweisen.

Wann wurde Fitzgerald zum Alkoholiker? Es gibt Hinweise darauf, daß ihn Trunkenheit, lange bevor er sein erstes Glas leerte, bereits ungemein faszinierte. Als Junge liebte er es, *vorzutäuschen*, er sei betrunken. Einem Biographen zufolge spielte er den Säufer derart glaubwürdig, daß einige Mädchen ihren Müttern erzählten, er habe tatsächlich getrunken – Scott aber «sonnte sich in seinem liederlichen Ruf». Seinen ersten Drink genehmigte sich Fitzgerald mit sechzehn. Er verblüffte einen Freund damit, daß er mehrere Bronx

Cocktails[7] kippte und dann zur Unterhaltung der Passanten vorgab, er sei der Vater seines Freundes. Von Anfang waren Exhibitionismus und Alkohol für F. Scott Fitzgerald ein unzertrennliches Paar.

In Princeton erwarb er sich den Ruf, seinen Schnapskonsum nicht kontrollieren zu können, obwohl er dort eigentlich sehr maßvoll trank. Es blieb ihm wohl keine andere Wahl. «Das war noch eine Zeit, wo Eltern ihren Söhnen Golduhren versprachen, falls sie bis einundzwanzig abstinent blieben», schreibt Andrew Turnbull. «Jede Form von Alkohol war auf dem Universitätsgelände streng verboten, und offenkundige Trunkenbolde ernteten überall mißbilligende Blicke; also zog sich Fitzgerald – wie die meisten seiner Zeitgenossen – zum Biertrinken lieber in die Saloons an der Nassau Street zurück.»

Wieviel Fitzgerald in Princeton wirklich trank, ist ungewiß, denn mit seinen Trinkgewohnheiten pflegte er stets tüchtig aufzuschneiden. «Verzeih mir, wenn meine Hand ein wenig zittert», schrieb er seiner Freundin, «aber ich hatte gerade einen Viertel Sauternes und drei Bronxes.» Noch Jahre später stellte er sich als «F. Scott Fitzgerald, der bekannte Alkoholiker» vor. Im College gab er sich gerne betrunkener, als er war – schon nach dem ersten Bier ließ er seine Knie einknicken und spielte seine Säuferkomödie; dies zog sich auch durch sein ganzes späteres Leben. In Paris war Hemingway jeweils ernstlich verärgert, wenn Fitzgerald schon nach ein paar Drinks so tat, als falle er in Ohnmacht.

Zweifellos trug dies zur Behauptung bei, Fitzgerald «vertrage keinen Alkohol», was wahrscheinlich ein Mythos ist, nichtsdestoweniger aber selbst in den besten Biographien wiedergekäut wurde. Daß Fitzgerald schon nach kleinen Mengen Alkohol betrunken gewesen sein soll, wird von zahlreichen Berichten widerlegt, denen zufolge er über längere Zeit hinweg immer wieder alles andere als kleine Mengen zu sich nahm. Über Poe erzählte man sich dasselbe, vielleicht aus demselben Grund: übertriebene Showeinlagen – um potentielle Kritiker zu entwaffnen – gehören nun einmal zur Trickkiste des Trinkers. Ein echter Alkoholiker stillt übrigens immer nur einen Teil seiner Trunksucht vor den Augen der Öffentlichkeit; in die Gesamtabrechnung müssen auch die «unsichtbaren» Drinks einbezogen werden.

Wahrscheinlich ein weiterer Fitzgerald-Mythos war die These, daß er trank, weil er einen zu niedrigen Blutzucker hatte (Hypoglykämie). Bruccoli, der Zugang zu Fitzgeralds Krankengeschichte erhielt, erklärt, es gebe keine Beweise dafür, daß er unter Hypoglykämie litt. Bisweilen aß er zwar Eis zum Frühstück, aber dies mag ihm gegen seinen Kater und sein Sodbrennen geholfen haben. (Alkohol kann hingegen Hypoglykämie *verursachen*, allerdings nur bei Personen in halbverhungertem Zustand.)

Was es auch immer mit seinen Showeinlagen auf sich haben mochte, es steht außer Zweifel, daß sich Fitzgerald um sein dreiundzwanzigstes Lebensjahr, als er aus der Armee entlassen wurde und in New York Arbeit suchte, regelmäßig und ernsthaft betrank. Für seine Agentur Werbeslogans zu schreiben, war gar nicht nach seinem Geschmack. Zelda weigerte sich, ihn zu heiraten, weil er zu wenig Geld hatte, also trank er. «Während ich an Samstagnachmittagen wie ein Gespenst im Red Room des Plaza Hotels herumgeisterte», erinnerte er sich später, «oder luxuriöse Schnaps-Parties zwischen der sechzigsten und siebzigsten Straße auf der Ostseite des Central Park besuchte, oder während ich mit Freunden aus Princeton in der Biltmore Bar herumsoff, spukte stets mein anderes Leben in meinem Kopf herum: mein graubraunes Zimmer in der Bronx, meine paar Quadratzentimeter Boden in der Untergrundbahn ...»

Nachdem er seine Stelle aufgegeben hatte, unternahm er eine dreiwöchige Sauftour – seine erste. Deren Beschreibung in *Diesseits vom Paradies* ist eine der lebendigsten Schilderung eines Zechgelages, die man in der Literatur überhaupt finden kann. Sie ging am 1. Juli 1919 zu Ende – am Tag, als die Prohibition begann. Fitzgerald nüchterte aus, um seinen ersten Roman zu beenden, und von da an waren nicht mehr Enttäuschung und Armut der Anlaß zum Trinken, sondern – der Erfolg. Er war ein überkandidelter, ja hysterischer Trinker, gab verschwenderische Trinkgelder und stopfte sich 50-Dollar-Scheine so in die Manteltaschen, daß niemand sie übersehen konnte. Er und Zelda spielten oft Theater – bei Parties machten sie die Clowns, sprangen vollständig bekleidet in den Brunnen des Plaza Hotels, roll-

ten bei Morgengrauen Champagnerflaschen die Fifth Avenue hinunter. All das erregte viel Aufsehen in der Öffentlichkeit – die Fitzgerald-Legende hatte begonnen.
Und begonnen hatten auch die Probleme – all jene gesellschaftlichen, familiären, beruflichen und schließlich gesundheitlichen Probleme, die – ganz gleich, ob sie einzeln oder gleich scharenweise auftreten – die Lebensgeschichte jedes Alkoholikers prägen. Fitzgerald verlor allmählich seine Freunde: «Da kommen wieder die Fitzgeralds!» wurde meistens mehr gestöhnt als gejubelt ... Er wurde aus seinem College Club ausgeschlossen, weil er sich an privaten Parties schlecht aufgeführt hatte. Er verwickelte sich in Schlägereien und kam ins Gefängnis. Und je mehr Zelda und er tranken, um so mehr stritten sie miteinander. Freunde warnten sie, daß es mit einer Katastrophe enden würde. Einer ihrer Bekannten, Malcolm Cowley, erinnert sich in seinem Tagebuch: «Abends entschloß sich Zelda stockbesoffen, Fitz zu verlassen, und tauchte bei uns auf, nachdem sie sich fast umgebracht hatte, weil sie auf Eisenbahnschienen herumgetorkelt war. Wenig später kam Fitz. Ohne Geld und Fahrschein hatte er denselben Zug genommen. Man hatte ihm gedroht, ihn hinauszuwerfen, aber schließlich ließ man ihn in Ruhe – Zelda weigerte sich, ihm Geld zu geben. Sie setzten ihren Streit fort ...»
Zelda beklagte sich über Fitzgeralds Trunksucht und sagte zu einem Freund: «Wenn du keine völlig hoffnungslose Ehe willst, dann trink nie so viel, daß es mit dir so weit kommt wie mit Scott.» Hemingway und andere waren allerdings der Ansicht, sie habe ihn zum Trinken ermuntert, weil es ihn von der Arbeit abhielt, auf die sie mit ihrem eigenen literarischen Ehrgeiz eifersüchtig war. Bisweilen verteidigte sie aber ihren Ehemann, zum Beispiel als sie ihrem Vater in einem Brief schrieb, Fitzgerald sei in nüchternem Zustand der liebenswürdigste Mensch auf der ganzen Welt, worauf ihr Vater antwortete: «Der ist doch nie nüchtern.»
Im Alter von fünfundzwanzig Jahren war Fitzgerald ein klarer Fall von Alkoholismus; das wußte er, und das wußten auch die meisten seiner Freunde. «Ich schaffte es nie, lange genug nüchtern zu sein, um meine Nüchternheit überhaupt ertragen zu können»,

schrieb er in einem Brief nach einer schier endlosen Party, und seine Sauftouren wurden immer ausgedehnter. «Im Jahr nach ihrer Heirat», schreibt Turnbull, «waren ihre Zechgelage durch ganz New York ein fröhliches, übermütiges Überbleibsel aus College-Zeiten, aber dann wurde der Spaß allmählich zerstörerisch. Fitzgerald verschwand in der Stadt und betrank sich zwei, drei Tage lang, bis er von Nachbarn schlafend in seinem Vorgarten entdeckt wurde. Bei Dinner-Parties kroch er unter dem Tisch herum, säbelte seine Krawatte mit einem Küchenmesser ab oder versuchte die Suppe mit der Gabel zu essen.» Einmal fuhr er seinen Wagen absichtlich in einen Teich, weil er das lustig fand.

Als er fast dreißig war, war der Spaß vorbei. «Bisweilen haute er einfach ab», so Turnbull, «um alleine zu trinken – so wie andere Leute eine Pille schlucken. Das war für ihn eine Sache, die niemanden etwas anging.» Seine Arbeit litt darunter, und er hatte Schuldgefühle. Als er achtundzwanzig war, schrieb er seinem Verleger, in den letzten drei Jahren sei es mit ihm «abwärts gegangen»: «Ich brachte genau ein Theaterstück, ein halbes Dutzend Kurzgeschichten und drei oder vier Artikel zustande – ein Durchschnitt von vielleicht hundert Worten am Tag. Hätte ich diese Zeit auf gesündere Weise verbracht, sähe alles anders aus. Aber ich habe sie sinnlos verschwendet, habe getrunken und mich ausgetobt.»

Zu diesem Zeitpunkt schrieb er noch ausschließlich in nüchternem Zustand, aber nach dreißig begann er den Schnaps vorsätzlich mit seiner Arbeit zu vermischen. Meistens bereute er es hinterher. Einmal entschuldigte er sich bei seinem Verleger dafür, während der Niederschrift von *Zärtlich ist die Nacht* soviel getrunken zu haben. «Eine Kurzgeschichte», so erklärte er, «kann man mit dem Glas in der Hand schreiben, aber für einen Roman braucht man genügend geistige Geschwindigkeit, um die ganze Struktur im Kopf behalten zu können.»

Fitzgeralds Versuche, seine Trunksucht in den Griff zu kriegen, erinnern an das Schicksal anderer Alkoholiker. Oft verordnete er sich eine Wasserdiät – gegen Ende seines Lebens blieb er, mit Sheilah Grahams Hilfe, einmal sechs Monate lang trocken, erlitt aber letztlich den unvermeidlichen Rückfall. Er versuchte es mit einer Bonbon-Diät und begnügte sich eine Weile lang mit Bier. Aber nichts funktionierte, so daß er sich schließlich – wie alle Alkoholiker – darauf verlegte, seine Sucht zu rationalisieren: Alkohol als das «Laster der Schriftsteller», als «Steigerung des Empfindungsvermögens». Angesichts der Trümmer einer Neujahrsparty kam er einmal ins Räsonnieren: «Man muß sich das einmal vorstellen – so sieht es jetzt quer durch das ganze Land aus.»

Dann machte seine Gesundheit nicht mehr mit. Es fing damit an, daß er hypochondrische Symptome entwickelte und unter Schlaflosigkeit litt. Die Ärzte rieten ihm, sich Leibesübungen zu unterziehen und mit dem Trinken aufzuhören. Um besser schlafen zu können, nahm er Barbiturate und Chloralhydrat; im Lauf der Jahre erhöhte er die Dosis, erreichte aber offenbar nie den Punkt, wo er süchtig wurde. Als Fitzgerald etwa fünfunddreißig war, kam es manchmal vor, daß er Blut spuckte, daß seine Beine zu zucken begannen und er ins Krankenhaus eingeliefert werden mußte. Als College-Student hatte er einen leichten Anfall von Tuberkulose durchgemacht (allerdings so leicht, daß er nicht behandelt werden mußte), und es ist unklar, ob das Blut aus dem Magen oder aus der Lunge stammte. Fitzgerald machte sich durchaus Sorgen um seine Gesundheit, und er besaß eine Photosammlung, die ihm ein im Kampf gegen den Alkoholismus engagierter Sozialarbeiter gegeben hatte: sie zeigte all die krankhaften Wirkungen, die Alkohol auf die Niere und andere Organe ausübt. Über diesen Bildern meditierte er, machte aber auch Witze darüber. Er stellte Krankenschwestern ein, um ihm dabei zu helfen, von der Flasche loszukommen, aber wenn sie nicht hinschauten, schenkte er sich heimlich wieder einen ein.[8]

Die Zechgelage, die Fitzgerald in seinen letzten Lebensjahren veranstaltete, werden von Sheilah Graham sowie von Budd Schulberg – in dessen Roman *The Disenchanted* – in allen Einzelheiten beschrieben. Fitzgeralds Persönlichkeit hatte sich auch früher schon verändert, während er trank, aber nun nahmen diese Veränderungen allmählich spektakuläre Ausmaße an. In nüchternem Zustand war Fitzgerald freundlich, rücksichtsvoll

und charmant. Unter Alkoholeinfluß wurde er streitsüchtig und tränenselig. Was in jungen Jahren noch als betrunkene Clownerien durchgegangen sein mochte, wirkte nun jämmerlich und grotesk. Fitzgerald war sich dessen bewußt, besaß aber nicht mehr die Kraft, etwas dagegen zu unternehmen.
Zeldas Psychiater, Adolf Meyer und Thomas Rennie, drängten ihn, sich in psychoanalytische Behandlung zu begeben, aber er weigerte sich mit der Begründung, dies könnte seine schriftstellerischen Leistungen gefährden, und führte mehrere Autoren an, denen es so ergangen sei. Den Auswirkungen seiner Trunksucht stand Fitzgerald fatalistisch gegenüber. «Alle Trinker», so sagte er, «sterben zwischen achtunddreißig und achtundvierzig.» Mit vierundvierzig Jahren erlitt er zwei Herzinfarkte, dem zweiten erlag er.

Damit sind die Tatsachen, soweit sie eindeutig vorliegen, erschöpft, – Vorhang auf für die Spekulationen: Was für ein Mensch war Fitzgerald? Wie wurde er zu diesem Menschen? Was machte ihn zu einem guten Schriftsteller? Was machte ihn zum Alkoholiker? In welcher Weise – wenn überhaupt – sind bei ihm schriftstellerisches Talent und Alkoholismus miteinander verknüpft?
Alle waren sich einig, daß Fitzgerald ein komplizierter Mensch war. J. B. Priestley[9] entdeckte in seinem «reichhaltig verwirrten Charakter» zwei gegenläufige Tendenzen: zum einen den schwärmerischen, romantischen Fitzgerald, den ewigen Jüngling, der im Banne eines Lebens in Glitzer und Glamour stand. Diesem «heißblütigen, zügellosen» Fitzgerald stand der geistig gefestigte Fitzgerald gegenüber: kaltblütig, selbständig, erbarmungslos ehrlich mit sich selber und der Welt, über die er Rechenschaft ablegte. Auch Malcolm Cowley fiel diese «Doppelnatur» auf – wie Fitzgerald an den «orgiastischen Riten» seiner Zeit teilnahm, aber niemals seine Souveränität verlor und «vor dem Tanzsaal stehenblieb, ein kleiner Junge aus dem Mittleren Westen, der seine Nase an die Scheibe preßte und sich fragte, wieviel wohl der Eintritt kostete und wer die Musikanten bezahlte».
Fitzgerald sah sich selber weder als einen noch als zwei, sondern als viele Menschen. «Noch nie gab es eine gute Biographie über einen guten Romancier», schrieb er an Hemingway, «das ist auch

gar nicht möglich. Wenn einer überhaupt etwas taugt, dann besteht er aus allzu vielen Personen.» Viele Personen gleichzeitig zu sein, konnte ganz schön unangenehm werden: «Durch ein einziges Fenster betrachtet, kann man das Leben viel leichter in den Griff kriegen», stellt eine Figur Fitzgeralds fest. Bisweilen gestand Fitzgerald ein, daß es ihm Schwierigkeiten bereite, Klarheit zu erlangen, ob er ein lebender Mensch oder eine Figur aus einem seiner Romane sei. Nichtsdestoweniger war er stolz auf seine Komplexität. «Der Prüfstein für jede erstrangige Intelligenz», schrieb er in *Der Knacks (The Crack-Up)*, «ist die Fähigkeit, zwei gegensätzliche Gedanken gleichzeitig im Kopf zu haben und dennoch zu funktionieren.»

Fitzgeralds Persönlichkeit bestand nicht aus einem einzigen Gegensatzpaar, sondern aus vielen. Er hatte zugleich eine sehr hohe und eine sehr niedrige Meinung von sich selber. Er war verträumt und gesellig. Die Reichen vergötterte und verachtete er. Er war Sinnenmensch und Puritaner. Er war verliebt in den Ruhm, aber glaubte nicht so recht an seinen eigenen, weil er ihm derart plötzlich in den Schoß gefallen war. Sogar in seinem eigenen Handwerk war Fitzgerald von Gegensätzen geprägt: seine Orthographie war haarsträubend, doch zugleich schrieb er die vielleicht besten Prosatexte aller amerikanischen Romanciers seiner Generation.

Diese Widersprüchlichkeiten erkannte er schon früh: Mit fünfzehn beschrieb sich Fitzgerald selber als «eine Art aristokratischen Egoisten», der sich auf seine «geistige Überlegenheit» berief. Er war der Ansicht, daß er daran nichts ändern könne, daß er alles werden könnte, «außer vielleicht ein Technik-Genie». Zu seinen Trümpfen zählte er gutes Aussehen, Charme, nahezu magnetische Anziehungskraft auf andere, Ausgeglichenheit und «die Gabe, andere zu beherrschen». Besonderen Eindruck machte ihm die «subtile Faszination, die er auf Frauen ausübte».

Nachdem er seine Trümpfe aufgelistet hatte, benannte er auch seine Schwachstellen:

«Ich war wohl ungezogener als die meisten Jungen, was auf eine latente Skrupellosigkeit zurückzuführen war ... Ich war kaltblütig, besaß Anlagen zur Grausamkeit, ermangelte jedoch jeglichen Ehrgefühls und war von beißender Selbstsucht besessen ... Ein merkwürdiger Anflug von Schwäche durchzog meinen ganzen Charakter ... Ich war der willenlose Sklave meiner eigenen Launen und verfiel oft in eine schroffe Empfindlichkeit, die auf Außenstehende mitnichten anziehend wirkte... im Grunde fehlten mir die wesentlichen Dinge ... Mut, Ausdauer und Selbstachtung.»

Entweder war er himmelhoch jauchzend oder zu Tode betrübt: «Meine grenzenlose Eitelkeit», so schrieb er, «konnte durch eine abfällige Bemerkung oder eine noch so tapsige persönliche Beleidigung mir nichts, dir nichts über den Haufen geworfen werden.» Eitelkeit war die Abszisse seiner Persönlichkeit, für die sich die Koordinate schämte.

Fitzgeralds Verfassung war robust, sein Gemüt aber zerbrechlich. Sein Vater sagte einmal, er zahle jedem fünf Dollar, der Scott fluchen höre. Als Knabe litt Fitzgerald unter einer Phobie, die mit seinen Füße zu tun hatte – es war ihm peinlich, sich unbeschuht zeigen zu müssen, und er mied Badeausflüge und andere Anlässe, bei denen es dazu hätte kommen können. Die schmutzige, stinkende Seite des Lebens machte ihm stets zu schaffen. Über die «Arbeiterklasse» zu schreiben, war eine Aufgabe, die ihm gar nicht lag. Daß er sich vom Reichtum angezogen fühlte, hatte offenbar zum Teil auch damit zu tun, daß er glaubte, die Reichen würden niemals schwitzen. Entgegen seinem hedonistischen Ruf hatte er über Sex sehr keusche, ja nachgerade viktorianische Ansichten. Seine Romane waren romantisch, hielten sich jedoch hartnäckig frei von Sex.

Mit diesem Ekelgefühl ging ein weiblicher Zug Hand in Hand, den Fitzgerald selber herausstrich: «Ich bin zur Hälfte weiblich – wenigstens ist dies mein Geist.» Frauen bestätigten ihm, daß er Frauen verstehe, und auch er selber hielt dies für zutreffend. Die meisten seiner zeitlosen Figuren waren Frauen, nicht zuletzt die Erzählerin in seinem letzten Roman. Ein weibischer Mann war Fitzgerald freilich nicht, und es liegen keine Belege für abnorme sexuelle Vorlieben vor.

Worauf waren diese Charakterzüge zurückzuführen? Bis zu einem gewissen Grad mag seine Mutter für seine Eitelkeit und seine hohen Erwartungen an sich selber verantwortlich gewesen sein. Ihre anderen beiden Kinder waren kurz vor Scotts Geburt gestorben, und sie verwöhnte ihn über die Maßen. Sie zog ihm eckige Studenten-Mützen und Überkrägen im Stil von Eton an und trieb ihn bei allem, was er tat, zu Höchstleistungen an. Er schämte sich ihrer – sie war häuslich und exzentrisch zugleich – und verabscheute die Art und Weise, wie sie ihn verhätschelte. Wenn schon seine Selbstverliebtheit teilweise von seiner Mutter verursacht wurde, so gilt dies in einem gewissen Maß wohl auch für seine Minderwertigkeitsgefühle.

Letztere hatten freilich auch mit der finanziellen Situation der Familie zu tun. Geld war vorhanden, jedoch nicht im Überfluß; es reichte für Tanzkurse, Privatschule und Princeton, wo Scott die wirklich Reichen kennenlernen und deren Umgangsformen sich aneignen durfte; aber um mit den Gutbetuchten wetteifern oder die Angst vor der Armut ein für allemal verscheuchen zu können, reichte es nicht. Als Fitzgerald ein Knabe war und sein Vater arbeitslos wurde, betete er: «Lieber Gott, bitte laß uns nicht im Armenhaus enden.» Und auch in den zwanziger Jahren, als er im Wohlstand schwelgte, verschwand das Armenhaus nie ganz aus seinem Kopf. Reichtum wünschte sich Fitzgerald mehr als alles andere, denn Reichtum bedeutete Liebe und Sicherheit, und diese beiden Dinge fehlten Fitzgerald fast sein ganzes Leben lang.

Wohlstand, Liebe und Sicherheit – sie gehören unauflöslich zusammen und erklären wenigstens teilweise, von welchen Konflikten Fitzgeralds berufliche Ziele geprägt waren: Er wünschte sich, ein großer Schriftsteller zu werden, dem ewige Liebe sicher war; zugleich wollte er ein Volksschriftsteller, will heißen ein gutverdienender Schriftsteller sein. Die Vermischung dieser beiden Bestrebungen erklärt die wenig einheitliche Struktur seines Werkes, jedoch nicht den Umstand, der es ihm ermöglichte, beide Ziele zu erreichen: seine echte Begabung für die Schriftstellerei.

Schriftstellerisches Talent ist ein geheimnisvolles Ding. Wie musikalische Begabung scheint es zu einem guten Teil nicht erlernt, sondern angeboren zu sein. Man kann Menschen das Schreiben zwar beibringen, jedoch nur in beschränktem Maß;

Talent kennt nach oben durchaus Grenzen. Fitzgeralds obere Grenze lag jedoch in der Tat sehr hoch. Seine Motivation zu schreiben – seine Sehnsucht nach Liebe und Anerkennung – mag durch seine Lebenserfahrungen bedingt sein, aber seine schriftstellerische Begabung ist schon weniger einfach zu erklären. Dazu war nicht nur Lebenserfahrung, sondern die entsprechende Sensibilität, ein wacher Blick für die «unendlichen Möglichkeiten des Lebens» erforderlich, außerdem ein sprachliches Talent, kurzum: Qualitäten, die man schwerlich nur den Umständen seiner Kindheit zuschreiben kann.

Alkoholismus mag auch insofern mit Erblichkeit zu tun haben, als er offensichtlich ganze Familienstammbäume durchzieht und nicht in jedem Fall allein auf Umwelt-Faktoren zurückgeführt werden kann. Fitzgeralds Biographen vermelden, sein Vater und zwei Onkel mütterlicherseits hätten «getrunken». Wieviel sie tranken und ob ihnen das Trinken irgendwelche Schwierigkeiten bescherte, bleibt allerdings im dunkeln.

Falls schriftstellerisches Talent und Alkoholismus teilweise angeboren sind und miteinander in irgendeinem Zusammenhang stehen, dann könnten sie sich auch in einer weiteren Störung überschneiden, die gewisse genetische Aspekte aufweist: in der manisch-depressiven Psychose. Auch dieses Leiden sucht ganze Familien heim. Fitzgeralds Begeisterungszustände grenzten bisweilen wohl an Hypomanie (leichte Manie), waren aber, wie es den Anschein macht, nie wirklich manisch. Oft litt er vorübergehend an Depressionen, und in *Der Knacks*, einer Artikelserie, die er 1936 für den *Esquire* schrieb, berichtet er von drei depressiven Lebensphasen (eine in Princeton, eine nach dem Krieg und die dritte zum Zeitpunkt des Schreibens), die länger und völlig anders waren als alles andere, was er erlebt hatte. Die Symptome waren klassisch, ihre Beschreibung unvergleichlich: «Für eine wirklich von pechschwarzer Nacht umfangene Seele ist es immer drei Uhr morgens.» Sogar die Art, wie sie zu Ende ging, war typisch für eine Depression im Stil der manisch-depressiven Psychose: «Außer wenn Wahnsinn, Drogen oder Alkohol im Spiel waren», so schrieb er, habe die Depression letztlich in einer ‹Sackgasse› geendet und sei einer «stillen Blödigkeit» gewichen.

Freilich kam es selten vor, daß Alkohol nicht im Spiel war. Bei Alkoholikern ist es oft noch viel schwieriger, andere Störungen zu diagnostizieren; schwere Trunksucht kann andere Syndrome sowohl ausradieren als auch nachbilden. Dies mag auch bei Fitzgerald der Fall gewesen sein.

Wenn man die Verbindungen zwischen Alkoholismus und schriftstellerischem Talent verstehen will, mag es hilfreich sein, zu untersuchen, inwiefern Alkohol auf Menschen und im besonderen auf Schriftsteller als Arznei wirkt. Dies führt zu Mutmaßungen über die Beziehung Alkohol–Literatur, die auf gewisse Fälle nicht anwendbar sein mögen. Nichtsdestoweniger seien im folgenden einige Punkte genannt, an denen Alkohol und Schreiben in wechselseitigen Austausch treten oder gemeinsame Sache machen.

Schreiben ist eine Form von Exhibitionismus – Alkohol setzt Hemmschwellen herab und führt bei vielen Leuten ebenfalls zu exhibitionistischem Verhalten. Schreiben erfordert Interesse an Menschen – Alkohol fördert die Geselligkeit und macht Menschen interessanter. Schreiben hat mit Phantasie zu tun – Alkohol stimuliert die Phantasie. Schreiben setzt Selbstvertrauen voraus – Alkohol polstert das Selbstwertgefühl. Schreiben ist ein einsames Geschäft – Alkohol versüßt manch einsame Stunde. Schreiben erfordert höchste Konzentration – Alkohol entspannt. Das könnte erklären, wieso Schriftsteller (und auch viele andere Leute) zur Flasche greifen, aber natürlich erklärt es nicht den Alkoholismus. Fitzgerald wußte, weshalb er trank: weil sich so die Distanz zu den Menschen verkleinerte und seine gequälte Empfindsamkeit Erleichterung erfuhr. Menschen bedeuteten Fitzgerald mehr als alles andere. Er verzehrte sich nach ihrer Nähe, sehnte sich nach Intimität und Beziehungen. Seine Schüchternheit stand ihm dabei im Weg, ebenso seine Angst, abgewiesen zu werden. Alkohol war für ihn eine Brücke: «Ich habe herausgefunden», so ein Alkoholiker in einer seiner Erzählungen, «daß ich nach ein paar Drinks mehr aus mir herausging und irgendwie die Fähigkeit erlangte, den Leuten zu gefallen ... Also genehmigte ich mir immer mehr Drinks, um in Schwung zu bleiben und alle davon zu überzeugen, ich sei ein Teufelskerl.»

Alkohol reduziert auch jene «Überbeanspruchung des Sensoriums», zu der Schriftsteller oft neigen. Als Schriftsteller, empfand Fitzgerald, müsse er alles aufnehmen – alle Stränge und Schattierungen der Welt um ihn herum, die «unerschöpfliche Vielfalt des Lebens». Wie vielen anderen Schriftstellern bereitete es ihm Mühe, den «Input-Teil» seiner Begabung auszuschalten. Wer sorgfältig schreibt, sieht sich mit einer endlosen Kette kleiner Entscheidungen konfrontiert – das beste Wort muß gefunden, das eine vermieden, das andere unbedingt eingebaut werden; und ein guter Schriftsteller bei der Arbeit gleicht einem Besessenen. Besessenheit auf Arbeitszeiten von neun bis fünf Uhr zurückstutzen zu wollen, ist schwierig; die Räder stehen niemals still, und Schriftsteller sind berüchtigt dafür, unter Schlaflosigkeit zu leiden. Alkohol befreit den Schriftsteller wenigstens zeitweise von der Tyrannei seiner Gedanken und seines Gedächtnisses.

Bibliographische Notiz

Die Fitzgerald-Renaissance wurde 1951 mit Arthur Mizners hervorragender Biographie *The Far Side of Paradise* (Houghton Mifflin, Boston 1951) lanciert. 1962 erschien eine weitere erstklassige Biographie: Andrew Turnbull, *Scott Fitzgerald*, Charles Scribner's Sons, New York 1962. Im Verlauf des folgenden Jahrzehnts wurden weitere gute Biographien publiziert, aber das ultimative Werk über Fitzgerald kam 1981 heraus: Matthew J. Bruccoli, *Some Sort of Epic Grandeur,* Harcourt Brace Jovanovich, New York 1981. Während mehr als zwanzig Jahren hatte der Fitzgerald-Forscher Bruccoli Fitzgeralds Leben und Werk gründlich ausgeschöpft, was sich in seinem Buch niederschlägt.
1984 erschien eine weitere ziemlich umfangreiche Biographie: James R. Mellow, *Invented Lives*, Houghton Mifflin, Boston 1984. Um mit einem Rezensenten zu reden, ist *Invented Lives* «gut lesbar, fein geschliffen und professionell, aber viel Neues hat Mellow nicht hinzuzufügen … die Geschichte ist so gut, daß sie offenbar für sich selber spricht».
Fitzgeralds Korrespondenz wurde zusammengestellt in: Andrew F. Turnbull (Hg.), *Letters of F. Scott Fitzgerald*, Charles Scribner's Sons, New York 1963. Budd Schulberg und Sheilah Graham/Gerold Frank

haben Fitzgeralds letzte Jahre in *The Disenchanted* (Random House, New York 1950) beziehungsweise in *Beloved Infidel* (Henry Holt & Co., New York 1958) geschildert – letzteres ist auf deutsch unter dem Titel *F. Scott Fitzgerald – meine große Liebe. Furchtlose Memoiren* bei Ullstein als Taschenbuch erschienen (1992). Ernest Hemingway liefert in *A Moveable Feast (Paris – ein Fest fürs Leben,* Rowohlt, Hamburg 1965) einen wilden Bericht über Fitzgeralds Trinkgewohnheiten (Charles Scribner's Sons, New York 1964). Joan M. Allen versucht in *Candles and Carnival Lights* (New York University Press, New York 1978) einen Teil von Fitzgeralds Persönlichkeit zu erklären und – allerdings auf wenig überzeugende Art und Weise – seine «katholische Empfindsamkeit» herauszuarbeiten.
Ein großer Teil der Romane und Kurzgeschichten Fitzgeralds ist auf deutsch in der Übersetzung von Walter Schürenberg und anderen bei Diogenes herausgekommen. *Der Knacks (The Crack-Up)* ist zusammen mit einem Text von Gilles Deleuze bei Merve (Berlin 1984) erschienen.

---

[1] *All the Sad Young Men* ist der Titel eines Bandes mit Erzählungen von Fitzgerald.

[2] «Flappers» sind eigentlich junge Wildenten oder Rebhühner; der Ausdruck wird ähnlich verwendet wie das deutsche «Backfisch», bezeichnet aber im besonderen die aufmüpfigen jungen Frauen in den USA der zwanziger Jahre, die sich in Kleidung, Frisur und Verhalten so deutlich wie möglich von der Tradition abhoben.

[3] *The Beautiful and Damned* ist Fitzgeralds zweiter, nicht ins Deutsche übersetzter Roman.

[4] Auguste Forel (1848–1931), von 1879 bis 1906 Direktor der Zürcher Psychiatrischen Anstalt Burghölzli; machte sich auch als Rassehygieniker und Vorkämpfer der Abstinenzbewegung einen Namen. 1890 veröffentlichte er *Die Trinksitten, ihre hygienische und sociale Bedeutung*, 1891 *Die Errichtung von Trinker-Asylen und deren Einfügung in die Gesetzgebung*.

[5] Adolf Meyer (1866–1950), in Niederweningen (Schweiz) geborener

Psychiater mit dem Spezialthema «Psychobiologie», der 1892 in die USA auswanderte und zuerst Direktor des Pathological Insitute of the New York State Hospital Service, später Professor an der Cornell University Medical School und an der Johns Hopkins University in Baltimore war.

[6] Leslie Fiedler (geb. 1917), Literaturwissenschaftler und Professor an der State University of New York in Buffalo, u.a. Spezialist für die sogenannte postmoderne Literatur Amerikas.

[7] 4,5 cl Gin; 1,5 cl Orangensaft; 0,75 cl trockener Wermut; 0,75 cl süßer Wermut.

[8] In der Erzählung *Ein Fall von Alkoholismus* beschreibt Fitzgerald das hoffnungslose Engagement einer Krankenschwester für einen alkoholsüchtigen Patienten.

[9] John Boynton Priestley (1894–1984), englischer Autor, der sich in fast allen literarischen Gattungen betätigte.

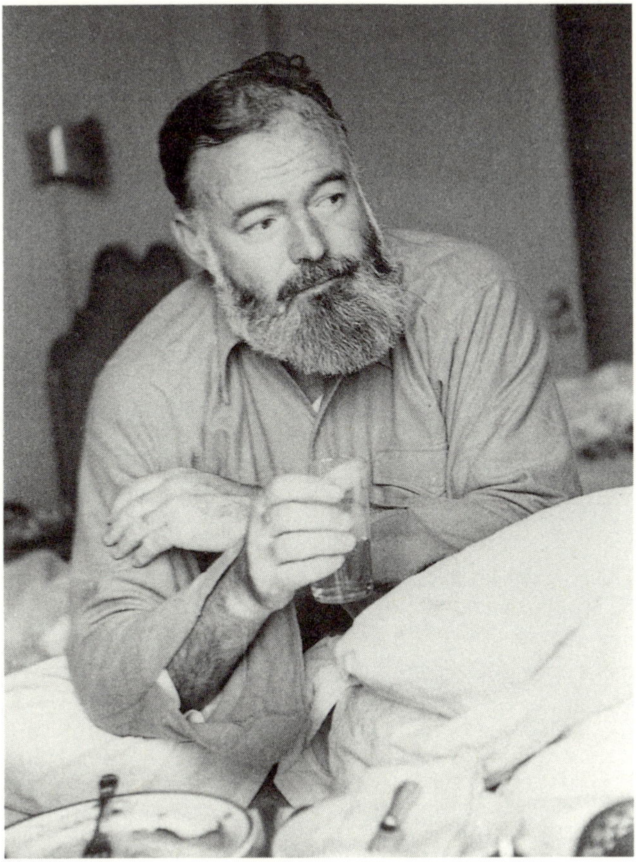

Ernest Hemingway
(1899-1961)

Szenen aus New York und Havanna

Wie gefällt Ihnen das, meine Herren?
(Ernest Hemingway)

Ende 1949 machten Ernest Hemingway und seine Frau Mary auf ihrem Weg nach Europa ein paar Tage Halt in New York. Am Flughafen erwartete sie Lillian Ross, eine Journalistin der Zeitschrift *New Yorker*, die später ein Porträt von Hemingway schreiben sollte. Sie hatte Hemingway bereits früher kennengelernt, er mochte sie, und so verbrachte sie zwei volle Tage mit dem Ehepaar in New York.

Als er aus dem Flugzeug stieg, hatte Hemingway seinen Arm um die Schulter eines heftig schwitzenden kleinen Mannes gelegt. Der kleine Mann war auf diesem Flug sein Sitznachbar gewesen, und Hemingway hatte darauf bestanden, daß er das unfertige Manuskript seines neuen Buches *Über den Fluß und in die Wälder (Across the River and into the Trees)* las. Der kleine Mann versuchte sich aus der Umklammerung zu lösen, aber Hemingway hielt ihn liebevoll fest. «Hat Buch in Flugzeug ganz durchgelesen», sagte Hemingway. «Mochte Buch, glaube ich», und dabei schaute er zu seinem (neuen) Freund hinunter und strahlte ihn an. (Damals – während des ganzen Aufenthaltes in New York – sprach Hemingway eine Art Indianerslang, indem er alle Artikel wegließ.)

Sein neuer Freund sagte nur: «Uff!»

«Buch zuviel für ihn», meinte Hemingway. «Buch beginnt sachte, dann werden Rhythmus gesteigert, bis es nicht mehr auszuhalten. Ich peitsche die Gefühle derart in die Höhe, bis man es kaum mehr aushält, dann fliegen wir horizontal weiter, damit wir für die Leser nicht noch Sauerstoffzelte bereitstellen müssen. Buch ist wie Motor. Wir müssen nach und nach abbremsen.»

Abgesehen von der Indianersprache redete Hemingway oft in Metaphern: in Flugzeugmetaphern und mit besonderer Vorliebe in Baseball- und Boxmetaphern.

Schließlich entließ Hemingway seinen Sitznachbarn, schüttelte ihm die Hand und dankte ihm dafür, daß er das Buch gelesen hatte.

«Gern geschehen», versetzte der kleine Mann und wankte davon. Ob Hemingway damals nüchtern war, ist fraglich. In Flugzeugen kann man natürlich Drinks bestellen. Lillian Ross umgeht die Frage wohlweislich, aber sie liefert eine denkwürdige Beschreibung von Hemingways Äußerem:
«Hemingway trug ein rot kariertes Wollhemd, einen gemusterten roten Wollschlips, eine hellbraune Strickweste aus Wolle, eine braune Tweedjacke, die über dem Rücken spannte und deren Ärmel zu kurz waren, weite graue Flanellhosen, Schottensocken und Mokassins, und er sah aus wie ein Bär, herzensgut und eingezwängt. Sein lang über den Kragen fallendes Haar war – mit Ausnahme der weißen Schläfen – grau; sein Schnurrbart war weiß, und er trug einen ungepflegten, weißen Dreitagebart. Über seinem linken Auge glänzte eine Beule von der Größe einer Walnuß. Er trug eine Brille mit einem Stahlgestell und einem Stück Papier unter den Nasenbügeln.»
Hemingway war fünfzig Jahre alt. Er lebte auf einer Farm in Kuba. New York war ihm eigentlich zuwider. Die Hemingways legten einzig deshalb einen Zwischenhalt ein, weil sie ein wenig einkaufen wollten, bevor sie sich auf der *Ile de France* nach Paris einschifften.
Sie führten vierzehn Gepäckstücke mit sich. Hemingway hatte es überhaupt nicht eilig, in die Stadt zu gelangen. Während ein Dienstmann das Gepäck bewachte, gingen Miss Ross und die Hemingways in die Flughafenbar, wo Hemingway doppelte Bourbons bestellte und von seinem neuen Buch erzählte. «Wissen Sie, wenn man ein Buch fertig hat, dann ist man tot. Aber niemand weiß, daß man tot ist. Alles, was die sehen, ist die Verantwortung, die man über die schreckliche Verantwortung des Schreibens hinaus noch tragen muß.» Als willkommene Abwechslung ließ er die Indianersprache für einmal beiseite, nicht aber die Sportmetaphern: «Man kann einen Romancier nicht so leicht auswechseln wie einen Baseball-Werfer», sagte er mit Blick auf die ihm bevorstehende Überarbeitung des Buches. Hemingway bestellte eine weitere Runde doppelter Bourbons und, bevor sie die Bar verließen, mindestens noch eine dritte Runde. Eine Zigarette lehnte er mit der Bemerkung ab, das

Rauchen ruiniere seinen Geruchssinn, und den benötige er dringend, um Tiere zu wittern. Er erzählte davon, wie gut er sich mit Tieren auskannte. In Montana, so sagte er, habe er einmal mit einem Bär zusammengelebt. Der Bär habe mit ihm geschlafen, getrunken und sei ein guter Freund gewesen. Diese Geschichte klingt zwar erfunden, aber es ist eine bezeugte Tatsache, daß Hemingway in einem Zirkus einmal etwas zum besten gab, was man eine lebhafte Unterhaltung mit einem Bär nennen könnte. Viele Leute fanden, er selber sehe aus wie ein Bär.

Jedenfalls nahmen sich Miss Ross und die Hemingways schließlich ein Taxi nach Manhattan. Hemingway saß auf dem Beifahrersitz, um seine Augen aufmerksam auf die Straße zu richten – eine Gewohnheit, die er im Ersten Weltkrieg angenommen hatte. Er erzählte, was er in New York zu tun gedenke. Vor allem wollte er einen Kampf zwischen zwei Preisboxern sehen. Er betonte, wie wichtig es sei, sich jährlich mehrere Kämpfe anzuschauen. «Wenn man allzu lange nicht mehr hingeht, dann geht man nie mehr ganz nahe ran», fügte er hinzu. «Das wäre äußerst gefährlich.» Und dann sagte er etwas Merkwürdiges, was vieles erklären mag: «Wenn man nicht mehr zu den Kämpfen geht, schließt man sich zuletzt in einem Zimmer ein und rührt sich nicht mehr vom Fleck.»

War Ernest Hemingway – dieser sich andauernd in Bewegung befindende Mann, dieser Jäger und Hochseefischer, dieser leidenschaftliche Besucher von Stierkämpfen, Hahnenkämpfen, Boxkämpfen, der liebend gerne ein Bad in der Menge nahm – war dieser berühmte, gesellige Teufelskerl namens Hemingway im Grunde ein Opfer der Agoraphobie[1], die nur durch unablässige Bewegung gelindert werden kann?

Auf dem Weg nach Manhattan erzählte Hemingway weitere Geschichten. Er berichtete von einer Entenjagd in einer kalten, italienischen Nacht und vom Chianti, der ihn warmgehalten habe. Ein sehr beträchtlicher Teil der von Hemingway erzählten Geschichten hatte mit Alkohol zu tun.

Als er sich im Sherry-Netherland Hotel einschrieb, fällte Hemingway zwei spontane Entscheidungen: die «Kraut» anzurufen und Champagner zu bestellen. Die «Kraut» war Marlene

Dietrich. Zur Indianersprache, den Sport- und Flugzeugmetaphern sowie den Schnapsgeschichten kam noch eine Vorliebe für Spitznamen. Hemingway wurde natürlich von allen «Papa» genannt, auch von seiner Frau. Die Spitznamen seiner drei Söhne lauteten Bumby, Mouse und Gigi. Auch für seine vier Frauen hatte er Spitznamen: seine vierte nannte er am liebsten Pickles. Genau wie mit der Indianersprache und den Metaphern konnte er einem damit ganz schön auf den Wecker gehen.

Der Champagner kam, und Hemingway wechselte zu einem seiner Lieblingsthemen: Literatur. Über Kritiker sagte er: «Hol's der Teufel! Wenn sie dir eins auswischen können, dann sollen sie's tun. Schließlich beklagt sich im Baseball ein Spieler an der letzten Eckmarke auch nicht, wenn man ihm scharfe Pässe zuschießt.»

Dann kam er auf den Standort des Werfers zusprechen und behauptete, er habe noch nie jemanden mit scharfen Würfen ausgetrickst, außer in Notfällen. «Ich wußte, daß ich nicht unbegrenzt viele schnelle Bälle in meinem Arm hatte», sagte er. «Also traf ich den Läufer mit einem kurzen Wurf zwischen der ersten und der zweiten Basis, oder ich warf den Ball aus dem Feld oder schleuderte ihn auf den Boden, so daß er aufsprang.»

Er verglich sich gerne mit anderen Schriftstellern: «Ich fing ganz bescheiden an und schlug Mr. Turgenjew aus dem Feld. Dann trainierte ich etwas härter und besiegte Mr. de Maupassant. Gegen Mr. Stendhal erkämpfte ich mir zweimal ein Unentschieden, aber ich glaube beim zweiten Mal hatte ich etwelche Vorteile. Jedoch wird mich niemand dazu bringen können, mit Mr. Tolstoi in den Ring zu steigen, da müßte ich verrückt sein oder mich noch erheblich steigern.»

(Zu seinen anderen Eigenarten kam die etwas gönnerhafte Gewohnheit, Tolstoi Mr. Tolstoi zu nennen.)

Er sprach über Dialog: «Wenn Leute miteinander sprechen, kann ich kaum schnell genug schreiben, außer wenn ich den Düsenantrieb fast unerträglich stark werden lasse. Ich gebe ihr ein paar Zentimeter mehr, als sie eigentlich aushält, und fliege sie möglichst so, wie sie meines Wissens geflogen werden muß; dabei fliege ich genau mit dem Maß an Tolldreistigkeit, das einem wirklich guten Piloten manchmal eben ansteht. Die meiste Zeit fliege ich ganz zurückhaltend, dafür aber mit einem furchtbar schnellen Flugzeug, so daß die Zurückhaltung wieder ausgeglichen wird. Auf diese Weise lebst du länger, das heißt, deine Literatur lebt länger.»

Dann sagte Hemingway etwas, was er während der zwei Tage, die Miss Ross mit ihm verbrachte, in besonderen Momenten wiederholte: «Wie gefällt Ihnen das, meine Herren?»

Lillian Ross bemerkt dazu: «Die Frage schien für ihn eine besondere Bedeutung zu haben, aber er nahm sich nicht die Mühe, sie zu erklären.» Jahre später sollte Hemingway paranoide Wahnbilder entwickeln. Handelte es sich hier bereits um frühe Symptome? Wenn nicht, was *meinte* er dann damit? War es bloß eine weitere Hemingwaysche Wortwitzelei? Wir können höchstens spekulieren, aber das von Lillian Ross vermittelte Porträt zeichnet das Bild eines aufgewühlten Mannes, sein Überschwang wirkt forciert, seine Aufschneiderei angestrengt.

Ein paar Minuten später sagt er es abermals. Er spricht gerade über die Gottlosigkeit in seinem neuen Roman. Er bemerkt, daß er für seine Verhältnisse einen «zahmen» Ton angeschlagen habe. Dann prahlt er mit seinem neuen Buch (in vielen Augen das schlechteste, das er je geschrieben hat): «Ich glaube, diesmal habe ich *In einem andern Land (Farewell to Arms)* noch überboten. Es ist nicht so jung und unerfahren.»

«Wie gefällt Ihnen das, meine Herren?»

Frau Dietrich trifft ein. Sie wird begeistert begrüßt. «Die Kraut ist das beste, was je in den Ring gestiegen ist», sagt Hemingway und drückt ihr ein Champagnerglas in die Hand. Später erzählt die Dietrich, daß sie gelegentlich die Windeln ihrer Enkelin wasche. «Töchterchen, du zeigst es ihnen auf der ganzen Linie», meint Hemingway.

Am nächsten Morgen erhält Lillian Ross einen Telefonanruf von Hemingway, der sie eindringlich darum bittet, ins Hotel zu kommen. Er trug, wie sie sich erinnert, einen «orange karierten Bademantel, der zu klein wirkte», und hatte ein Glas Champagner in der einen Hand. «Er erzählte, er sei seit dem Morgengrauen wach und habe geschrieben. Er wache immer bei Sonnenaufgang auf, erklärte er, denn seine Augenlider seien dünn und seine Augen sehr lichtempfindlich. Dann zog er eine Schachtel Pillen aus der Tasche seines Bademantels und spülte sie mit einem Mundvoll Champagner hinunter.» (Die Pillen werden nicht näher bezeichnet; möglicherweise waren sie gegen seinen hohen Blutdruck.)

Es war immer noch früher Morgen, aber er hatte bereits eine Flasche Champagner geleert und machte sich bereits an die nächste. Er sprach abermals über Literatur: «Der Prüfstein eines Buches besteht darin, wie viele gelungene Stellen man rausstreichen kann», sagte er, «wenn ich so eines schreibe, dann bin ich so stolz wie ein gottverdammter Löwe. Ich verwende die ältesten Wörter der englischen Sprache. Die Leute glauben, ich sei ein ahnungsloser Hundesohn, der keine 10-Dollar-Worte kennt. Ich kenne die 10-Dollar-Worte. Es gibt ältere und bessere Worte, und wenn man sie im passenden Zusammenhang einsetzt, dann bringt man es auf den Punkt.» Er betonte, daß er der einzige Hemingway-Junge gewesen sei, der nie aufs College ging (es gab unter den fünf Geschwistern Hemingways lediglich einen weiteren Knaben, aber vielleicht dachte Hemingway auch an seinen Vater, einen Arzt). Er schien geradezu besessen davon, sich mit anderen Autoren und mit sich selber zu messen:

«Mr. Flaubert, der sie immer schnurgerade schmiß, hart, hoch und mitten hinein. Dann Mr. Baudelaire, von dem ich meinen Zickzackwurf gelernt habe, und Mr. Rimbaud, der in seinem ganzen Leben keinen einzigen allzu schnellen Ball geworfen hat. Von Mr. Gide und Mr. Valéry konnte ich nichts lernen. Ich glaube, Mr. Valéry war einfach zu gescheit für mich …»

Dann ein Themenwechsel: er redet über Katzen. Er besitzt zweiundfünfzig Katzen. Eine der Katzen frißt alles, was die Menschen essen, und ist unglücklich, weil Hemingway ihr keine Blutdruckpillen und kein Seconal gibt (der erste Hinweis darauf, das Hemingway Seconal nahm). «Ich bin ein wunderlicher alter Mann», meint er, «wie gefällt Ihnen das, meine Herren?»

Dann kommt Hemingway auf die Literatur zurück: «Es ist schon ein komisches Gefühl, zu wissen, daß man fünfzig ist und schon wieder zu einem Titelkampf antritt. Ich habe ihn in den zwanziger Jahren gewonnen, in den dreißiger und vierziger Jahren erfolgreich verteidigt, und es macht mir gar nichts aus, ihn auch in den fünfziger Jahren nochmals zu verteidigen.»

Das Mittagessen wird aufs Zimmer bestellt. Hemingway findet, ohne Wein könne man nicht zu Mittag essen, und so warten sie, bis der Kellner ihn bringt. Bevor er sein Zimmer verläßt, um einkaufen zu gehen, leert Hemingway den Champagner. «Eine halbvolle Flasche Champagner ist der Erzfeind der Menschheit», meint er dazu.

Kurz zuvor hat Hemingway über den Tod gesprochen. «Wer zum Teufel gibt etwas darauf, seine Seele zu retten, wenn es doch jedermanns Pflicht ist, sie so intelligent wie möglich zu verlieren, genauso wie man eine Stellung, die man nicht halten kann, so teuer wie möglich verkaufen und alles daran setzen muß, sie zur teuersten Stellung zu machen, die überhaupt je aufgegeben wurde.» (Zu Sport- und Flugzeugmetaphern kamen Militärmetaphern hinzu.) Hemingway hat noch elf Jahre zu leben, bevor er die beiden Läufe eines Gewehrs gegen seinen weichen Gaumen drückt und abfeuert.

Draußen auf der Straße kam es, wie Ross beschreibt, zu einem weiteren Hemingwayschen Manierismus: «Ein Schwarm Tauben flog über uns hin. Er blieb stehen, schaute hinauf und zielte mit einem imaginären Gewehr nach ihnen. Er drückte ab und machte alsdann ein ärgerliches Gesicht: Sehr schwieriger Schuß.»

Es war kalt, und Kälte kann er, wie er sagt, nicht ausstehen. Kurz darauf sagt er, er könne Regen nicht ausstehen. Immerhin handelt es sich um einen Mann, der unter denkbar schlimmsten Witterungsverhältnissen gejagt, gefischt, Bootsfahrten unternommen hat ... Vielleicht kann er Kälte und Regen tatsächlich nicht ausstehen. In der Psychiatrie gibt es den Begriff *Kontraphobie*, um Menschen zu beschreiben, die genau das tun, wovor sie sich am meisten ekeln oder ängstigen. Man braucht kein überspannter Anhänger Freudscher Theorien zu sein, um bei Hemingway möglicherweise eine lebenslange Kontraphobie von Weltklasse zu diagnostizieren.

Beim Einkaufen schwankt seine Laune. In einem Fahrstuhl «starrt eine neben ihm stehende Frau in mittleren Jahren mit offensichtlicher Bestürzung und Mißbilligung auf seinen wuchernden weißen Bart.» «Gütiger Gott!», sagt Hemingway plötzlich in die Stille des Fahrstuhls hinein, und die Frau schaut auf ihre Füße. Ein paar Minuten später trifft er zufällig einen Freund und erklärt ihm ganz aufgeregt: «Plötzlich hatte ich das Gefühl, wieder wunderbar schreiben zu können.» Sodann unterhalten sie sich über einen Mann, der einen Speerfisch gefangen hatte.

«Wie gefällt Ihnen das, meine Herren?» fragt Hemingway, wobei er sich jetzt an niemanden bestimmten richtet.

Am nächsten Tag besucht Miss Ross mit den Hemingways das Metropolitan Museum. Hemingway summt vor sich hin und beobachtet das Treiben auf der Straße. In der Eingangshalle zieht er einen silbernen Flachmann aus der Tasche, öffnet den Drehverschluß und gönnt sich einen langen Schluck. Während der folgenden zwei Stunden nimmt Hemingway – jeweils zwischen den einzelnen Bildern – Züge aus dem Flachmann. Er läßt verlauten, daß er viel von Malern gelernt habe. «Ich kann eine Landschaft gestalten wie Mr. Paul Cézanne.» Außerdem habe er, wie er sagt, viel von Mr. Johann Sebastian Bach gelernt. Er meint, sein häufiger Gebrauch des Wortes *und* entspreche dem Vorgehen von «Mr. Johann Sebastian Bach», wenn dieser «bei der kontrapunktischen Komposition häufig dieselbe Note wiederhole».

Schließlich sagt er: «Pickles, findest du nicht, daß zwei Stunden eine sehr lange Zeit sind, um sich ein paar Bilder anzuschauen?» Alle geben ihm recht, und sie machen sich auf den Rückweg zum Hotel.

Als sie aus dem Museum treten, regnet es noch immer. Miss Ross zitiert Hemingway: «Gottverdammt, wie ich es hasse, in den Regen hinauszugehen. Gottverdammt, wie ich es hasse, naß zu werden.»

Worte aus dem Munde des berühmtesten Großwildjägers der Nation.

Das Porträt endet im Hotel, wo Hemingway das Mittagessen zusammen mit seinem Verleger Charles Scribner einnimmt. Es ereignet sich nichts Besonderes, aber Hemingway sagt etwas, was vielleicht dazu beitragen kann, seine Gemütsverfassung deutlich zu machen, jedenfalls klingt das Porträt mit einem vergnüglichen Unterton aus.

«Wenn ich schieße, fühle ich mich wohl», meint Hemingway. «Es geht hauptsächlich darum, daß man unter Freunden ist und nicht das Gefühl haben muß, sich an einem Ort zu befinden, wo einem jedermann Haß entgegenbringt und alles Böse an den Hals wünscht.» Ein Frühstadium von Verfolgungswahn? Wer weiß … Dann kriegt Hemingway einen Anruf von jemandem, der ihm 4000 Dollar bietet, wenn er in der Pose eines «Mannes von Stil» an der Werbekampagne für eine Whiskey-Marke teilnimmt. «Ich habe denen gesagt, für 4000 Dollar würde ich den Dreck nicht einmal trinken», erzählt er. «Ich habe ihnen gesagt, ich sei ein Champagner-Typ. Bemühe mich immer, ein anständiger Kerl zu bleiben, aber es ist ein schwieriges Geschäft. Was man in Boston gewinnt, verliert man in Chicago.»

Als ihr Porträt im Frühjahr 1950 im *New Yorker* erschien, erhielt Miss Ross viel böse Post. Einige Leser konnten Hemingway nicht leiden und hatten das Gefühl, ihr gehe es ebenso. Andere hatten den Eindruck, daß sie sich über ihn lustig mache oder ihn kritisiere. Und wieder andere wollten ihn, so glaubt Ross, als jemand ganz anderen sehen – «wahrscheinlich als sich selber».

Das Porträt wurde später in Buchform veröffentlicht, und Miss Ross schrieb ausführlich über ihre tiefe Bewunderung für Ernest Hemingway. Unter anderem sagt sie folgendes:

«Seine Komplimente waren schnörkellos, ehrlich und von der Absicht getragen, den betreffenden Menschen eine Freude zu machen … Im Gespräch verhielt er sich äußerst großzügig. Er geizte nicht mit seinen Ideen und Gedanken, behielt seine Scherze und Ansichten nicht im Ärmel. Er war so einfallsreich, daß er wahrscheinlich das Gefühl hatte, an Nachschub werde es nie fehlen. Aber was auch immer er sich dabei denken mochte, seine Art zu sprechen wurzelte in tiefster Großzügigkeit. In seinen Worten gab er so viel von sich preis, und zwar immer mit Witz, verständnisvollem Scharfsinn, Mitgefühl und Empfindsamkeit. Wenn er sprach, fühlte er sich frei. Der Klang, die Begegnung und der Gehalt waren alle auf wunderbare Weise von Lebenskraft erfüllt.»

So wurde Hemingway *keineswegs* von allen beschrieben. Sogar seine engsten Freunde wußten, wie gemein, kleinlich, eitel, ja sogar grausam er sein konnte. Sein Patriarchenbart mag ihm – um mit Miss Ross zu sprechen – das «Aussehen eines unschuldigen Heiligen» gegeben haben, aber Hemingway war kein Heiliger, und unschuldig war er höchstens in dem Sinne, daß er nie eines ernsthaften Verbrechens überführt wurde. Die guten Seiten, die er hatte, wurden von Miss Ross vielleicht auch im Sinne einer Entschuldigung so ausführlich geschildert: im Porträt selbst zeichnet sie ein ziemlich wildes Bild von Hemingway. Der Mann wirkt letztlich doch nahezu lächerlich – und ein lächerlicher Mann war er gewiß nicht. Aber vielleicht war er betrunken, schwer betrunken. Miss Ross erwähnt pflichtbewußt jeden Drink, den sie persönlich beobachten konnte, aber die Zahl der «unsichtbaren» Drinks übersteigen im Leben eines Alkoholikers die Zahl der in der Öffentlichkeit gekippten Gläser bei weitem, und allein Hemingway wußte, wieviel er wirklich trank.

Und wie war Hemingways Reaktion auf Ross' Darstellung? Als er von den bösen Briefen hörte, riet er ihr, sie sich nicht zu sehr zu Herzen zu nehmen. Die Leute brächten, so sagte er, sowieso immer alles durcheinander. «Manchen Menschen», schrieb Miss Ross, «wollte es einfach nicht in den Kopf, daß er seinen Spaß suchte und nicht wie ein blasses Gespenst daherkam; es wollte ihnen nicht in den Kopf, daß er ein ernstzunehmender Schriftsteller war, ohne deshalb hochtrabende Reden zu schwingen.»

Offensichtlich hatte sie Schuldgefühle, und Hemingway übte Nachsicht. In ihrem Porträt wirkte Hemingway nicht nur ein wenig gespenstisch, sondern schlicht verbohrt und zuweilen völlig verblödet. Auch A. E. Hotchner – ein Redakteur des *Cosmopolitan* – hat über diesen New-York-Besuch geschrieben. Hemingway gab eine Party in seiner Hotelsuite, und «etwas abseits saß Lilian Ross mit einem Stenogrammblock auf dem Schoß … und machte sich in Kurzschrift hastig Notizen für ein Porträt von Ernest …».

«Ihre Schrift war kürzer als irgend jemand von uns ahnen konnte», meinte Hemingway ein paar Monate später zu Hotchner.

Viele Jahre lang lebte Hemingway in Kuba. Als Castro an die

Macht gelangte, machte sich Hemingway schleunigst aus dem Staub und hinterließ ein Haus voller Briefe, Manuskripte, Photographien und voller anderer Dokumente. All dies wurde für die Öffentlichkeit erstmals Ende 1984 zugänglich. Um mehr über Leben und Trinken des Ernest Hemingway zu erfahren, wollen wir uns nun ein wenig mit diesem biographischen Fallobst aus Kuba befassen.

Seit den fünfziger Jahren listen Europa-Reiseführer im Register fast ausnahmslos den Namen Hemingway auf. Wenn man die entsprechenden Seiten aufschlägt, liest man, daß Hemingway in Venedig in Harry's Bar, in Paris in der Bar des Hotel Ritz, in Madrid in Chicote's Bar trank. Nie findet sich eine Erklärung, weshalb es Touristen überhaupt interessieren sollte, wo Hemingways Lieblingsbars zu finden sind (keine andere Figur aus dem Bereich der Literatur genießt diese Art von Aufmerksamkeit), aber die Verfasser der Reiseführer kennen wohl ihre Leserschaft, und in der Tat haben wahrscheinlich Tausende, vielleicht auch Millionen von Touristen jene Bars, wo Hemingway trank, aufgesucht und sich zur Feier des besinnlichen Augenblicks vielleicht sogar selber einen genehmigt. Vielleicht fiele es leichter, die fatale Anziehungskraft von Alkohol auf amerikanische Schriftsteller des zwanzigsten Jahrhunderts und entsprechend auch die Anziehungskraft dieser alkoholsüchtigen Autoren auf die Leser zu verstehen, wenn man wüßte, aus welchem Grund so viele Touristen Notre-Dame links liegenlassen, um einen Blick durchs Fenster der Ritz Bar zu erhaschen.

Jedenfalls ist um Hemingways Trinkstätten nirgends so viel Brimborium gemacht worden wie in Kuba, wo er zweiundzwanzig Jahre lang auf einer Farm bei Havanna lebte. Allmählich reisen wieder mehr amerikanische Touristen nach Kuba, und viele von ihnen strömen in eine Bar namens Floridita in Havanna. Damals, als Hemingway die Floridita entdeckte, gab es sie schon etwa seit einem Jahrhundert, aber er verhalf ihr zu Weltruhm. Die Floridita war dafür bekannt, den *doppelten* «Frozen Daiquiri» erfunden zu haben (der manchmal «Hemingway Daiquiri» oder «Papa Doble» genannt wird). Der Papa Doble wird von den meisten Touristen bestellt und besteht aus zweieinhalb Jiggers (etwas mehr als 1 dl) Bacardi White Label Rum, dem Saft von zwei Limonen und einer halben Grapefruit sowie sechs Tropfen Maraschino; alles zusammen wird mit Eissplittern in einem elektrischen Mixer tüchtig durcheinandergequirlt und mit viel Schaum in großen Kelchen serviert.

Einmal trank Hemingway sechzehn davon an einem einzigen Abend («Hausrekord!»). Wenn die Geschichte wahr ist – und es gibt Zeugen –, dann nahm er 1,68 Liter achtzigprozentigen Rum, den Saft von 32 Limonen und 8 Grapefruits sowie 96 Tropfen Maraschino zu sich. Und wenn man den Augenzeugen Glauben schenkt, machte er sich aus eigener Kraft auf den Heimweg.

Hemingway trank nicht *jeden* Tag sechzehn Daiquiris. Oft handelte es sich etwa um die Hälfte. Dies wissen wir aufgrund eines Besuches, den A. E. Hotchner Hemingway im Jahre 1948 abstattete. Hotchner war nach Kuba gereist, um Hemingway dazu zu überreden, einen Text mit dem Titel «Die Zukunft der Literatur» zu schreiben. Sie trafen sich in der Floridita Bar. Man servierte ihnen sogleich Papa Dobles. Hotchner hatte sieben davon und schwankte bereits. Hemingway hatte mindestens gleich viel getrunken und nahm noch einen Drink für unterwegs, mit dem er sich neben den Chauffeur auf den Beifahrersitz des Kombiwagens setzte. Sie verabredeten sich für den nächsten Morgen zum Fischen. Das Boot beherbergte einen hübschen Alkoholvorrat. Hemingway legte einen Tequila auf Eis, und später nahmen sie einen Schluck, um zu prüfen, ob er kalt genug war. Wieviel Tequila sie am Schluß getrunken hatten, wird nicht erwähnt. Aber der Fischzug verlief erfolgreich.

Hotchners Besuch fand fast zwei Jahre vor jenem Abstecher Hemingways nach New York statt, bei dem er von Lilian Ross interviewt wurde. Zwischen fünfundvierzig und fünfzig muß er merklich gealtert haben. Hotchner berichtet, daß er in großartiger Verfassung war.

«Sein Haar war dunkel mit grauen Strähnen, an den Schläfen weiß, und er trug einen dichten Schnurrbart, der über die Mundwinkel hinausragte, jedoch keinen Bart. Er war eine mächtige Erscheinung. Nicht aufgrund seiner Größe, denn er maß lediglich etwa 1,85 m, und auch nicht aufgrund seines Gewichts, sondern aufgrund der Wucht seiner Erscheinung [anderen Berichten zufolge maß er nur 1,80 m, aber vielleicht schrumpfte er auch; das soll zuweilen vorkommen.] Der größte Teil seiner neunzig Kilogramm konzentrierte sich oberhalb der Gürtellinie: er hatte eckige, schwere Schultern, lange, äußerst muskulöse Arme … einen breiten Brustkasten, ein Bäuchlein, jedoch schmale Hüften und dünne Oberschenkel. Eine besondere Aura umgab ihn – er sprühte vor elektro-kinetischer Intensität, aber er hatte sich unter Kontrolle, ein Rennpferd, das straff am Zügel geht.»

Hotchner und Hemingway blieben bis zu Hemingways Tod eng befreundet. Hotchners Buch *Papa Hemingway* ist vielleicht nicht in jeder Einzelheit ganz wahrheitsgetreu, aber es zeichnet nach, wie sich während Hemingways Entwicklung von seinen durchaus gesunden Heldentaten in Sachen Alkohol vor fünfzig bis zu seinem Niedergang nach fünfzig und seinem Selbstmord mit einundsechzig die Symptome veränderten.

Als die Nachricht von Ernest Hemingways Selbstmord Havanna erreichte, wurde ein junger Journalist namens Norberto Fuentes damit beauftragt, eine Reportage über jenen Hemingway zu schreiben, den die Kubaner mehr als zwei Jahrzehnte lang gekannt hatten. Fuentes erledigte seine Aufgabe mustergültig. Über einen Zeitraum von sieben Jahren interviewte er wahrscheinlich jeden einzelnen Kubaner, der Hemingway je getroffen, gesehen oder von ihm gehört hatte, darunter auch Hemingways Vertrauensärzte, die Besatzungen seiner Fischerboote, seine Kumpels von den Hahnenkämpfen, die Köche und Gehilfen in den Bars, jene Kameraden, die ihn auf seinen nächtlichen Rum-Schwelgereien begleitet hatten. Bei seinem überstürzten Aufbruch aus Kuba hatte Hemingway so gut wie alles zurückgelassen. Sein geräumiges, hübsches Haus, das inmitten bäuerlicher Armut hoch auf einem exponierten Hügel mit Aussicht über Havanna und den Golfstrom liegt, sieht heute noch aus, als kämen Ernest und Mary jeden Moment zur Tür herein. Ungeöffnete Briefe liegen auf dem Bett. Der Keller ist vollgepfropft mit Weinfässern und Whiskeykisten. Auf dem «Trinktisch», der neben seinem Stuhl aufgebaut worden war, warten immer noch die Flaschen auf Papas morgendliche, nachmittägliche und abendliche Zechstunden. Der größte Teil der neuntausend Bücher ist zurückgeblieben. Nur die wertvollen Gemälde sind verschwunden. Als Mary Hemingway das Haus Kuba zum Geschenk machte, erlaubte man ihr, die Bilder mitzunehmen, die heute wohl mehrere Millionen wert sind.

Einzig das Badezimmer unterscheidet sich von früheren Beschreibungen. Hemingways Badezimmer war – Hotchners Schilderung zufolge – «geräumig, jedoch vollgestopft mit Medikamenten und medizinischem Zubehör, das aus dem Schrank quoll und überall herumlag; der Raum hätte längst schon neu gestrichen werden sollen, aber das kam nicht in Frage, weil die Wände mit Tinte vollgeschrieben waren: in Ernests sorgfältiger Handschrift waren die Ergebnisse von Blutdruckmessungen, Gewichtsangaben, Rezepte und Dosierungen sowie andere medizinische und pharmazeutische Daten notiert». (Wie so mancher Schriftsteller war auch Hemingway ein Hypochonder.)

Fuentes erhielt Zugang zu Briefen, Artikeln und Manuskriptteilen, in die nie zuvor ein Hemingway-Forscher hatte Einblick nehmen können. Als er 1984 schließlich ein Buch über seine Entdeckungen mit dem Titel *Hemingway – Jahre in Kuba* publizierte, enthielt es mehr als hundert Seiten mit unveröffentlichten Briefen und Unmengen von Photos. Für viele von uns, die über Hemingway alles Wißbare zu wissen glaubten, war es eine ungemein freudige Überraschung. Das Buch endet mit einem Inventar von Hemingways Wohnhaus. Auf Hemingways Schlafzimmerboden liegen Haut und Haupt eines Löwen. An der Wand: ein Büffelschädel, eine Landkarte von Kuba und ein Topf mit einem in Formalin eingelegten Frosch. Ansonsten: seine Pantoffeln, eine Pfeife, um Enten anzulocken, eine Schnapsbrennlizenz aus Idaho, ein Schuhlöffel und ein gerahmtes Bild von Lillian Ross. Hemingway hatte einen weniger nachtragenden Charakter als allgemein angenommen.

Das Buch ist interessant und kostbar, aber bei jedem wahren Hemingway-Fan wird das Inventar einen starken Nachgeschmack von der Vergänglichkeit und Trübsal des Lebens hinterlassen; kurzum, ein echtes Hemingway-Gefühl.

Hemingway wurde in Kuba richtiggehend kanonisiert: Sein Haus verwandelte man in ein Museum, sein früheres Hotelzimmer wird nicht mehr an Gäste vermietet, einen Streifen Meeresküste taufte man «Hemingway-Meile», und über seinem Barhocker in der Floridita prangt eine Hemingway-Büste. Es macht ganz den Anschein, als hätte jeder Kubaner seine persönliche Hemingway-Geschichte. Natürlich klingen diese oft widersprüchlich.
Am meisten Widersprüche findet man in den Berichten über seine Trinkgewohnheiten. Man ist sich einig, daß er oft und viel trank, aber die meisten scheinen der Ansicht zu sein, daß er niemals die Kontrolle verlor. Seinem Leibarzt und Freund Herrera Sotolongo zufolge, der in einer neueren Biographie zitiert wird, trank Hemingway «ganz schön viel, aber für diejenigen von uns, die mit dem Leben eines schweren Trinkers in einem Land vertraut sind, wo Alkohol eine wichtige Rolle spielt, trank er nicht *übertrieben viel*». Wenn er wirklich einmal zuviel getrunken hatte, so war er, dem Doktor zufolge, völlig außerstande zu schreiben. Wie sich Sotolongo erinnert, schaute Hemingway zu jener Zeit am tiefsten ins Glas, als er sich in eine junge italienische Gräfin verliebt hatte und mit seiner vierten Frau Mary Streit bekam. Sotolongo gab Hemingway damals zu bedenken: «Wenn du mit dem Trinken so weitermachst, wirst du bald nicht einmal mehr deinen eigenen Namen schreiben können.» In dieser Phase war Hemingway, dem Arzt zufolge, ununterbrochen betrunken. «In dieser üblen Zeit zerstritt er sich auch mit mir. Eines Tages sagte ich ihm: ‹Schau mal, Junge, du hast dich zu einem Saufbold entwickelt, und so etwas kann ich nicht ausstehen. Wenn du nicht etwas dagegen unternimmst, ist es mit unserer Freundschaft aus.›» Sotolongo entfernte sogar die Waffen aus Hemingways Haus, denn Ernest und Mary hatten sich gegenseitig mit dem Gewehr bedroht. In den dreißiger Jahren schrieb Hemingway an einen russischen Freund, daß Alkohol für ihn die einzige Möglichkeit darstelle, sich von dem «unwillkürlichen Druck» des modernen Lebens zu erholen. In seinem unvollendeten Roman *Inseln im Strom (Islands in the Stream)* kämpft der Held ebenfalls gegen diesen «unwillkürlichen Druck», und zwar vom Rücksitz seines

Autos aus, wo er sich besäuft, während er den Schmutz im Havanna der vierziger Jahre betrachtet.

Was für eine Art Trinker war Hemingway im Alltag? Das Muster war natürlich nicht immer das gleiche, aber während der Jahre, die Hemingway wirklich in Kuba verbrachte – und nicht damit beschäftigt war, über den Spanischen Bürgerkrieg zu berichten, Paris zu befreien oder mit seinen New Yorker Verlegern herumzustreiten –, lautet der kubanische Konsens dahingehend, daß er ein ziemlich regelmäßiger Trinker war – außer wenn er gerade der Regellosigkeit frönte. Fuentes beschreibt die Struktur wie folgt:

«Um den Tag zu beginnen, trank Hemingway jeweils zwei Highballs oder zwei Tom Collins[2] im Swimmingpool, oder er nahm einen Whiskey-Soda oder einfach einen Whiskey on the Rocks. Später trank er Wein zum Mittagessen.

An einem durchschnittlichen Tag auf der Finca kippte Ernest mit der Hilfe von drei oder vier Freunden drei oder vier Flaschen Whiskey. Offenbar war das nie zuviel für ihn.

Manchmal variierte er seine Drinks. Er liebte Abwechslung. Whiskey, Gin, Campari, Tom Collins, Tequila. Er trank auch verschiedene Weinsorten: Tavel, seinen französischen Lieblingsrosé, weiter Chianti aus der Korbflasche, zum Abendessen etwa vier oder fünf Liter. Er schenkte den Wein am liebsten selber ein und hielt dabei die Flasche am Hals. Das war zwar unfein, aber er rechtfertigte sich mit dem Spruch: «Die Flaschen am Hals, die Weiber um die Hüfte.»

Wann fand Hemingway überhaupt Zeit zum Schreiben? Hemingways eigene Version – er äußerte sich in Briefen und anderswo hierüber – weicht von obiger Darstellung ein wenig ab: Jeden Morgen bei Sonnenaufgang (ach, diese dünnen Augenlider!) wachte er auf, gönnte sich eine Tasse Kaffee und begann dann mit der Arbeit, indem er sich an ein hüfthohes, in einen Schreibtisch umgewandeltes Bücherregal stellte. Wechselweise tippte er auf seiner Schreibmaschine der Marke Royal oder schrieb von Hand. Sein Ziel waren fünfhundert Wörter pro Tag. Dazu benötigte er den größten Teil des Vormittags. Der Nachmittag diente der Entspannung. Dies bedeutete für gewöhnlich einen Abstecher in die Bar, wo er mit Freunden trank. Bei anderen Gelegenheiten fuhr er mit dem Boot in den Golf hinaus und fischte Speerfische. Auf dem Boot besaß er eine gutbestückte Bar, so daß er wohl auch dort tüchtig weiterbecherte. Abgesehen vom Wein, den er zum Abendessen trank, war sein Alkoholgenuß für den Tag dann aber meistens zu Ende. Zwar nippte er am späteren Abend beim Lesen noch ein wenig am Wein, aber um elf war er im Bett. Am nächsten Morgen erwachte er taufrisch und schreibfertig.

Hemingway will den Eindruck erwecken, daß diese Routine mit geradezu gottesfrommer Genauigkeit eingehalten wurde. Köchen und anderen Haushaltshilfen zufolge war es mit der Frömmigkeit allerdings nicht immer so weit her. Oft kam er erst am späteren Vormittag oder gar nach zwölf Uhr aus dem Bett, auch an Tagen, an denen er eigentlich ein literarisches Projekt hätte weiterführen müssen. Die naheliegendste Erklärung hiefür ist wohl, daß er dann jeweils einen Kater hatte.

Wie beurteilte Hemingway selbst seinen Umgang mit Alkohol? Er äußerte sich oft, aber nicht immer im gleichen Sinne. Fuentes zufolge hörten Hemingways Saufkumpane mehr als einmal die folgende Maxime aus seinem Mund: «Trinkt soviel ihr wollt, aber werdet mir nur keine besoffene Scheißkerle. Ich betrinke mich täglich, aber niemals habe ich jemanden belästigt.» (Die Faustkämpfe in der Floridita, im Toots Shor's in New York und anderswo hatte er offenbar vergessen.)

Als er sich im Zweiten Weltkrieg an der europäischen Front herumschlug, schrieb er seiner Frau, daß «wir seit zwei Tagen keinen Schnaps mehr haben, und es wird dich glücklich machen, zu wissen, daß ich ohne ihn genau derselbe bin wie mit ihm – vielleicht sogar beständiger und besser –, obwohl ich ihn liebe und brauche, und oft würde man ohne ihn verdammt nochmal den Verstand verlieren und den Respekt vor sich selber und weiß der Teufel was … ganz abgesehen vom Vergnügen, ach, ich liebe ihn. Wir nannten ihn immer den Riesenkiller, und niemand, der nicht immer und immer wieder mit dem Riesen zu kämpfen hatte, ist berechtigt, sich abfällig über den Riesenkiller zu äußern.»

Mitte fünfzig wies Hemingway Symptome von Gelbsucht auf.

Der mit ihm befreundete kubanische Arzt diagnostizierte zuerst unspezifisch eine Hepatitis. Er hielt Alkohol zwar nicht für die unmittelbare Ursache, empfahl Hemingway aber, weniger zu trinken. Hemingway sprach von dieser Zeit immer als von der «Wiedereinführung der Prohibition». Seine Gelbsucht gehörte zu denjenigen Problemen, die er nicht mit Alkohol lösen konnte. Laut Fuentes half ihm ein Liter irgendeines alkoholischen Getränks für gewöhnlich, «mit Stürmen, Kriegen und einsamen Momenten fertig zu werden». Aber nicht mit Hepatitis. Er mußte nüchtern bleiben und Bettruhe halten.

Wie gesagt hielt Hemingways Arzt Alkohol nicht für die Ursache der Hepatitis, und Hemingway scheute keine Mühe, die Harmlosigkeit von Alkohol nachzuweisen; er las Sachbücher, um nach wissenschaftlichen Beweisen dafür zu suchen, daß Alkohol keine unmittelbar toxische Wirkung auf die Leber habe (was er wahrscheinlich sehr wohl hat). So oder so brauchte es viele Jahre, um Hemingway von seinem Hepatitis-Anfall zu heilen, und wahrscheinlich war seine Leber noch zum Zeitpunkt seines Todes beschädigt. Ungefähr ein Jahr vor seinem Tod mußte er wegen Verdacht auf Gelbsucht unter Beobachtung gestellt werden, aber dies geschah unmittelbar nach zwei Flugzeugabstürzen, bei denen er sich ernsthafte Verletzungen zugezogen hatte. Es sind keine Daten an die Öffentlichkeit gelangt, die belegen würden, daß bei Hemingway jemals eine schwere Leberzirrhose diagnostiziert wurde, allerdings halten sich Krankenhäuser wie die Mayo-Klinik (in Rochester, Minnesota), wo Hemingway Patient war, in solchen Dingen strikt ans Arztgeheimnis. Es gibt auch keine Belege dafür, daß er je zur Behandlung von Alkoholsucht hospitalisiert worden wäre oder infolge Trunkenheit epileptische Anfälle erlitten hätte. Gegen sein Lebensende hin strich sich Hemingway selber von der langen Liste der alkoholsüchtigen Schriftsteller Amerikas.

Sollen nun auch *wir* Hemingway von dieser Liste streichen? Dies hängt letztlich von der Definition des Alkoholismus ab. Von den amerikanischen Literatur-Nobelpreisträgern wird am häufigsten John Steinbeck als schwerer Trinker, wenn auch nicht als Alkoholiker, aufgeführt. Hemingway figuriert auf gewissen Listen als Alkoholiker, auf anderen nicht. In meinem Steinbeck-Kapitel diskutiere ich die Definition von Alkoholismus etwas ausführlicher und mit Hilfe moderner Diagnose-Kriterien, damit der Leser selber entscheiden kann, ob Steinbeck technisch gesehen ein Alkoholiker war. Paßte Hemingway in die medizinische Standard-Definition von Alkoholismus? Die Antwort lautet: Ja.

Wie Faulkner und Lowry konnte Hemingway seinen Alkoholkonsum über lange Phasen im Griff behalten. Am meisten Erfolg hatte er damit, wenn er gerade mitten in einem schriftstellerischen Projekt steckte. Als Lillian Ross wegen ihres Porträts ein schlechtes Gewissen bekam, verkündete sie, daß sich Hemingway «heldenhaft, unbestechlich und kompromißlos der Literatur widmete, und dabei so hart und so gut arbeitete, wie er *konnte*, bis zu dem Tage, da er starb». Das ist schlicht und einfach nicht wahr. Bei Hemingway gab es lange Dürreperioden, in denen er wenig oder gar nichts zustandebrachte. Nichtsdestoweniger war seine Hingabe an die Schriftstellerei rückhaltlos und kräfteraubend; sie konnte ihn über lange Zeitspannen hinweg nüchtern, wenn auch nicht völlig abstinent halten. In den letzten paar Jahren seines Lebens, als seine Gesundheit zu wünschen übrig ließ und ihm die Ärzte rieten, ganz mit dem Trinken aufzuhören, reduzierte er seinen Alkoholkonsum auf die Kombination von einem Cocktail und zwei Gläsern Wein oder auf zwei Gläser Wein und zwei Scotches oder auf einen Scotch und einen Daiquiri, aber ganz hörte er nie damit auf. Leute, die ihm zu diesen kontrollierten Zeiten begegneten, mußten zwangsläufig zum Schluß kommen, er sei kein Alkoholiker gewesen.

Dennoch stand sein ganzes Leben im Zeichen des Alkohols. Seinem Freund Hotchner vertraute er einmal an: «1547mal war ich in meinem Leben betrunken, aber niemals frühmorgens.» Allerdings erzählen Hemingways Ehefrauen in einem Buch von Bernice Kert mit dem Titel *Die Frauen Hemingways* andauernd von den Wodkas und Tequilas, mit denen er den Tag begann, von den Bloody Marys am Mittag und den Daiquiris, Scotches und den Flutwellen von Wein, die seine Nachmittage und Abende ausfüllten. Fast immer ging er früh zu Bett und war an den Tagen, an denen er nicht trank, um sechs Uhr auf den Beinen, um bis zwölf zu schreiben. Reizbar und sogar grausam war er ohnehin oft, und man war nie sicher, ob der Schnaps selber oder sein verkaterter Brummschädel dafür verantwortlich waren.

Zwar wurde er nie zu einer Ausnüchterungskur in ein Spital eingeliefert, aber seine zwei Krankenhausaufenthalte in der Mayo-Klinik in seinem letzten Lebensjahr erfolgten aufgrund von Depressionen und eines Zustandes, der möglicherweise durchaus mit seiner Trunksucht zu tun hatte: Verfolgungswahn. Er glaubte, sein Telephon werde abgehört und das FBI sei hinter ihm her; Hemingway, der ein reicher Mann war, hielt sich für mausarm. Er litt unter Halluzinationen. In der Mayo-Klinik unterzog er sich zweimal einer Elektrokrampf-Therapie, aber die Wahnvorstellungen verschwanden ebensowenig wie die Depression. Zwischen seinen beiden Aufenthalten lagen drei Monate, und ein paar Tage nachdem er das Spital zum zweitenmal verlassen hatte, nahm er sich das Leben.

Spekulationen über die richtige Diagnose wären zweifelsohne in seiner unter Verschluß gehaltenen Krankengeschichte in Rochester zu finden. Eine denkbare Möglichkeit wäre chronische Alkoholhalluzinose. Es handelt sich dabei um eine seltene Störung, die bei Alkoholikern auftritt, welche mit dem Trinken aufhören und dann einen chronischen Zustand entwickeln, welcher der paranoiden Schizophrenie vergleichbar ist. Die Hauptsymptome sind Halluzinationen und Verfolgungswahn. Diese Symptome treten manchmal auch auf, wenn jemand in schwere Depressionen verfällt, und daran, daß Hemingway in seinen letzten Lebensjahren unter Depressionen litt, kann gewiß nicht gezweifelt werden. Gleichwohl scheinen die Wahnvorstellungen hartnäckiger gewesen zu sein als die Depressionen, ja sie verschwanden nicht einmal nach der Therapie (was man eigentlich hätte erwarten dürfen, wäre die primäre Störung wirklich depressiver Natur gewesen).

Hemingways Paranoia scheint etwa zu dem Zeitpunkt ausgebrochen zu sein, als er aus gesundheitlichen Gründen seinen Alkoholkonsum einschränkte. (Welcher Art seine Gesundheitsprobleme eigentlich waren, ist nicht hundertprozentig klar, aber eines der Probleme war sicher sein hoher Blutdruck, ein anderes möglicherweise seine langwierige Hepatitis.) Auf jeden Fall führt das Auftauchen paranoider Symptome just in dem Augenblick, wo ein Alkoholiker seine Trinkgewohnheiten einschränkt, zu einer interessanten Theorie, die vor allem von Malcolm Lowry verfochten wurde. Lowry glaubte, Alkohol *bewahre* ihn davor, einen Nervenzusammenbruch zu erleiden. «Ich trinke mich nicht *in* einen Nervenzusammenbruch *hinein*», schrieb er, «sondern *durch* ihn *hindurch*.» Im oben erwähnten Brief an Mary von der europäischen Kriegsfront hielt Hemingway fest, daß Schnaps seinen «Verstand, seinen Respekt vor sich selber und weiß der Teufel was» gerettet habe. Seine dort entwickelte Theorie, daß der Alkohol böse Riesen töten könne, wird im Schlußkapitel diskutiert werden, aber über ihre Anwendbarkeit auf Schriftsteller im allgemeinen hinaus hatte sie auch eine ganz *persönliche* Bedeutung.

Was war bei Hemingway jener böse Riese, dem der Alkohol den Garaus machte? Einmal identifizierte Hemingway diesen Riesen als «Erfolgstrieb»: Hunger nach Prestige, Ruhm und Geld habe sämtliche Schriftsteller in den Alkoholismus getrieben. Wie jeder Kranke versuchte auch Hemingway andauernd, die Ursache seiner Krankheit zu erklären. Vielleicht hieß sein Riese «Depression». Vielleicht auch «Einsamkeit». (Lillian Ross vertraute er einmal an, er schreibe viele Briefe, um viele Briefe zu erhalten, denn Briefe bewirkten, daß er sich weniger einsam fühle.)

Der Riese hieß vielleicht auch «Angst». In Ross' Porträt begründete er seine rastlose Aktivität bekanntlich damit, daß er vermeiden wolle, sich in einem Zimmer einzuschließen und sich nicht mehr vom Fleck zu rühren. Hemingways Draufgängertum läßt den Psychiater nicht zuletzt auf Kontraphobie schließen – das heißt auf die Strategie, Angst durch übertriebene Mutproben zu überwinden.

Möglicherweise war der Riese auch jener «unwillkürliche Druck» des modernen Lebens, der in Hemingways Augen nur mit Hilfe von Alkohol gelindert werden konnte. Wie Lowry schien er seinen Seelenfrieden nur fernab von der Zivilisation finden zu können, wenngleich zwischen Hemingways hübschem Haus auf dem Hügel und Lowrys Strandhütte ein wesentlicher Unterschied bestand. Und während British Columbia Lowrys

Trunksucht eher zu vermindern schien, erhöhte Kuba Hemingways Alkoholgenuß eher noch.

Vielleicht war am Ende der Riese auch Hemingways Bewußtsein, daß seinem Wesen ein grausamer Zug innewohnte, der mit jener Liebenswürdigkeit, Sanftheit und Großzügigkeit einherging, welche die meisten Leute bei Hemingway kannten. Dieser grausame Zug war vorhanden und manchmal schwer zu kontrollieren. *Hemingway – Jahre in Kuba* wartet mit einigen beklemmenden Beispielen auf. Hier ist eines davon:

Hemingway war der Ansicht, daß Bäume und andere Pflanzen in ihrem Wachstum nicht beschnitten werden sollten. Seine Frau Mary erlaubte einmal einem Gärtner, die Wurzeln eines Baumes abzuschneiden, die unter das Haus zu wachsen drohten. Hemingway tobte. Viele Tage lang mußte Mary jeden Morgen Buße tun. Während Hemingway zuschaute, mußte sie vor dem Baum niederknien und um Vergebung bitten. (Die Geschichte mag schlecht verbürgt sein, aber im Kontext anderer Vorkommnisse *hört* sie sich durchaus plausibel an.)

Hemingways Grausamkeit anderen Autoren – besonders Fitzgerald – gegenüber ist sprichwörtlich. Aber sie wird auch durch Papiere belegt, die in seinem kubanischen Bauernhaus gefunden worden sind. Faulkner beispielsweise übte einmal leise Kritik an Hemingway, indem er sagte, Hemingway «bleibe immer innerhalb der Grenzen dessen, was er kenne … und versuche niemals, das Unmögliche möglich zu machen.» Hier fühlte sich der Macho in Hemingway unter Beschuß genommen – seiner Meinung nach ging kein anderer Schriftsteller, sei es im Leben, sei es in der Kunst, größere Risiken ein als er –, und er antwortete mit einem der grausamsten Briefe, die jemals von einem Schriftsteller über einen anderen geschrieben worden sind: «… [sagen Sie ihm], wenn möglich auf seinem Sterbebett, daß ich der Ansicht bin, er sei ein Schlappschwanz, der als Schriftsteller einmal viel Begabung hatte, sich aber aufgrund von Faulheit, Versoffenheit, Hollywood und den üblichen Fehlern eines hauptberuflichen Südstaatlers als Eintagsfliege erwies. Aber nie hat er es versäumt, in N.Y. aufzukreuzen, um ein neues Buch zu lancieren oder jenen den Arsch zu lecken, die ihm Preise verliehen haben. Sagen Sie ihm, ich hätte ihn in Europa jahrelang als den größten Schriftsteller der USA angepriesen, weil er mir in seiner Versoffenheit leid tat und weil ich hoffte, er würde es schaffen, sich seinen Lebensunterhalt zu verdienen, ohne in Hollywood herumhuren zu müssen. Sagen Sie ihm, er sei eine Hure und ein elender Hundsfott mit einem honigsüßen Stimmchen und dem ungenutzten, maissüchtigen Talent eines Südstaaten-Feiglings.»

Hemingways Freude an Hahnen-, Stier- und Boxkämpfen, am Schießen auf Tauben, Deutsche und Vierbeiner jeglicher Provenienz, muß vor dem Hintergrund seiner Großzügigkeit gegenüber seinen Freunden, den Bedürftigen und seiner Familie (*mit Ausnahme* seiner Mutter) und auch mit seiner gefühlsduseligen Zuneigung zu Katzen, Hunden und unter seinem Haus wachsenden Bäumen gesehen werden. Der Riese war, mit einem Wort, womöglich das Bewußtsein, daß es in seinem Innern eine Seite gab, die mit dem Mann, für den er sich hielt und der er sein wollte, nicht vereinbar war. Meistens herrschte ein prekärer Waffenstillstand zwischen den beiden Persönlichkeitsaspekten, und die Rolle des Friedensstifters übernahm der Alkohol.

Am besten schrieb er über Tod und Gewalt. Niemand konnte Schlachtszenen besser zu Papier bringen als Hemingway. In diesem Genre sind «Rückzug aus Caporetto» und «Der Kampf auf dem Hügelkamm», je ein Kapitel aus zweien seiner besten Romane, unerreicht. Sein zwiespältiges Verhältnis zum Krieg spiegelt abermals die gegensätzlichen Facetten seiner Persönlichkeit. In seiner Einleitung zu *Men at War* schrieb er: «Ich habe in meinem Leben viel Krieg mitangesehen, und ich hasse ihn aus tiefstem Herzen. Aber es gibt Schlimmeres als den Krieg; und das beginnt immer mit der Niederlage. Je mehr man den Krieg haßt, um so klarer weiß man, daß man ihn, wenn man erst einmal aus irgendwelchen Gründen hineingezogen wurde, gewinnen muß, um sich die Menschen, die ihn angezettelt haben, vom Halse zu schaffen …»

In einem wunderschönen Abschnitt beschreibt Hemingway alsdann den Unterschied zwischen einem Krieger und einem Schriftsteller:

«Ein guter Soldat zerbricht sich nie unnötig den Kopf. Er weiß, das nichts geschieht, bevor es wirklich geschieht, und bis dahin lebt man einfach sein Leben.Gefahr besteht nur im Augenblick der Gefahr selber. Um sich in Kriegszeiten angemessen zu verhalten, vermeidet der einzelne, von solchen Dingen wie möglichen Gefahren zu reden. Eine Sache ist nur dann übel, wenn sie wirklich übel ist. Weder vorher noch nachher. Feigheit ist – im Gegensatz zu Panik – fast immer bloß ein Unvermögen, die Arbeit der Phantasie zeitweise zu suspendieren. Die Phantasie zu suspendieren lernen und – ohne vorher noch nachher – voll und ganz in der Gegenwart jeder einzelnen Minute zu leben – das ist die größte Gabe, die einem Soldaten zuteil werden kann. Natürlich ist dies das genaue Gegenteil all der Begabungen, die ein Schriftsteller besitzen sollte. Aus diesem Grunde findet man so selten gute Soldaten, die gute Schriftsteller abgeben, und daher dürfen wir jubeln, wenn es einmal vorkommt.»

Dank Hemingway kam es vor und wurde mit gebührendem Überschwang bejubelt. Aber über die Belastung des Schriftstellers können höchstens Mutmaßungen angestellt werden.

Man bezeichnete Hemingway zuweilen als manisch-depressiv, und es gibt gute Gründe für die Annahme, daß diese Diagnose auch in der Mayo-Klinik gestellt wurde. Das Problem mit schweren Säufern besteht oft darin, daß sie depressiv werden und man nicht sicher ist, ob der Alkohol die Depression hervorgerufen oder die Depression zum Alkoholismus geführt hat. Psychiater fordern einmütig, daß ein schwerer Trinker zuerst einmal den Alkohol absetzen muß, bevor eine Diagnose gestellt werden kann.

In seinen letzten Lebensjahren reduzierte Hemingway das Ausmaß seines Alkoholkonsums so sehr, daß eine auf Alkohol zurückzuführende Depression kaum wahrscheinlich ist. Dennoch litt er unter Depressionen. Sein Gesundheitszustand ließ zu wünschen übrig, seine schriftstellerische Kraft erlahmte, aber dies widerfährt auch vielen anderen Leuten, die nicht im Selbstmord den letzten Ausweg sehen.

Sein Vater, der kein Alkoholiker war, hatte mitten in einer Depression Selbstmord begangen, und bekanntlich ist Depression vererbbar. Ernest mag die entsprechenden Gene besessen haben (auch wenn natürlich keineswegs sicher ist, ob Gene hiefür verantwortlich sind).

Hemingway litt oft unter Stimmungsschwankungen, und manchmal waren sie derart langwierig und heftig, daß man sie durchaus als Depressionen im medizinischen Sinn bezeichnen konnte. Eindeutig manische Zustände sind nicht überliefert, aber fast sein ganzes Leben hindurch hätte man ihn ohne weiteres einen Hypomaniker nennen können, auch wenn «Lebenshunger» vielleicht der treffendere Ausdruck wäre. Unter seinem Lebenshunger schwelte allerdings eine durchdringende Traurigkeit, die ab und zu zum Vorschein kam, und abermals kann man sich fragen, ob dahinter sein Alkoholproblem oder eine ererbte Neigung zu Depressionen steckte.

Die Tschechen verwenden das Wort *litost* für die Bezeichnung von Kummer, Reue und undefinierbarer Sehnsucht. Dem tschechischen Schriftsteller Milan Kundera zufolge «klingt die erste Silbe, die lang und zerdehnt ausgesprochen wird, wie das Geheul eines ausgesetzten Hundes ... und es handelt sich um einen qualvollen Zustand, der von der plötzlichen Einsicht in die Jämmerlichkeit des eigenen Ich herbeigeführt wird». Nichts führt so leicht zu *litost* wie der Katzenjammer nach einer durchzechten Nacht, und Hemingway muß während eines großen Teils seines Lebens betrunken oder verkatert gewesen sein.

In einem schönen Kapitel von *Paris – ein Fest fürs Leben (A Moveable Feast)* erzählt Hemingway von einem idyllischen Tag, den er mit seiner ersten Frau, Hadley, in Paris verbrachte: sie gingen zu den Pferderennen, veranstalteten ein Picknick mit Wein und beschlossen dann, sich in einem Restaurant ein teures Essen zu gönnen. «Es war ein wunderbares Essen», schreibt er, «aber als wir fertig waren und von Hunger keine Rede mehr sein konnte, war das Gefühl, das wie Hunger war ... immer noch da, und wir nahmen den Omnibus nach Hause. Es war da, als wir ins Zimmer kamen, und es war da, nachdem wir zu Bett gegangen waren und im Dunkeln Liebe gemacht hatten. Als ich aufwachte, bei offenen Fenstern und mit Mondlicht auf den Dächern der hohen Häuser, war es da.» Dies war *litost* à la Hemingway. Es ließ ihn

zeitlebens nie los. Geld, Liebe, Ruhm, Abenteuer, Alkohol – nichts vermochte es auf Dauer zu vertreiben.
Niemand verstand, weshalb er Selbstmord beging. «Am 2. Juli 1961», schrieb Hotchner, «hat sich ein Schriftsteller, den viele Kritiker als den bedeutendsten Autor des Jahrhunderts bezeichnen, ein Mann, dessen Lebensfreude und Abenteuerlust so groß waren wie sein Genie, ausgezeichnet mit Nobel- und Pulitzer-Preis, ein Glücksritter mit einem Haus in den Sawtooth Mountains (Idaho), wo er im Winter auf die Jagd ging, mit einer Wohnung in New York, einer eigens für den Angelsport im Golfstrom getakelten Jacht, einer stets für ihn reservierten Suite im Ritz zu Paris und im Gritti in Venedig, mit einer soliden Ehe und guten Freunden auf der ganzen Welt, ohne ernsthafte körperliche Beschwerden – an jenem Julitag hat sich dieser Mann, der von so vielen Menschen beneidet wurde, mit einer Schrotflinte erschossen.»
Dies muß Hotchner wohl geschrieben haben, bevor er wußte, wie hinter der Lebensfreude das *litost*-Gefühl lauerte.
Der Alkoholiker kann, so schrieb Alan Bold[3], seine künstlerische Begabung dazu nutzen, *litost* mit Kreativität zu konfrontieren. «Wenn er dem *litost* jedoch unterliegt, dann gesteht er seine Niederlage ein und öffnet sich der zerstörerischen Kraft des Alkohols.»
Mit einundsechzig Jahren hatte Hemingway der zerstörerischen Kraft des Alkohols abgeschworen. Es blieb ihm lediglich noch ein einziger Ausweg, und den wählte er.

Bibliographische Notiz

Lillian Ross' Hemingway-Profil wurde später in Buchform unter dem Titel *Portrait of Hemingway* (Simon & Schuster, New York 1961) publiziert. (Deutsche Ausgabe: *Hemingway,* Limes Verlag, Wiesbaden 1963). *Hemingway in Cuba* von Norberto Fuentes, in dem viel neues Material über den Schriftsteller gesichtet wird, wurde auf Englisch bei Lyle Stuart, Inc. (Secaucus, New Jersey, 1984) veröffentlicht. Gabriel Garcia

Marquez lieferte ein glänzendes Vorwort dazu, das auch in der deutschen Übersetzung *Ernest Hemingway – Jahre in Kuba* (Galgenberg, Hamburg 1987) enthalten ist.
A. E. Hotchners *Papa Hemingway* (Random House, New York 1966) liest sich wie ein Roman und bietet Informationen aus erster Hand über Hemingways Zeit nach fünfzig in Havanna, New York, Paris, Venedig, Madrid, Rochester und schließlich Ketchum (Idaho). (Deutsche Ausgabe ebenfalls unter dem Titel *Papa Hemingway*, Piper, München 1966). Hemingways Einschätzung von Castro wird in den Büchern von Fuentes und Hotchner unterschiedlich dargestellt.
Zur Lektüre empfohlen sei auch Bernice Kerts *The Hemingway Women* (Norton, New York 1986; deutsche Ausgabe: *Die Frauen Hemingways*, Ullstein, Frankfurt a.M./Berlin /Wien 1987). Dieses Buch ist umfangreich, detailliert, wunderbar geschrieben, und am besten liest man es parallel zu einer Sammlung von Hemingway-Erzählungen und -Romanen, denn dort tauchen seine Frauen, eine nach der anderen, auf. Die Frauen in Hemingways Leben sind im großen und ganzen bemerkenswerte Persönlichkeiten. Später in seinem Leben schimpfte Hemingway seine Mutter eine Metze und machte sie für den Selbstmord seines Vaters verantwortlich, aber in diesem Buch findet man nichts, was eine solche Haltung rechtfertigen könnte. Ganz im Gegenteil, sie erscheint als ein unbezähmbar starker Geist, scheint ihre sechs Kinder geliebt zu haben und wurde in einer Zeit, wo dies für Frauen noch sehr ungewöhnlich war, so etwas wie eine Musikerin und Künstlerin. Drei von Hemingways Ehefrauen stammten aus St. Louis. Die erste, Hadley, war neun Jahre älter und unterhielt jene merkwürdige Mutter/Tochter-, Geliebte/Opfer-Beziehung zu Ernest, die in all seinen Ehen auftrat, einmal abgesehen von Martha Gellhorn, die sich schließlich nicht mehr alles gefallen lassen wollte und ihn sitzenließ. Drei von seinen vier Frauen waren in einem schreibenden Beruf tätig, aber nur Gellhorn fuhr nach der Heirat damit fort; die anderen widmeten sich voll und ganz Ernest und seiner Arbeit. Er war zärtlich und brutal zugleich. Selbst nach der Scheidung waren ihm die Gattinnen noch sehr zugetan.
In den Bibliotheken stehen mehr Bücher über Hemingway als über irgendeinen anderen Schriftsteller, abgesehen von Poe und Shakespeare. Zu denjenigen, die für die Abfassung dieses Kapitels verwendet wurden, zählt Carlos Bakers ultimative Hemingway-Biographie *Ernest Hemingway: A Life Story*, Charles Scribner's Sons, New York 1969 (Deutsch: *Hemingway. Die Geschichte eines abenteuerlichen Lebens*, München/Wien/Zürich 1971).

Zwei Bücher aus der Familie, Leicester Hemingways *My Brother Ernest Hemingway* (World Publishing, Cleveland 1962; deutsch: *Mein Bruder Ernest*, Rowohlt, Reinbek 1962) und Mary Welsh Hemingways *How it was* (Knopf, New York 1976; deutsch: *Wie es war*, Rowohlt, Reinbek 1977) malen den Hintergrund. Anthony Burgess› *Ernest Hemingway and His World* (Charles Scribner's Sons, New York 1978; deutsch: *Ernest Hemingway. Leben und Werk des großen amerikanischen Erzählers*, Heyne, München 1987) behandelt das Thema aus der Sicht eines Schriftstellers. Hemingways Einleitung zu seiner Anthologie *Men at War* wurde von Crown (New York) 1942 publiziert (unübersetzt).
Drei ehrgeizige neue Monumentalbiographien über Hemingway sind Mitte der achtziger Jahre erschienen: Jeffrey Meyers, *Hemingway: A Biography*, Harper & Row, New York 1985; Michael Reynolds, *The Young Hemingway*, Oxford University Press, New York 1986; Kenneth Lynn, *Hemingway*, Simon & Schuster, New York 1987 (Deutsch: *Hemingway. Eine Biographie*, Rowohlt, Reinbek 1991). In keinem dieser Bücher waren Neuigkeiten über Hemingways Trinkgewohnheiten zu erfahren, sie alle bestätigten nur, daß seine Alkoholsucht schwerwiegend war. Lynn steuert etwelche neue Informationen medizinischer Art bei. Als er fast fünfzig war, wurde bei Hemingway eine Hypertension diagnostiziert (sein Blutdruck betrug 215 auf 125), und er erhielt den Rat abzunehmen (die Nadel der Waage blieb bei 256 Pfund, d.h. ca. 115 kg stehen). Die Kombination von Tabletten und Gewichtsverlust senkte den Blutdruck, allerdings nicht für lange Zeit, und während seines sechsten Lebensjahrzehnts litt er zunehmend unter ernsthaften Gesundheitsproblemen, als da wären Leber- und Nierenbeschwerden, Zuckerkrankheit und Haemochromatose (eine seltene angeborene Krankheit, bei der sich eine eisenhaltige Substanz im ganzen Körper ablagert, was zu Leberzirrhose, bronzefarbener Haut und Diabetes führt). Wir erfahren sogar seinen Cholesterinspiegel (380) und den Umstand, daß seine Leber für einen flüchtigen Betrachter sichtbar war. («Man konnte die Ausbuchtung an seinem Körper sehen – wie einen langen, fetten Blutegel», erinnerte sich George Plimpton an seine Begegnungen mit Hemingway in den fünziger Jahren.) Gleichzeitig mit seiner Gesundheit wurde auch seine Laune immer schlechter. Ein Reisegefährte auf einer afrikanischen Safari schrieb, daß «er die ganze Zeit über betrunken war», auch wenn er es sich selten anmerken ließ. «Er wurde einfach fröhlicher, liebenswürdiger, war mehr zum Scheißern aufgelegt. Ohne Drinks war er mürrisch, schweigsam und depressiv.»

Die Biographie von Lynn bringt noch einen weiteren Kandidaten für die Rolle des bösen Riesen, den Hemingway mit Alkohol abtöten wollte, ins Spiel. Als Kind wurden Hemingway und seine nur wenig ältere Schwester oft irrtümlich für Zwillinge gehalten, und seine Mutter bekräftigte die Leute in ihrem Irrglauben noch. Sie verpaßte Ernie und der Schwester denselben Pagenschnitt und verhielt sich ihrem liebreizenden kleinen blondgelockten Knäbchen gegenüber sexuell nicht über alle Zweifel erhaben. In Lynns Augen trug all das zu einer Verwirrung der sexuellen Identität bei, so daß Ernest sich nie ganz im klaren darüber gewesen sei, zu welchem Geschlecht er nun gehöre. Das alles soll sich natürlich im Unbewußten abgespielt haben, und später war Hemingway sowohl ein Männlichkeitsfanatiker wie ein Homosexuellenhasser. Diese Verwirrung schlug sich aber schließlich in seinem postum veröffentlichten Roman *Der Garten Eden (The Garden of Eden)* nieder, wo die Protagonistin und ihr Liebhaber sexuelle Spiele miteinander treiben, bei denen es auch um Geschlechtertausch geht. Das alles reimt sich bestens nach Freudschem Versmaß, und Lynn behauptet mit Recht, daß wohl kein Leser von *Der Garten Eden* Hemingway nach der Lektüre noch mit den gleichen Augen sehen wird. Aber hatte seine verwirrte Geschlechtsidentität mit seiner Depression und mit seinem zügellosen Alkoholkonsum zu tun? Wie üblich kann auch hierüber nur spekuliert werden.

---

[1] Pathologische Angst vor großen Menschenmengen in der Öffentlichkeit.

[2] 6 cl Gin, 1–2 Teelöffel Zucker, 3 cl Zitronensaft, 1 Zitronenscheibe, 1 Orangenscheibe, 1 Maraschino-Kirsche, Club Soda.

[3] Alan Bold (geb. 1943), englischer Romancier und Literaturessayist.

John Steinbeck
(1902–1968)

Der Hund, der nicht bellte

«Der Alkoholiker ist ein Mensch,
der sich entweder dafür oder dagegen entscheiden kann;
also entscheidet er sich dafür.»
(Charles Jackson)

Die ersten drei amerikanischen Männer, die den Nobelpreis für Literatur erhielten, waren Sinclair Lewis, Eugene O'Neill und William Faulkner: allesamt Alkoholiker. Der vierte war Hemingway, der es zwar gar nicht gerne hörte, wenn man ihn einen Alkoholiker nannte, wahrscheinlich aber trotzdem einer war. Der fünfte war John Steinbeck. Wer von Steinbeck spricht, betont für gewöhnlich, dieser sei nicht etwa ein Alkoholiker, sondern ein «schwerer Trinker» gewesen. Auf welcher Grundlage wird diese Unterscheidung getroffen? Es steht zu vermuten, daß alle Alkoholiker schwere Trinker, aber nicht alle schweren Trinker Alkoholiker sind. Was muß ein schwerer Trinker über seine schwere Trunksucht hinaus noch *tun*, um als Alkoholiker zu gelten?

Es kommt letztlich auf die Definition an. Der Zustand, den man Alkoholismus nennt, muß genau bestimmt werden. Eine Krankheit einfach auf den Namen «Alkoholismus» zu taufen, hilft nicht sehr weit. Das Wörterbuch definiert *Krankheit* als Gegenteil von Gesundheit; *Gesundheit* definiert es als Abwesenheit von Krankheit. Krankheiten sind im Grunde Schwierigkeiten, welche die Menschen dazu veranlassen, den Arzt aufzusuchen; historisch gesehen paßt keine Definition besser als diese.

Alkoholismus wird heutzutage durch die damit verbundenen Probleme definiert. Wenn man trinkt und hierdurch in Schwierigkeiten gerät, ist man Alkoholiker. Trinkt man ohne Schwierigkeiten, ist man kein Alkoholiker. Nur über die *Zahl* der erforderlichen Schwierigkeiten ist man sich nicht einig. Viele normale Trinker geraten durch ihren Alkoholkonsum in Schwierigkeiten: Kater, Gedächtnisverlust, Streitereien; aber diese Schwierigkeiten sind nicht besonders häufig und nicht besonders ernsthaft. Wie ernsthaft müssen Schwierigkeiten sein, und wie häufig müssen sie auftreten, damit jemand zum Alkoholiker erklärt wird?

Alkoholismusexperten folgen diesbezüglich einer bestimmten Methode: Sie erstellen eine Liste alkoholbedingter Schwierigkeiten, und jede Person, die eine gewisse Anzahl dieser Schwierigkeiten aufweist, gilt als Alkoholiker. Diese Anzahl ist willkürlich und hängt vom Konsens der Forscher ab. Nichtsdestoweniger handelt es sich um eine spezifische Definition, die dazu führt, daß die Leute in etwa dasselbe meinen, wenn sie den Begriff *Alkoholismus* verwenden.

Geriet Steinbeck durch Alkoholgenuß in Schwierigkeiten? Wenn ja, wie oft? Wie schlimm? Reichen seine Schwierigkeiten aus, um den heutigen Alkoholismus-Kriterien zu genügen?

Außer für jene Leute, die ihn sehr gut kannten, war eine Antwort auf diese Fragen bis vor kurzem unmöglich. Steinbeck legte viel Wert auf sein Privatleben; er schrieb sehr wenig über sich selbst, geschweige denn über seine Trinkgewohnheiten. Die zwei oder drei mageren Biographien, die es bisher gab, befaßten sich hauptsächlich mit seinen Büchern.

1984 allerdings tauchte plötzlich ein 1116 Seiten starker Wälzer mit dem Titel *The True Adventures of John Steinbeck, Writer* in den Buchhandlungen auf, und mit einemmal war über John Steinbeck mehr bekannt als je zuvor. John Kenneth Galbraith[1] schrieb: «Dieses Buch wird einzig in seiner Art bleiben, und wir brauchen auch gar kein zweites.» Carlos Baker[2] meinte: «Ein derart vollständiges und detailliertes Bild von John Steinbecks Persönlichkeit und von seinen Zielen und Leistungen zu entwerfen, ist nie zuvor jemandem gelungen und wird wohl auch künftig niemandem mehr gelingen.»

Beide Klappentexte lassen eine gewisse Ermüdung des Lesers durchschimmern und implizieren – wenn auch zweifellos ungewollt –, daß Steinbeck gar nicht soviel Aufmerksamkeit verdiente (und auch nie wieder erhalten wird). Jedenfalls verwendete der Verfasser Jackson J. Benson dreizehn Jahre darauf, dieses Buch zu schreiben. Er befragte Hunderte von Interview-Partnern, brütete in einem halben Dutzend Universitätsbibliotheken über Papieren und Briefen und konnte auf die Mithilfe von Steinbecks Freunden und Angehörigen zählen, namentlich von seiten der drei Gattinnen Steinbecks.

Dank Bensons Bemühungen ist es nun auch möglich, die folgenden Fragen aufzuwerfen: Hatte Steinbeck Alkoholprobleme? Wie oft? Wie ernsthaft?

Bevor wir jedoch diesen Fragen nachgehen, müssen wir unbedingt etwas über John Steinbecks Leben und Werk erfahren. Viele finden es fraglich, ob er überhaupt einer der ganz großen Schriftsteller oder auch nur ein überdurchschnittlich guter Schriftsteller war, gewiß jedoch war er ein interessanter Mann.

Steinbeck wurde 1902 in Salinas (Kalifornien) geboren und erlag 1968 einem Herzschlag. Väterlicherseits war er deutscher, mütterlicherseits irischer Abstammung. Sein Vater betrieb eine Getreidemühle und wurde später Schatzmeister des Bezirkes von Monterey, bis er sich ein Jahr vor seinem Tod im Jahre 1936 von seinem Amt zurückzog. Seine wahre Liebe gehörte der Landwirtschaft; zeitlebens besaß er einen Garten. Er war wortkarg und weltfremd, unterstützte aber John eine Weile lang finanziell, als dieser sich als Schriftsteller durchzuschlagen versuchte.

Johns Mutter war vor der Ehe Lehrerin gewesen. Sie war eine warmherzige, extravertierte Frau, die sich für Bücher und Musik interessierte und John in die Welt der Literatur und Kultur einführte. In mittleren Jahren erlitt sie einen Schlaganfall und war mehrere Jahre lang gelähmt, bis sie 1934 starb.

Die Steinbecks hatten vier Kinder: drei Mädchen und John (den Drittgeborenen). Er besuchte die Grundschule und High-School in Salinas. Obwohl er schon als Jüngling großgewachsen war und ein massiger Mann wurde, glänzte er nie als Athlet. Er war schüchtern und traf sich nicht mit Mädchen. Dagegen liebte er die Natur und die Tiere. Den Entschluß, Schriftsteller zu werden, faßte er in der High-School und hielt diesem ehrgeizigen Ziel beharrlich die Treue.

Mit achtzehn schrieb sich Steinbeck als Studienanfänger an der Stanford University ein und besuchte die Vorlesungen mit Unterbrüchen sechs Jahre lang, wobei er allerdings nie die Bedingungen für den Abschluß erfüllte. Er hörte vor allem klassische Literatur, Zoologie und Englisch. Er las viel und war immer am Schreiben. Ablehnungsbriefe von Zeitungsredaktionen begann er geradezu zu sammeln, und während seiner

College-Zeit brachte er es lediglich auf zwei veröffentlichte Erzählungen, die beide im Literaturmagazin von Stanford erschienen. Er arbeitete in verschiedenen Berufen: als Aushilfe auf einer Ranch, als Tagelöhner im Straßenbau und auf Zuckermühlen, so daß er sich das Studium mit ein bißchen zusätzlicher Unterstützung von seiten seines Vaters selber verdienen konnte.

Nach sechs Jahren Stanford zog Steinbeck nach New York und arbeitete für kurze Zeit als Zeitungsreporter, doch seinen Lebensunterhalt bestritt er weiterhin hauptsächlich durch manuelle Arbeit. Neben anderen Jobs stieß er auch Schubkarren voll Beton für den Bau des Madison Square Garden herum. Dann kehrte er wieder an die Westküste zurück, wo er an ganz verschiedenen Orten wohnte: Salinas, Monterey, San Francisco, Tahoe City. Dabei wechselten die Zeiten als Arbeiter mit Phasen ab, in denen er sich voll und ganz der Literatur widmen konnte. Er verdingte sich als Zimmermann, als Warenhausverkäufer, als «Ersatzchemiker» im Zuckerrübenanbau; eine Zeitlang lebte er in einem Landstreichercamp; und um sich während des Schreibens Unterkunft und Verpflegung zu verdienen, arbeitete er als Verwalter auf einem Anwesen.

Mit siebenundzwanzig veröffentliche er seinen ersten Roman, *Eine Handvoll Gold (A Cup of Gold)*, und von da an gehörte Steinbecks Zeit ganz dem Schreiben. Er zog nach San Francisco, lernte dort seine erste Frau, Carol, kennen, die auf der Anzeigenabteilung des *San Francisco Chronicle* arbeitete. Da weder sein erstes noch sein zweites Buch Geld einbrachten, wohnten er und Carol in einem Strandhäuschen in Pacific Grove und zehrten von Carols Einkünften und der Unterstützung durch Steinbecks Vater.

Erfolg war Steinbeck erst im Alter von dreiunddreißig Jahren beschieden, als er *Tortilla Flat* herausbrachte, einen Bestseller über Wanderarbeiter und arme Bauern. Von da bis zu seinem Tod mit sechsundsechzig konnte er sich und seine Familie allein durch seine Schriftstellerei ernähren und wurde dabei zunehmend wohlhabender (wenn auch später die Bezahlung von Alimenten einen happigen Teil seines Einkommens verschlang).

Nach *Tortilla Flat* schrieb Steinbeck jene drei Romane, die weitherum als seine besten gelten: *Stürmische Ernte (In Dubious Battle*, 1936), *Von Menschen und Mäusen (Of Mice and Men*, 1937) und *Früchte des Zorns (The Grapes of Wrath*, 1939). Nicht nur bei der Kritik stießen die Bücher auf positives Echo, er verdiente damit auch viel Geld.

Obwohl Steinbeck auch nach 1939 produktiv blieb, ging es mit seiner Karriere in der Folge abwärts. Als er starb, hatte er achtzehn belletristische Texte, sechs Sachbücher und sieben Stücke oder Filmdrehbücher verfaßt. Sein letztes richtiges Buch, *Meine Reise mit Charley. Auf der Suche nach Amerika (Travels with Charley in Search of America)* erschien 1962, sechs Jahre vor seinem Tod. 1966 veröffentlichte er einige kurze, mit Photographien illustrierte Essays in einem Buch mit dem Titel *Amerika und die Amerikaner (America and the Americans)*, ansonsten beschränkte sich seine Schreibtätigkeit jedoch auf gelegentlich in Magazinen erscheinende Artikel (und ein einziges Mal schrieb er eine Rede für Lyndon B. Johnson).

In den letzten zwei Lebensjahren war Steinbeck durch seine Herzbeschwerden dermaßen behindert, daß Schreiben kaum mehr in Frage kam. Er erlitt mindestens einen Schlaganfall, und mehrmals kam es zu Herzinsuffizienz. Aufgrund einer Diskushernie mußten zwei Wirbelkörper verblockt werden. Mit sechzig scheint er sich allerdings noch guter Gesundheit erfreut zu haben.

Steinbecks Lebensgeschichte läßt sich in zwei Teile scheiden. Den ersten verbrachte er hauptsächlich in Kalifornien. Dort begegnete er im Alter von knapp dreißig Jahren Edward Ricketts, dessen Einfluß auf sein Leben und seine Schriften nicht zu unterschätzen ist. Ricketts war ein Meeresbiologe, dessen Studien über das Leben der Tiere auf Steinbeck einen großen Reiz ausübten. Zusammen unternahmen sie Reisen entlang der kalifornischen Küste, und Steinbeck hat über die dabei gesammelten Erfahrungen auch geschrieben. Ricketts war der Held in drei Steinbeck-Romanen. Als er 1948 starb, versank Steinbeck in tiefe Trauer, und einige Biographen sind der Meinung, daß er aufgrund dieses Verlustes die letzten kreativen Fähigkeiten, die er noch besaß, einbüßte.

Der erste echte Wendepunkt in Steinbecks Karriere jedoch

erfolgte offenbar, als er 1943 von Kalifornien endgültig nach New York zog. Er war Kriegsberichterstatter in Italien und Nordafrika gewesen und bezog alsdann zusammen mit seiner zweiten Frau, Gwendolyn, ein Apartment in New York City. Berühmt und wohlhabend, lebte er nun ein Prominenten-Leben. Die Ehe hielt fünf Jahre und brachte zwei Söhne hervor. Seine dritte Frau, Elaine, lernte er kennen, als sie noch die Gattin des Filmstars Zachary Scott[3] war. Während seiner Krankheit kümmerte sie sich aufopfernd um ihn, und man darf von einer funktionierenden Ehe sprechen.

Steinbeck unternahm weite Reisen. Er machte unter anderem einen Abstecher nach Rußland und schrieb ein Buch darüber. Auch besuchte er Vietnam, und zwar während des Krieges; bezüglich des Vietnam-Krieges zählte er eher zu den Falken als zu den Tauben. Er, der in den dreißiger Jahren der «Schriftsteller des Proletariats» gewesen war, überraschte und enttäuschte damit viele seiner Fans, aber Steinbecks politische und gesellschaftliche Ansichten waren zeit seines Lebens sehr pointiert, wenn auch recht uneinheitlich.

1962 erhielt Steinbeck den Literatur-Nobelpreis. Viele Kritiker waren der Meinung, daß er ihm zu Unrecht verliehen wurde. Von allen amerikanischen Preisträgern war bei den Kritikern keiner so unbeliebt wie John Steinbeck – und keiner wurde den Schülern an den High-Schools von den Lehrern so eindringlich zur Lektüre empfohlen wie er.

Besonders harsche Kritik übten Edmund Wilson[4] und Alfred Kazin[5], aber nach den dreißiger Jahren hatte beinahe jeder namhafte Rezensent irgend etwas an Steinbecks Büchern auszusetzen. Die meistgehörte Beschwerde lautete dahingehend, daß er keine glaubwürdige Charaktere schaffen könne und übertrieben sentimental sei. Wilson und andere fanden aber noch weitere zu bemängelnde Punkte: Steinbecks Figuren glichen, wie sie meinten, eher Tieren als Menschen. Am schärfsten formulierte es Wilson: «In seiner Belletristik behandelt Steinbeck fast immer niedrige Tiere oder aber derart primitive Menschen, daß sie sich schon beinahe auf der Ebene von Tieren befinden ... John Steinbeck besitzt nicht - wie etwa D. H. Lawrence oder Rudyard

Kipling - die Gabe, die Tiere auf romantische Weise zu menschlichen Figuren zu erheben, sondern gleicht umgekehrt die Menschen den Tieren an ... Diese Vertierungstechnik Steinbecks ist, wie ich glaube, dafür verantwortlich, daß es ihm relativ schlecht gelingt, Menschen zu schildern.»

Wilson mißbilligte sogar *Früchte des Zorns*: «Es ist, als ob menschliche Gefühle und Reden einem Rudel von Lemmingen in den Mund gelegt würden, die sich gerade anschicken, sich ins Meer zu stürzen.»

Sogar Steinbecks Bewunderer räumten ein, daß er nach vierzig nicht mehr derselbe Autor gewesen sei wie früher. Sein erster Biograph, Peter Lisca, führte diesen Niedergang auf Veränderungen im privaten und öffentlichen Leben des Autors zurück: Man müsse Steinbecks Wechsel von Kalifornien «an die modische Ostküste von New York City mit der damit einhergehenden Veränderung seiner persönlichen Beziehungen – von einfachen Leuten, Landstreichern und *paisanos* zu internationalen Berühmtheiten aus der Welt von Hollywood und Broadway – ins Gesamtbild mit einbeziehen». Steinbeck war mehr und mehr ein Journalist, nicht mehr ein Literat mit künstlerischem Anspruch; und sogar ein großer Teil seiner journalistischen Arbeiten war zweitrangig. Nach seinem Tod fielen Steinbecks Aktien bei den Kritikern weiter kontinuierlich. Die Rezensenten der Biographie von Benson waren offenbar mit dem einverstanden, was Galbraith und Baker angedeutet hatten: Das Buch war schrecklich dick, und Steinbeck hatte so etwas gar nicht verdient.

Allerdings scheinen wenig Leute Kritiken und Buchrezensionen zu lesen. Kein anderer Autor des mittleren zwanzigsten Jahrhunderts ist auf den Leselisten von High-School-Schülern und College-Studenten besser vertreten als John Steinbeck. Seine Bücher wurden verfilmt, und die Filme sind heute regelmäßig am Fernsehen zu sehen. Eines seiner Bücher, *Von Mäusen und Menschen*, war zuerst ein Roman, dann ein Theaterstück, dann ein Film und schließlich eine Oper.

Viele High-School- und College-Lehrer sind enthusiastische Steinbeck-Anhänger geblieben. Als Steinbeck 1968 starb, wurde er zum Thema einer Zeitschrift mit dem Titel *The Steinbeck*

Quarterly, und später wurde ihm eine ganze Reihe von Monographien gewidmet. Mindestens vier Universitäten führen Steinbeck-Sammlungen. Es gibt einen Studienführer für Lehrer, die lieber Zusammenfassungen seiner Bücher als die Bücher selber lesen, jedoch werden seine Bücher *durchaus gelesen*, in der High-School vor allem *Der Rote Pony* und *Die Perle*.

Warum ist Steinbeck im Schulzimmer ein solcher Renner und bei Kritikern ein solcher Mißerfolg? Der Erfolg in der Schule mag auf den Einfluß der Erziehungsgremien zurückzuführen sein: Steinbeck gilt als «ungefährlich», will heißen, er enthält kaum Sex oder schmutzige Ausdrücke, und die Themen sind durchaus erbaulich. (Das sah man nicht immer so. Steinbecks Nachbarn in Salinas stießen sich an Sprache und Stoffen seiner Bücher ursprünglich ebensosehr wie Faulkners Nachbarn in Oxford an dessen Büchern. Nachdem er berühmt geworden und die «Cannery Row» zur Touristenattraktion avanciert war, wurde alles anders.)

In der Tat mögen seine Themen mit eine Erklärung dafür sein, daß er bei jungen Lesern so beliebt ist, jedoch nicht unbedingt, weil sie so erbaulich sind. Im Grunde hatte er zwei große Themen, das eine aus dem Bereich der Biologie, das andere aus dem Bereich des Mythos. Er sah das ganze Leben als eine Art «Gruppenorganismus»: rennende, kämpfende, fressende, züchtende Tiere in ihren Wechselbeziehungen. Diese Idee durchzieht all seine Romane. Joseph Fontenrose, ein Altphilologe, der ein hübsches Büchlein über Steinbeck verfaßt hat, konstatiert bei Steinbeck einen gewissen Optimismus, den er auf sein biologisches Denken zurückführt: «Während wir von Tortilla Flat über die Cannery Row und die Lager der Wanderarbeiter aus dem Wassertümpel allmählich emporsteigen, sehen wir zwar immer noch die kämpferischen und raubtierartigen Kennzeichen des Wassertümpels, aber mehr und mehr auch Kooperation, Brüderlichkeit und Vernunft. Die Kreaturen aus dem Schmelztiegel entwickeln Ziele und bekommen nach und nach die großen Zusammenhänge in den Blick.» Viele Kritiker finden das natürlich sentimentalen Schwachsinn, aber der unverbrauchte Leser versteht vielleicht die Botschaft und weiß sie zu schätzen.

Steinbeck baute seine Geschichten auch um Mythen und

Legenden herum. Fontenrose erwähnte einige davon: einerseits den Zyklus um König Artus mit der Sage vom Heiligen Gral und dem Fisher King, andererseits biblische Erzählungen – den Garten Eden, Kain und Abel, die Josefsgeschichte, den Exodus, die Passionsgeschichte und die Auferstehung, den Aufstand der Engel; außerdem Mythen von sterbenden Göttern, von Faust, von Helena in Troja und von jungfräulichen Huren; außerdem die Legenden von Städtegründungen. Diese Mythen und Legenden kannte man schon lange Zeit. Indem Steinbeck sie dem Karren seiner Belletristik vorspannte, hat er sich vielleicht ein junges Publikum gesichert, das seine Bücher auch dann gerne liest, wenn sie bei den Kritikern verpönt sind.

Anfangs der achtziger Jahre wurden etwa 9500 nach dem Zufallsprinzip ausgewählten amerikanischen Erwachsenen zwanzig Fragen über ihren Umgang mit Alkohol vorgelegt. Die Studie wurden vom NIMH, dem National Institute of Mental Health, gesponsert. Die meisten Fragen drehten sich um Alkoholprobleme. Aufgrund der Antworten zog man Schlüsse darüber, ob die Befragten «Alkoholiker» waren oder nicht.
Wie hätte John Steinbeck auf diese Fragen geantwortet? Hätte er die Wahrheit gesagt? Das werden wir nie erfahren. Steinbeck wurde nie gebeten, an einer solchen Studie teilzunehmen, und vielleicht war das auch besser so. Da er oft bärbeißig, mürrisch und in Privatangelegenheiten sehr empfindlich war, wäre dieser kräftige Romancier vielleicht handgreiflich geworden und hätte den Interviewer (oft eine junge Studentin) von seiner Türschwelle gejagt.
Allein, heute können wir auf eine andere Informationsquelle zurückgreifen. Die zwanzig Fragen können der 1116 Seiten dicken Biographie von Benson vorgelegt werden. Im folgenden die Fragen im Wortlaut der NIMH-Studie sowie die jeweiligen Antworten, die man der Biographie entlocken kann.

1. *Wie alt war Steinbeck, als er zum ersten Mal so viel trank, bis er betrunken war?*
Benson gibt keine direkte Antwort, erwähnt aber, daß Steinbeck

in Stanford «trinken lernte» und daß er, als er noch zu Hause wohnte, «bloß ein Amateur gewesen sei». Außerdem berichtet er auch, daß Steinbeck einmal mit «ganzen Reihen von mit reinem Alkohol gefüllten Reagenzgläschen … die säuberlich ans Futter seines Mantels gesteckt waren» zu einem Football-Spiel in Stanford erschienen sei.

2. *Gab es von Steinbecks Familie je Protest, weil er zuviel trank?*
Benson: «Bevor sie seine Eltern besuchten, wurde Lloyd (ein Freund) von John gebeten … das Thema Alkohol mit keinem Wort zu erwähnen.» (Das deutet mindestens auf ein gewisses Maß an elterlicher Besorgnis hin.)
Benson: «… Wenn er viel trank, verschlimmerten sich sämtliche Spannungen, die es in der Beziehung zwischen Steinbeck und seiner Frau ohnehin schon gab. Wenn er trank … war er oft schlechtgelaunt, und zuweilen wurde seine Nörgelei beleidigend.»
Benson: Steinbecks Schwiegermutter fand, daß er «der bösartigste Mann war, den sie kannte»; mit ein Grund dafür war der Umstand, daß er mit «Tunichtguten in irgendwelchen Bars» verkehrte.
Benson: «Bei gewissen Gelegenheiten beschimpfte John seine Frau vor den Augen anderer Leute … Einmal fuhren er und Carol spätabends noch in die Stadt, um ein wenig Schnaps zu holen, und Carol lud zwei Hilfs-Sheriffs, die sie neben dem Geschäft stehen sah, mit nach Hause ein.»
Benson: «… Mark und John tranken zusammen und … erfanden etwas, was sie den ‹Angriffspakt› in der Ehe nannten. John brabbelte: ‹… du kommst rein, und deine Frau sagt: 'Du bist ja betrunken.' Und du sagst: 'Da hast du verdammt recht, und ich werde mich noch viel schlimmer betrinken.' Dann kann sie natürlich gar nichts mehr sagen.›»

3. *Hielt sich Steinbeck selbst je für einen übermäßigen Trinker?*
Steinbeck: «Gestern abend rief Carol an und sagte, sie habe ein schlechtes Gewissen, weil sie in einer Bar etwas über die Stränge geschlagen habe, und da sagte ich zu ihr, ich hätte in Bars schon öfter mal über die Stränge geschlagen …»

4. *Trank Steinbeck jemals zwei Deziliter Schnaps, drei Flaschen Wein oder drei Six-Packs Bier an einem einzigen Tag?*
Steinbeck: «... Wein, Bier und Brandy gingen runter wie Wasser. Den ganzen Abend lang. Wir tranken auf alles und jedes, was uns in den Sinn kam.»
Johns zweite Frau: «John forderte mich zum Tanz auf. Er war ein großartiger Tänzer und beherrschte den Tango meisterlich, aber ... er hatte den ganzen Nachmittag getrunken und kippte im Zeitlupentempo nach hinten.»
Benson: «... John verbrachte viel Zeit damit, zusammen mit Ed Scotch zu trinken und vor sich hin zu grübeln ...»
Benson: «Einmal gingen sie hinüber, stellten die elektrische Eisenbahn auf und spielten damit bis drei Uhr morgens, wobei sie ständig Gin-Tonic tranken.»
Benson: «Als sie zurückkehrten, um die Rechnung zu begleichen, erfuhren sie, daß sie am Abend zuvor je siebenundzwanzig Martinis getrunken hatten.» (Das scheint die letzten Zweifel auszuräumen.)

5. *Gab es jemals eine Phase von zwei Wochen, in der Steinbeck täglich mehr als sieben Bier, mehr als sieben Drinks oder mehr als sieben Gläser Wein zu sich nahm?*
Benson: «Die Steinbecks verbrachten zwei Wochen in New York, wo sie ... bei jeder Gelegenheit ausgingen, und als sie ‹müde, aber glücklich› nach Kalifornien zurückkehrten, meinte Steinbeck: ‹...ich wette, nachdem wir hier derart die Sau rausgelassen haben, sind die Leute froh, daß wir abreisen.›»

6. *Gab es jemals eine Zeitspanne von mehreren Monaten, wo Steinbeck wenigstens einmal wöchentlich mehr trank als sieben Drinks, sieben Flaschen Bier oder sieben Gläser Wein?*
Benson beantwortet dies nicht direkt, aber aufgrund anderweitig vorhandener Informationen müßte die Antwort fast sicher «ja» lauten.

7. *Gaben Freunde, ein Arzt oder ein Geistlicher Steinbeck je zu bedenken, er schade sich selber, weil er zuviel trinke?*
Benson zitiert eine von Steinbecks Frauen: «... mit jedem männli-

chen Freund, den er hatte, bekam er irgendwann Streit und schied im Zorn von ihm.» An anderer Stelle sagt Benson, daß Steinbeck immer nur dann grob wurde, wenn er trank. Man verbinde diese beiden Befunde miteinander, und schon hat man die Antwort.

Benson: «Nach einem durchzechten Abend machte John Annäherungsversuche, und Shebley zeigte sehr deutlich, daß sie auf keinen Fall körperlichen Kontakt wünschte ... er schleifte sie zum Fenster seines im zweiten Stock gelegenen Junggesellenquartiers, packte sie in einem Anfall von Trunkenheit und Frustration an den Fußgelenken, ließ sie kopfüber aus dem Fenster baumeln und schüttelte sie kräftig durch ... Shebley brauchte mehrere Stunden, bis sie Steinbeck wieder ausgenüchtert hatte, und sie sagte ihm die ganze Zeit über, was für ein Esel er sei. Später in derselben Nacht wurde Steinbeck von Gewissensbissen geplagt, denn es wurde ihm klar, daß ein falscher Griff genügt hätte, um das Mädchen zu töten.»

Benson: «Bert West ... mochte Steinbeck nicht besonders und hielt ihn für einen verantwortungslosen Kerl, seit er ihn eines Abends dabei erwischt hatte, wie er mit einer Flasche Gin in seiner Koje lag und mit seinem Revolver ... Löcher in die Decke schoß. Anscheinend gab er vor, er wolle das Haus von Packratten säubern.»

Benson: Steinbeck «ging nach Mexiko, angeblich um [für einen Film] zu rekognoszieren, in Wirklichkeit aber um zwei feuchtfröhliche Wochenende lang Krach zu schlagen und sich mit Weibern herumzutreiben. In der Befürchtung, daß sein Freund die Kontrolle verlieren könnte, schrieb Pat Covici[6] an John, der sich in Cuernavaca aufhielt: ‹Ich hoffe, während deines Aufenthaltes in Mexiko wirst du einmal gründlich nachdenken, dich selber wachrütteln und deinen Seelenfrieden wiederfinden. Es ist nicht einfach, geschweige denn angenehm, auf die Trümmer von etwas blicken zu müssen, was man einst aufbauen und hegen wollte ... Mir scheint, eine kurze, gründliche Reinigungsaktion und eine nüchterne Abschätzung, was wirklich etwas wert ist und was nicht, wäre am schmerzlosesten ...‹ Nach einer Woche New York reiste er gleich wieder nach Mexiko ... und trank im gleichen Stil weiter ...»

Benson erwähnt nicht, ob Steinbeck wegen seiner Trunksucht je von einem Arzt oder einem Geistlichen gewarnt wurde, aber zusammen mit seiner zweiten Frau habe er den Kirchenmann, der sie traute, derart abgefüllt, daß jener es nicht mehr schaffte, die Formeln der Traufeier richtig auszusprechen.

8. *Kam es jemals vor, daß Steinbeck mit dem Trinken aufhören wollte, es aber nicht schaffte?*
Benson: «Um fünf Uhr trafen sie im Restaurant ein und gingen noch vor dem Abendessen in die Bar. Eine Stunde später waren sie noch immer am Trinken ... Vier Stunden später hatte sich der Barkeeper zu ihnen gesellt ... und sie waren von Leuten umringt, die alle tranken und lachten ... Zweimal kam der Manager, um darauf hinzuweisen, daß man nun die Küche schließe ... Kurz nach zwei Uhr früh machte die Bar schließlich zu.»

9. *Manche Menschen geloben sich selber, niemals vor fünf Uhr und niemals alleine zu trinken, um ihren Umgang mit Alkohol besser in den Griff zu kriegen. Kam dergleichen auch bei Steinbeck vor?*
Benson: «Seine Beziehung zu Pauline Goddard[7] wanderte durch sämtliche Klatschkolumnen, und überall erschien die Meldung, daß er sehr viel trinke ... obwohl er im Januar ganz mit dem Trinken aufgehört hatte.»
Benson: «Das Beisammensein mit einem Freund stimmte ihn derart zufrieden, daß es ihm nichts ausmachte, während des Gesprächs auf einen Drink zu verzichten (wenn er nicht ohnehin gerade eine seiner ‹alkoholfreien› Phasen durchmachte ...)» (Wenig Leute hören ganz auf zu trinken, es sei denn, sie haben einen guten Grund, und der häufigste Grund ist, daß ihnen ihr Alkoholproblem Kummer macht.)
Benson: «Zwei Monate zuvor ... hatten die Steinbecks dem Alkohol ganz abgeschworen (außer jeweils am Samstagabend) und ihn durch einen Tee vor dem Abendessen ersetzt.»

10. *Genehmigte sich Steinbeck jemals einen Drink vor dem Frühstück?*
Benson: «Der Alkoholkonsum von John und Carol nahm zu, vor allem an Wochenenden, wenn sie manchmal schon frühmorgens zu trinken begannen.»

11. *Hatte Steinbeck je Probleme in der Schule oder am Arbeitsplatz, weil er in der Schule oder am Arbeitsplatz trank?*
Benson: «Steinbeck besaß einen Haufen Krüge mit dem Fassungsvermögen von einer Gallone[8], die er zur Weinherstellung gesammelt hatte … das mit der Weinherstellung war aber wohl eine Schnapsidee … weder John noch der Wein hielten lange genug durch.»
Benson: «Er sagte [zu einem Journalisten, der ihn interviewte], daß er während der Arbeit an einem Buch dem Alkohol entsage, und anderen schrieb er … in Briefen, daß er in dieser Zeit ziemlich selten ausgehe. Beide Behauptungen sind nicht ganz zutreffend. Seine Hausbar war immer vom Freitagnachmittag an und das ganze Wochenende über geöffnet, und wenn er unter der Woche ausging, was gar nicht ungewöhnlich war, trank er sehr wohl Alkohol.»
Benson zitiert Burgess Meredith: «‹Sich selber aus dem Weg zu gehen› bedeutete für gewöhnlich, daß [John] irgendwo herumsaß, trank und schwatzte … ‹Ich sehe ihn noch im '21' sitzen, wo er seinen Lieblingstisch hatte … mit seinen hochroten Wangen glühte er wie ein Rubin … und scharte seine Kumpane um sich.›» (An seinem Lieblingstisch scheint Steinbeck oft seine Arbeit geschwänzt zu haben.)
Benson: «Bei der zweitägigen Rund-um-die-Uhr-Party in Louisville tranken sie soviel wie schon lange nicht mehr, und John war freudig überrascht, daß … er es schaffte, alles im Griff zu behalten, denn normalerweise legte ihn eine Party für die nächsten zwei Tage lahm.»

12. *Verlor Steinbeck je eine Anstellung (oder flog er je von der Schule), weil er trank?*
Keinerlei Hinweise. Aber natürlich war er als Erwachsener meistens selbständigerwerbend, und das College hatte er nur dann besucht, wenn er Lust hatte.

13. *Geriet Steinbeck wegen Alkoholkonsum je beim Autofahren in Schwierigkeiten?*
Keinerlei Hinweise.

14. *Wurde Steinbeck je aufgrund von Trunkenheit oder Ruhestörung in alkoholisiertem Zustand verhaftet?*
Benson zitiert Nathaniel Benchley: «Zwischen halb eins und sieben Uhr abends hatten wir je 14 Gläser getrunken ... Immer wieder riefen wir unsere Frauen an und sagten: ‹Nur keine Angst. Wir sind gleich zu Hause.› ... Es stand noch jemand an der Bar, und aus irgendeinem Grund verspottete er John, weil er aussehe wie ein Cowboy, bis ihn John schließlich an die Bar fesselte ...» (Steinbeck hätte leicht verhaftet werden können, kam aber offenbar ungeschoren davon.)

15. *Verwickelte sich Steinbeck in betrunkenem Zustand je in Handgreiflichkeiten?*
Ein Mann hatte bei Elaine an einer Party halb zum Spaß Annäherungsversuche gemacht. Benson: «John, der leicht vornübergebeugt dasaß und angestrengt mit seinem Taschenmesser beschäftigt war, schaute auf und starrte den Mann an. Doch der Mann setzte seinen Flirt fort, so daß John zu ihm sagte: ‹Elaine wird bald meine Frau werden. Ich sähe es lieber, wenn Sie das bleiben ließen.› Der Mann ließ sich nicht beirren. Kühl und bedächtig beendete John sein Tun, streckte seinen Arm über den Tisch und ließ sein Messer mit der Spitze nach unten auf den Handrücken des Mannes fallen, so daß es ihm ins Fleisch schnitt.» (Wenn dies nicht zu einer Schlägerei führte, dann wahrscheinlich deshalb, weil John größer war und das Messer hatte.)

16. *Veranstaltete Steinbeck jemals eine Zecherei oder eine Sauftour, bei der er ein paar Tage lang trank, ohne zwischendurch auszunüchtern?*
Benson: «Steinbeck schreibt über eine Party ... die vier Tage währte ... und über eine, bei der man zwei Wochen lang von Haus zu Haus zog.»

17. *Hatte Steinbeck beim Trinken manchmal ein Blackout – das heißt, trank er so viel, daß er sich später nicht mehr erinnern konnte, was er gesagt oder getan hatte?*
Benson: «Nach einer durchzechten Nacht wollte Steinbeck zu Bett gehen, konnte sich aber nicht mehr erinnern, unter wel-

chem Pseudonym er sich im Hotel eingetragen hatte, und andere Räume waren nicht verfügbar.»
Benson: «Einmal verließ er das ‹21› gegen Abend und nahm sich ein Taxi nach Hause. Er machte es sich auf dem Rücksitz bequem, und als der Fahrer fragte: ‹Wohin geht's›, erwiderte er: ‹Murray Hill 4-3685.› Der Fahrer wandte sich um und fragte: ‹Das ist im Norden, nicht wahr?›, und John bejahte und bemerkte seinen Irrtum erst, als sie schon an der neunzigsten Straße waren.»
Benson: «Als junger Mann erwachte Steinbeck einmal (zusammen mit einem Freund) ‹irgendwo in San Francisco›, ihre Köpfe brummten, und sie stellten fest, daß fast ihr ganzes Geld verschwunden war.» («Irgendwo in San Francisco» riecht verdächtig nach Blackout.)

18. *Hinderte Alkohol Steinbeck je daran, sexuelle Beziehungen aufzunehmen, und war er bisweilen nicht einmal mehr nach dem Ausnüchtern in der Lage, Sex zu haben?*
Keinerlei Hinweise.

19. *Zeigte Steinbeck je die typischen Symptome des Alkoholentzugs (Schüttelfrost, epileptische Anfälle, Halluzinationen, Delirium tremens)?*
Bei drei Gelegenheiten wird erwähnt, daß er schwer verkatert war, jedoch nichts Ernsthaftes.

20. *Hatte Steinbeck aufgrund von Alkohol jemals gesundheitliche Probleme (Lebererkrankungen, Magenprobleme, Pankreatitis, ein Kribbeln in den Füßen oder Gedächtnisausfall in nüchternem Zustand)?*
Nur ein solcher Vorfall wird erwähnt.
Benson: «Was ihn am meisten erschreckte, war der Umstand, daß er manchmal (wenn er gar nichts getrunken hatte) periodisch auftretende Blackouts erlitt und zeitweise das Gedächtnis verlor ...» Dies begann kurz nach einem Kriegsunfall, bei dem ihm ein Ölfaß «gegen den Schädel gedonnert war», was man als Erklärung gelten lassen mag – oder auch nicht.

Siebzehn der Fragen betreffen alkoholbedingte Probleme. Wie

viele Antworten hätte der Interviewer mit Bensons Biographie als einziger Grundlage wohl als positiv gewertet?
Die Information, die man hierdurch erlangen mag, ist natürlich schrecklich unzureichend. Ein echtes Interview hätte «präzisierende» Fragen beinhaltet, etwa: «Wie viele Male, ist Ihnen dies widerfahren, Sir?» Oder: «War Ihre Schwiegermutter aus religiösen Gründen gegen Alkohol?» Oder eben: «Wurden Sie verhaftet, als Sie jenen Typen an die Bar gefesselt hatten?» Ein Befund würde sich alsdann auf die Gesamtheit der Antworten stützen und zweifelsohne von einem unumgänglichen kleinen Interviewprotokoll illustriert werden. (Interviewer, die selber trinken, neigen dazu, die Sache zu unterschätzen; radikale Abstinenzler ziehen eher eine allzu drastische Bilanz.)
Da wir uns nicht in der luxuriösen Lage befinden, eine zwei- oder dreistündige Sitzung mit einem kooperativen Interviewpartner abhalten zu können, wurden die vom Buch gegebenen «Antworten» von drei in der Forschung tätigen Psychiatern durchgesehen. Ihre Ansichten – was auch immer sie wert sein mögen – stimmen miteinander überein.
Die Fragen 2, 4, 7, 9, 10, 15, 16 und 17 weisen auf ein Problem hin.
Die Fragen 3, 8, 11 und 14 deuten ein Problem an, um sicherzugehen, wäre aber mehr Information notwendig.
Bezüglich der Fragen 12, 13, 18, 19 und 20 gibt es ohnehin keine hinreichenden Informationen. Steinbeck könnte durchaus auch von den dort angesprochenen Problemen betroffen gewesen sein, aber man hat keine Gewißheit. Dies kann manchmal auch bei echten Interviews vorkommen. In einem solchen Fall muß der Punkt, zu dem keine Information vorliegt, als Negativbefund in die Bilanz aufgenommen werden – dies eine der Regeln der systematischen Interview-Technik.
Wie viele Alkoholprobleme braucht es, um einen Menschen als «Alkoholiker» zu bezeichnen? Je nach Forscher sind ganz unterschiedliche Zählweisen gebräuchlich, und dieser Umstand kann zuweilen ganz schön Verwirrung stiften. Dies erklärt auch die Anführungszeichen vor und nach dem Begriff «Alkoholiker», wenn auf die NIMH-Studien Bezug genommen wird. Nichtsdestoweniger war Steinbeck aufgrund des zugegebener-

maßen dürftigen Beweismaterials immerhin von acht Problemen betroffen. Damit würde er bei jeder gebräuchlichen Zählweise zum «Alkoholiker» erklärt.

Kann man Benson trauen? Auf zweierlei Art und Weise könnte er sich geirrt haben: entweder indem er das Alkoholproblem zu sehr oder indem er es zu wenig berücksichtigte.

Ob eines davon der Fall ist, läßt sich nicht sagen. Immerhin wirkt das Buch oft merkwürdig ausweichend, wenn von Steinbecks Umgang mit Alkohol die Rede ist. Dann und wann beschreibt Benson Steinbeck als Trunkenbold, der Frauen an den Füßen aus dem Fenster hängt oder Männer an Bartheken festbindet, dann wieder findet sich fünfzig oder hundert Seiten lang keine einzige Erwähnung von Alkohol. Aber gerade das könnte der entscheidende Hinweis sein. Sherlock Holmes hat einmal einen Fall gelöst, weil ihm auffiel, daß ein bestimmter Hund nicht bellte. Diese deduzierende Logik könnte auch auf Bensons Buch angewendet werden. Hier und dort verstreut finden sich Andeutungen, daß Steinbeck eine Schnapsdrossel war, und zwar eine Schnapsdrossel, die immer wieder in ernsthaften Schwierigkeiten steckte – und sofort wird das Thema wieder fallengelassen; jahrelang, über ganze Kapitel hinweg, würde man nicht im geringsten argwöhnen, daß der Typ auch nur eine einzige Bierdose aufmachte.

Benson selber scheint bezüglich Steinbecks Verhältnis zum Alkohol gespalten. Er beschreibt einen Steinbeck, der oft betrunken war und dem der Alkohol zahlreiche zwischenmenschliche Probleme bescherte, andererseits scheint er wildentschlossen, den Leser (und vielleicht auch sich selber) davon zu überzeugen, daß Steinbeck kein Alkoholiker gewesen sei. Seine Erklärung, *weshalb* er kein Alkoholiker gewesen ist, hört sich noch merkwürdiger an: Steinbeck habe öffentliches Aufsehen vermeiden wollen.

«Steinbeck war introvertiert und im privaten Bereich äußerst konservativ, und wie bei so vielen Amerikanern aus dem Mittelstand, stützte sich sein privater Konservatismus auf einen unterschwelligen Puritanismus, der nur zum Vorschein kam, wenn er in seinen Gefühlen bedroht oder verletzt wurde. Alles Extreme in seinem Privatleben bedrohte seine Intimsphäre und damit jenes Gleichgewicht, von dem er genau fühlte, daß er es brauchte, um als Schriftsteller funktionieren zu können. *Deshalb war er ein weniger unkontrollierter Trinker als die meisten Leute meinten, und deshalb wohl wurde er, anders als viele seiner berühmten Zeitgenossen, nie ein Alkoholiker.* Er hatte eine Schwäche dafür, seine Schriftstellerei in den Zusammenhang des Alten Testaments zu stellen; Alkohol und Sex waren Versuchungen, die ihn von der Reinheit seiner Ziele abbringen wollten.» (Hervorhebungen von mir, D. G.)

Zwei Absätze weiter oben beschreibt Benson, wie Steinbeck «mit einer Flasche Brandy bewaffnet», eine Pressekonferenz gab, was vielleicht nicht den besten Weg darstellte, mißgünstige Publizität zu vermeiden.

John Kenneth Galbraith ergreift ebenfalls für Steinbeck das Wort. In einem Artikel im *Atlantic Monthly* berichtet Galbraith über ein Treffen mit John während eines Ferienaufenthalts auf einer karibischen Insel:

«Es war … der Anfang einer Freundschaft. Über Steinbeck als Schriftsteller kann ich wenig Neues hinzufügen, denn er hatte eine Abneigung dagegen, über sein Werk zu sprechen, wenigstens mir gegenüber. Aber ein wenig mehr kann ich über einen scharfsinnigen und hellsichtigen Mann erzählen, der sich sehr für Politik und moderne Anthropologie interessierte und darüber hinaus nicht nur amüsant, sondern sehr, sehr lustig sein konnte. Er war ein großgewachsener Mann, stets glattrasiert, überaus häuslich, und 1954 sah er älter aus, als ich mir ihn vorstellte. Wenn er sprach, ertönte ein sanftes Gemurmel …

Regelmäßig griff John zu Taucherbrille und Schnorchel und schwamm hinaus, um entlang dem Riff das Unterwasserleben zu erforschen; vom Ufer aus wirkte er wie ein schrecklicher Unfall der Natur, ein Mischwesen aus dem Meer.»

(Man kann ein Steinbeck-Bewunderer sein und dennoch argwöhnen, daß Galbraith ihn allzusehr über den grünen Klee lobte.)

Galbraith, Steinbeck und ihre Ehefrauen genehmigten sich zur Cocktail-Zeit jeweils ein paar Drinks. Galbraith nannte diese Tageszeit die Stunde der Freiheit, und Steinbeck sprach von der Melkzeit. Wie Galbraith beobachtete, «unterschied sich Steinbeck von anderen Romanciers seiner (oder einer etwas früheren) Generation dadurch, daß er ein kontrollierter Trinker war. Aber er wußte den Alkohol durchaus zu schätzen.» Während einer Melkzeit erzählte Steinbeck einmal eine absonderliche Geschichte, die Galbraiths Meinung nach «in keinerlei erkennbarem Verhältnis zur Wirklichkeit stand». Galbraith meinte, man habe «von Glück reden können, daß Hotchner nicht dabei war». Vermutlich meinte er A. E. Hotchner, der gerade ein Buch veröffentlicht hatte, das Hemingways Umgang mit der Flasche offenlegte.

Oft betrunken, aber immer kontrolliert: dies scheint das Steinbeck-Bild zu sein, das seine Freunde und Biographen propagieren. Galbraiths Urteil stützt sich wohl in weiten Teilen auf Informationen aus zweiter Hand. Obwohl sie miteinander befreundet waren, verkehrten sie hauptsächlich brieflich miteinander und sahen sich nicht sehr oft.

Wem sollen wir glauben? Den Freunden oder den Forschungskriterien der NIMH-Studie? Natürlich gibt es andere Definitionen von Alkoholismus als diejenige des NIMH. Wie lassen sie sich auf Steinbeck anwenden?

Da ist zum einen die Definition, die vom *National Council on Alcoholism* vorgeschlagen wird: «Eine an Alkoholismus erkrankte Person kann nicht bei jeder Gelegenheit, wo sie trinkt, zuverlässig voraussagen, wie lange oder welche Menge sie trinken wird.» Trifft diese Beschreibung auf Steinbeck zu? Benson berichtet, daß Steinbeck dem Alkohol oft ganz entsagte, obwohl er den Ausdruck «Enthaltsamkeit üben» verabscheute. Bei schweren Trinkern ist so etwas immer verdächtig. Es deutet darauf hin, daß sie mit Alkohol mehr Mühe haben, als sie wahrhaben wollen – vielleicht gerade deshalb, weil sie unfähig sind, «zuverlässig vorauszusagen», was passieren wird, nachdem sie erst einmal das erste Glas geleert haben. Mehrfach tönt Benson an, daß sich Steinbeck diesbezüglich sehr wohl und mit gutem Grund Sorgen machte. Ein Gelübde, das er ablegte, bevor er nach Stockholm reiste, um den Nobelpreis entgegenzunehmen, kann eigentlich nur so interpretiert werden:

John war zu Ohren gekommen, daß die einzige amerikanische

Literaturpreisträgerin, die beim Besuch der Feierlichkeiten nüchtern geblieben war, Pearl S. Buck gewesen sei ... er war wildentschlossen, in dieser Hinsicht mit makellosem Betragen zu glänzen. (Es hatte ihn auch verärgert, daß die alten Verleumdungen, er sei Alkoholiker, in den jüngsten Presseangriffen gegen ihn wieder aufgewärmt worden waren.) Von früheren Erfahrungen her wußte er, was die Zechrunden und die ununterbrochenen Trinksprüche in Schweden selbst mit jemandem anrichten konnten, der noch so maßvoll trank, und so entschloß er sich zusammen mit Elaine (seiner Frau), daß sie während ihres Aufenthaltes keinen harten Alkohol trinken, auf Parties alle Drinks ablehnen und nur zum Anstoßen beim Abendessen jeweils Wein nehmen würden ...

Nachts in der Hotelsuite (nach den Feierlichkeiten) packten John und Elaine ihre Koffer und genehmigten sich die ersten Drinks.

Ein solches Gelübde müßte ein wirklich kontrollierter Trinker niemals ablegen, denn er wäre nicht darauf angewiesen.

Schließlich gibt es noch die diesem Kapitel vorangestellte Alkoholismus-Definition von Charles Jackson[9]: «Ein Alkoholiker ist ein Mensch, der sich entweder dafür oder dagegen entscheiden kann; also entscheidet er sich dafür.» Jackson, selber ein Alkoholiker und der Autor von *The Lost Weekend*, befaßt sich mit der «Leugnung», einem klassischen Merkmal des Alkoholismus.

«Wir alle sind Opfer unserer systematischen Selbsttäuschung», sagt Santayana[10], und der Alkoholiker ist diesbezüglich sein eigenes Opfer par excellence. Menschen können vielen Dingen zum Opfer fallen – Krebs, Sucht, Gesellschaft –, und dies können sie sich für gewöhnlich auch eingestehen. Der Alkoholiker aber glaubt in seinem tiefsten Innern, er sei sein eigener Henker; er ist der Täter, nicht das Opfer, und damit wird er nicht fertig, also belügt er sich selbst:

«Ich kann jederzeit mit dem Trinken aufhören.» - «Alle berühmten Leute trinken.» - «Churchill hat auch getrunken.» - «Heute ist ein besonderer Tag - ein Freund kommt zu Besuch.» - «Es ist nichts los - warum sollte ich nicht?» - «Das Leben ist tragisch - warum sollte ich nicht?» - «Morgen sind wir ohnehin alle tot - warum sollte ich nicht?»

Während er sich selber belügt, belügt er auch andere, und die Vertuschung wird zu einem Spiel, wie es kleine Kinder spielen, wenn sie die Keksdose ausplündern und dann hoffen, die Mutter werde es nicht bemerken.
«Leugnung» und «Rationalisierung» sind die Begriffe, welche von Psychiatern verwendet werden, wenn sie die Lügen der Alkoholiker sich selber und anderen gegenüber beschreiben.
Wie viele andere Schriftsteller kannte auch Steinbeck die Lust am Lügen. Vielleicht gehörten zu diesen Lügen auch Lügen über seine Trinkgewohnheiten. Vielleicht funktioniert die Vertuschungsstrategie. noch heute.

Bibliographische Notiz

Wichtigste Datenquelle für dieses Kapitel war Jackson J. Bensons Mammut-Biographie über Steinbeck, *The True Adventures of John Steinbeck, Writer* (Viking Press, New York 1984). Weitere beigezogene Biographien waren Peter Lisca, *The Wide World of John Steinbeck* (Rutgers University Press, New Brunswick 1958) und Joseph Fontenrose, *John Steinbeck: An Introduction and Interpretation* (Holt, Rinehart and Winston, New York 1963). Der Artikel, in dem John Kenneth Galbraith seine Freundschaft mit Steinbeck beschreibt, erschien in der November-Ausgabe des Jahrganges 1969 der Zeitschrift *Atlantic Monthly*. Ein für High-School- und College-Lehrer geschriebenes Buch mit dem Titel *A Study Guide to Steinbeck* (Scarecrow Press, Metuchen, N. J., 1974) beschreibt seine wichtigsten Werke und bietet eine nützliche Bibliographie.
Auf deutsch gibt es wenig Biographisches zu Steinbeck. Erwähnt sei Carol Petersens *John Steinbeck* in der Reihe «Köpfe des 20. Jahrhunderts» im Colloquium Verlag (Berlin 1972, 1989).
Das in diesem Kapitel verwendete Interviewprozedere heißt Diagnostisches Interview-Schema (DIS) und wurde von den Doktoren Lee Robins und John Helzer an der Washington University von St. Louis in Zusammenarbeit mit dem an der Columbia University in New York tätigen Dr. Robert Spitzer entwickelt. Es war insbesondere für eine weiträumige epidemologische Untersuchung über psychiatrische Krankheiten ausgearbeitet und vom Nationalen Institut für geistige

Gesundheit (National Institute of Mental Health) gesponsert worden. Die ersten Untersuchungsergebnisse wurden im Oktober 1984 in der Zeitschrift *Archives of General Psychiatry* publiziert.
Im Mai 1987 veröffentlichte die Amerikanische Gesellschaft für Psychiatrie (American Psychiatric Association) die neusten, aktuellsten Kriterien zur Bestimmung von Alkoholismus (den man bei der APA «Alkoholabhängigkeit» nennt). Neun Befunde wurden aufgelistet. Wer drei davon aufweist, ist alkoholabhängig (also ein Alkoholiker). Nicht einmal Steinbecks loyaler Biograph Benson könnte abstreiten, daß auf Steinbeck mindestens *drei* der folgenden Punkte zutreffen:

1. Alkohol wird oft in größeren Mengen oder während längerer Zeit als eigentlich beabsichtigt zu sich genommen.
2. Der stetige Wunsch oder ein bzw. mehrere erfolglose Versuche, den Alkoholkonsum einzuschränken oder unter Kontrolle zu bekommen.
3. Viel Zeit wird darauf verwendet, Alkohol aufzutreiben, den Stoff einzunehmen oder sich von seinen Auswirkungen zu erholen.
4. Häufig Berauschtheit oder Entzugserscheinungen, wenn vom Betreffenden erwartet wird, daß er bei der Arbeit, in der Schule oder zu Hause wichtige Pflichten erfüllt (z.B. wenn jemand wegen eines Katers nicht zur Arbeit geht, wenn er in berauschtem Zustand zur Schule oder zur Arbeit geht oder sich in berauschtem Zustand um seine Kinder kümmert), oder wenn Alkoholkonsum unmittelbare physische Gefahren mit sich bringt (z.B. wenn jemand in alkoholisiertem Zustand Auto fährt).
5. Wegen Alkohol werden wichtige soziale, berufliche oder Freizeitbeschäftigungen aufgegeben oder eingeschränkt.
6. Fortgesetzer Alkoholgenuß trotz des Wissens, daß man chronische oder immer wieder auftretende soziale, psychische oder physische Probleme hat, die durch Alkoholkonsum hervorgerufen oder verschärft werden.
7. Ausgeprägte Trinkfestigkeit: das Bedürfnis nach ausgeprägter Steigerung der Alkoholdosis (d.h. ein Anstieg von mindestens 50 Prozent), um den Rauschzustand oder sonstige erwünschte Wirkungen zu erreichen; ansonsten deutlich geringere Wirkungen, wenn weiterhin dieselbe Menge eingenommen wird.
8. Typische Entzugserscheinungen.
9. Häufige Einnahme von Alkohol, um Entzugserscheinungen zu lindern oder zu vermeiden.[11]

[1] John Kenneth Galbraith (geb. 1908), in Kanada gebürtiger amerikanischer Ökonom und wichtiger Berater von Präsident Kennedy.

[2] Carlos Baker (1909–1987), Literaturprofessor und Spezialist für Romantiker und Hemingway.

[3] Zachary Scott (1914–65), Hollywood-Schauspieler, der auf die Rolle des aalglatten Schurken spezialisiert war und unter anderem in Jean Renoirs *The Southerner* (1945) mitspielte.

[4] Edmund Wilson (1895–1972), marxistischer Literaturkritiker und langjähriger Freund Vladimir Nabokovs.

[5] Alfred Kazin (geb. 1915), soziokulturell orientierter Literaturkritiker und Historiker.

[6] Pascal Covici war eine Art Mentor von Steinbeck, dem dieser auch *Jenseits von Eden* widmete.

[7] Pauline Goddard, eigentlich Pauline Marion Levee (1905-1990), zuerst Modell, dann Schauspielerin. Von 1936 bis 1942 mit Charlie Chaplin, in dritter Ehe mit dem Schriftsteller Erich Maria Remarque verheiratet. In den vierziger Jahren einer der wichtigsten Paramount–Stars.

[8] 3,78 Liter.

[9] Charles Jackson (1903-1968), sein Erstling *The Lost Weekend*, der Bericht über eine fünftägige Sauftour, wurde in der *New York Times Book Review* als «der ergiebigste Beitrag zur Suchtliteratur seit de Quincey» gepriesen.

[10] George Santayana (1863-1952), adliger Philosoph spanischer Herkunft und Harvard-Professor, dem es vorrangig um eine Vermittlung von Idealismus und Materialismus ging.

[11] Zitiert nach *Diagnostic and Statistical Manual of Mental Disorders*, 3d ed. rev. (The American Psychiatric Association, Washington D. C. 1987) (Anm. des Autors)

Georges Simenon
(1903–1989)

«Trinken à l'américaine»

Vom einen Ende des Landes zum anderen
gibt es eine richtige Freimaurerei von Alkoholikern …
(Georges Simenon)

Man kann nach ganz unterschiedlichen Grundmustern trinken, und es wäre ein Fehler, Alkoholismus mit einem bestimmten Grundmuster zu verbinden. E. M. Jellinek hat die Alkoholiker je nach Trinkmuster in verschiedene «Gattungen» eingeteilt. Eine davon, der «Gamma-Alkoholiker», ist in Amerika weit verbreitet und entspricht jenem Typus, der den Anonymen Alkoholikern beizutreten pflegt. Gamma-Alkoholiker haben Mühe mit der «Kontrolle». Wenn sie mit dem Trinken einmal angefangen haben, sind sie außerstande, wieder damit aufzuhören, bis der Zerfall ihrer Gesundheit oder die Erschöpfung der Geldmittel jede Fortsetzung verunmöglicht. Wenn das Zechgelage aber einmal beendet ist, sind die betreffenden Personen durchaus fähig, für längere Zeit auf Alkohol zu verzichten.

Dem Gamma-Alkoholiker stellt Jellinek eine Alkoholiker-Gattung gegenüber, die vor allem in Frankreich auftritt. Dieser Typus verliert zwar nie die Kontrolle, ist aber unfähig zur Abstinenz; er muß täglich eine bestimmte Dosis Alkohol zu sich nehmen, wenngleich er nicht das Bedürfnis verspürt, diese Menge zu überschreiten. Vielleicht nimmt er sein Alkoholproblem gar nicht zur Kenntnis, bis er durch höhere Gewalt einmal dazu gezwungen ist, mit dem Trinken auszusetzen, was zu Entzugserscheinungen führt.

Selbstbeschreibung eines französischen Alkoholikers:

«Ich heiße Pierre. Ich bin kein Alkoholiker. Ich kenne keine Alkoholiker. Abgesehen von Touristen gibt es in Frankreich keine Alkoholiker.

Ich habe von Kindesbeinen an Wein getrunken. Wein ist gut für die Gesundheit. Ich trinke Wein, wenn ich esse und wenn ich Durst habe. Seit meiner Jugend trinke ich drei oder vier Liter Wein täglich. Auch einen gelegentlichen Aperitif genehmige ich mir gern, vor allem am Sonntagmorgen und am Feierabend. Mehr trinke ich eigentlich nie. Ich hatte nie Probleme mit Alkohol.

Als ich in der Armee diente, war Alkoholgenuß verboten. Ich begann am ganzen Leib zu zittern und hatte das Gefühl, als würden lauter Käfer auf mir herumkrabbeln. Ich glaube, das lag an der Verpflegung. Mein Arzt meint, meine Leber sei zu groß. Mein Vater und mein Großvater hatten ebenfalls große Lebern. Das hat wahrscheinlich nichts zu besagen.»

Der amerikanische Alkoholiker-Typus hat die Wahl – entweder Abstinenz oder ein Zechgelage. Der französische Alkoholiker-Typus braucht kein Zechgelage, aber er kann auch nicht Abstinenz üben.

Georges Simenon besaß den nicht unbedingt beneidenswerten Vorzug, ein Alkoholiker sowohl französischer als auch amerikanischer Prägung zu sein, denn in der Mitte seines Lebens wechselte er vom ersten Typus zum zweiten. Der belgische Romancier hat ein paar interessante Dinge zu erzählen – über Alkoholismus in Amerika und auch darüber, wie er selbst vom Virus erfaßt wurde. Simenons Geschichte zeigt den Einfluß einer bestimmten Kultur auf die Trinkgewohnheiten eines alkoholsüchtigen Autors.

Als er auf die sechzig zuging und zusehends unter Depressionen litt, begann Simenon Notizbücher zu führen. Diese Notizbücher wurden zehn Jahre später unter dem Titel *Als ich alt war (Quand j'etais vieux)* publiziert. Zu diesem Zeitpunkt waren seine Depressionen abgeklungen, und er führte keine Notizbücher mehr, was in bezug auf die Notizbücher jammerschade ist, findet sich doch darin eine Fülle von Informationen über das Schreiben. Auch über das Trinken verraten sie viel. Schließlich verfügte Simenon in beiden Bereichen über beträchtliche Erfahrungen.

Simenon ist vielleicht der größte verkannte Schriftsteller auf der ganzen Welt. Gewisse europäische Kritiker sind der Meinung, daß er den Nobelpreis verdient habe. Die meisten Amerikaner kennen ihn als Krimi-Autor und Erfinder von Inspektor Maigret. Das ist nicht ganz fair. Weniger als die Hälfte seiner mehreren hundert Romane handeln von Maigret, und die besten «Maigrets» sind ebenfalls großartige Romane und keineswegs simple «Whodunits», in denen sich alles nur um die Frage nach dem Täter dreht. Der Times-Literaturkritiker John Raymond nennt den heute im Ruhestand befindlichen Simenon den größten Geschichtenerzähler unserer Zeit. Gide, Hemingway und andere berühmte Schriftsteller haben auf ihn ein Loblied gesungen. Weil Simenon beliebt, reich und leicht zu lesen ist, stehen seine Aktien bei den Literaten im allgemeinen dennoch nicht sehr hoch im Kurs.

Vielleicht steigen sie ein wenig, wenn sich sein «Alkoholproblem» erst einmal ein wenig herumgesprochen hat. Wie Leslie Fiedler sagte, benötigt jeder Autor, wenn er wirklich bewundert werden will, einen «charismatischen Defekt». Trunksucht scheint jener «Defekt» zu sein, der bei den Amerikanern am meisten Bewunderung erntet.

Viele Jahre lang – ungefähr von 1935 bis 1949 – waren Trinken und Schreiben für Simenon nicht voneinander zu trennen. In *Als ich alt war* diskutiert er Anfang und Ende seiner Alkoholsucht. Das Thema taucht auch in seinen geschmacklosen Memoiren von ganz un-simenonscher Länge auf. Vor ein paar Jahren hatte ich Gelegenheit, mit Simenon einen Nachmittag zu verbringen und mich mit ihm über seine Arbeit und seine Gedanken zum Thema Alkohol zu unterhalten. Wenn man diese Quellen zusammenfaßt, kommt folgende Geschichte heraus:

«Auch darüber wird es Legenden geben», schrieb Simenon, «manche Leute haben mich bei Rotwein arbeiten sehen, andere bei Cidre, bei Muskateller, bei Whiskey, bei Grog, bei ich weiß nicht was, und für jeden wird dies dann zur absoluten Wahrheit. Wer mich betrunken gesehen hat, wird mich in alle Ewigkeit für einen Säufer halten, und das Gegenteil trifft ebenfalls zu.

Von allen Gefahren, die ich eingegangen bin ... ist der Alkoholismus zweifellos die bedrohlichste. Er beschäftigte mich derart, daß ich mich dieser Frage in einem Maße annahm wie sonst nur Spezialisten ... Ich könnte ein ganzes Notizbuch mit Statistiken füllen.»

Während seiner Kindheit in Liège (Lüttich) wurde Simenon zu wiederholten Malen vor den Gefahren des Alkohols gewarnt; es gab weder Wein noch Schnaps im Haus. Die Worte «Er trinkt» wurden mit Bestürzung geäußert, namentlich von seiner Mutter. Ihr Vater, ihr Bruder und zwei ihrer Schwestern litten an Trunksucht.

Seine erste Erfahrung mit Alkohol machte Simenon mit vierzehn: er trank von einem Eau de Vie, das man dazu verwendete, Krüge mit Wachspapier zu versiegeln. Er fand das Gefühl angenehm und probierte es ein zweites Mal, wobei er jeweils nach dem Trinken Wasser nachfüllte. Bald befand sich nur mehr reines Wasser in der Flasche. Lange Zeit glaubte man, der Alkohol sei verdunstet. Simenon mindert die Wichtigkeit dieser Erfahrung, während er gleichzeitig durchaus die «Anziehungskraft der verbotenen Früchte» zugibt.

In der Folge trank er selten, bis er mit zwanzig nach Paris zog. Dort trank der Reporter und angehende Romancier, weil es modisch war: «In jener Zeit waren alle Maler schwere Trinker, und die amerikanischen Autoren waren diesbezüglich noch schlimmer.» Jedenfalls nahm sein Weinkonsum stetig zu. Während er den französischen Kanälen entlangreiste und Maigret-Geschichten schrieb, füllte er jeweils seinen 10-Liter-Korbflasche mit Wein, und zwar an Pumpen, die «aussahen wie Benzin-Zapfsäulen». Immerhin trank er zu jener Zeit, «wenn ich Durst hatte, nicht etwa um mich zu betrinken». Schon wenig später jedoch löste nicht nur Durst, sondern auch das Bedürfnis nach literarischer Inspiration den Griff zur Flasche aus: «Ich machte es mir zur Gewohnheit, mit Wein zu arbeiten.» Er begann jeweils um sechs Uhr morgens, um sich durch den Tag zu trinken und zu arbeiten.

Zwischen Mitte der dreißiger Jahre und 1945 «nahm die Gewohnheit Gestalt an ... Weißwein in Concarneau (nachmittags Cidre), Rotwein in Paris und anderswo, Grog, wenn ich erkältet war, ansonsten mit Wasser vermischter Brandy». Simenon behauptet, er sei selten betrunken gewesen, aber er habe «schon in aller Frühe, vor allem zum Schreiben, eine kleine Magenstärkung benötigt. Ich glaubte allen Ernstes, anders sei Schreiben gar nicht möglich. Und nach der Arbeit trank ich überhaupt alles: Aperitif, Cognac, Calvados, Marc, Champagner ...

Ich war mir nicht ganz darüber im klaren, daß ich ein Alkoholiker war, sondern hielt mich bloß für einen temperamentvollen Burschen ... Ich reiste viel, und wenn ich auf Reisen war, trank ich noch mehr.»

Simenon verbrachte den Krieg im besetzten Frankreich und kam dann in die Vereinigten Staaten, wo er sich das Trinken «à l'américaine» aneignete: «den Wein nicht mehr zu den Mahlzeiten, sondern schon davor; Manhattan folgte auf Manhattan, später Dry Martini auf Dry Martini ...». Damit verbunden waren «schmerzliches Erwachen, Katzenjammer, krampfartige Blähungen, während deren ich glaubte, ich sterbe an Angina pectoris[1].»

In dieser Zeit heiratete Simenon seine zweite Frau, und «wir führten zwei oder drei Monate lang ein wildes Leben». Schließlich überredete sie ihn aber dazu, den Versuch zu wagen, ohne Alkohol zu schreiben. Um zu überprüfen, ob es funktionierte, zogen sie in eine zugeschneite Hütte in Neu-England, wo seine Frau «zitternd» vor der Türe seines Studios wartete, «dem Rhythmus meiner Schreibmaschine lauschte und mich pausenlos mit heißem Tee versorgte. Ich ließ die Tür einen Spaltbreit offen, streckte meine Hand hindurch und packte wortlos die Tasse ... Ich war überzeugt, daß ich mit diesem Buch nie zu Ende kommen würde.»

Seine Frau hatte allen Grund zu zittern, denn wenn das Experiment gescheitert wäre, hätte es Simenon wohl nie wieder versucht, und das, so meint er, «wäre mein Todesurteil gewesen». Das Experiment glückte. Das Buch, das dabei herauskam, *Drei Zimmer in Manhattan (Trois Chambres à Manhattan)*, gehört mit zum Besten, was Simenon geschrieben hat.

Auch später tranken die Simenons von Zeit zu Zeit noch «ziemlich tüchtig», dann «strichen wir den Schnaps und leisteten uns nur noch Bier ... Eines schönen Tages endlich entschlossen wir uns, ganz abstinent zu werden ... nicht etwa aus Tugendhaftigkeit, sondern schlicht und einfach, weil wir wußten, daß wir beide unfähig waren, rechtzeitig aufzuhören.»

Das war 1949. Später tranken sie Alkohol nur noch gelegentlich, jeweils zwei, drei Tage lang, «aus hygienischen Gründen», so daß es nicht «aussah wie ein Entzug oder gar wie eine Obsession». Ansonsten tranken sie Coca-Cola.

Als er 1961 die obigen Zeilen schrieb, betrachtete sich Simenon nach wie vor als Alkoholiker. «Das versteht kaum einer von meinen französischen Freunden. Und ich habe etwas gegen jene, die Alkohol zum unverzichtbaren Bestandteil jedes freundschaftlichen, sinnenfrohen oder gar offiziellen Beisammenseins machen.» Als ich ihn Jahre später in seinem Haus bei Lausanne traf, trank er Tee (und schenkte seinem Gast mit schwerer Hand Scotch ein). Wie er sagte, war Alkohol kein Problem mehr für ihn. Dann und wann genehmigte er sich einen Drink, besonders auf Flughäfen, denn er hatte Angst vorm Fliegen. Er war neunundsechzig, sah aber zehn Jahre jünger aus: ein emsiger, lebendiger, freundlicher Mann, der sich mit Ärzten bestens verstand und überdurchschnittliche Kenntnisse auf dem Gebiet der Medizin besaß. (Ein weniger einnehmender Simenon begegnet uns in seinen *Intimen Memoiren (Mémoires intimes)*, die er mit über achtzig veröffentlicht hat, aber das ist vielleicht eine Altersfrage.)

Simenon glaubte, daß Alkohol für ihn tödlich sei, aber daß er ohne ihn nicht schreiben könne. Wie sich herausstellte, konnte er es durchaus. Weder quantitativ noch qualitativ nahm sein Werk aufgrund seiner Abstinenz Schaden. Wenn Alkohol seine Muse war, dann jedenfalls keine unverzichtbare Muse.

Über seine Alkoholerfahrungen in Amerika hat Simenon folgendes zu berichten:

«... Ein richtiger Alkoholiker mit dem Bewußtsein eines Alkoholikers wurde ich erst in Amerika ... Ich spreche von einem ganz besonderen, nahezu ununterbrochenen Zustand, in dem man sich vollständig unter dem Joch des Alkohols befindet – sowohl in den Stunden, da man wirklich trinkt, als auch in den Stunden, wenn man voller Ungeduld auf den nächsten Drink wartet und dabei fast so viele Schmerzen empfindet wie ein Drogensüchtiger, der seinen nächsten Schuß herbeisehnt. Wenn man diese Erfahrung nie gemacht hat, dann ist es schwierig, den amerikanischen Lebensstil zu verstehen. Nicht daß jeder ‹trinkt› (in dem Sinn, in dem dieses Wort von meiner Mutter gebraucht

wurde), aber es ist nun einmal Teil des privaten und öffentlichen Lebens, Teil der Folklore, könnte man sagen, und dies wird belegt durch den reichen, mehr oder minder unübersetzbaren Wortschatz (meistens Slang) im Umfeld des Themas Alkohol …
Das ganze Leben ist davon geprägt. New York beispielsweise ist wie dafür geschaffen, daß man es in alkoholisiertem Zustand betrachtet, und dann ist New York einzigartig und, so befremdlich dies klingen mag, kameradschaftlich. Die Menschenmassen sind nicht länger anonym, die Bars sind keine vulgären, schlecht beleuchteten Orte mehr, die Taxifahrer hören auf, sich über die Leute zu beschweren oder sie gar zu bedrohen. Dies gilt für alle amerikanischen Großstädte. Los Angeles, San Francisco, Boston … Vom einen Ende des Landes zum anderen gibt es eine richtige Freimaurerei von Alkoholikern …»
Simenon schildert, wie er in Frankreich zwanzig Jahre lang ohne jeden Anflug von Schuldgefühlen trank und sich nichts Böses dabei dachte. «In den Vereinigten Staaten lernte ich mich zu schämen. Denn dort schämt man sich dafür. Jeder schämt sich. Ich schämte mich wie alle anderen.»
Während meiner Unterhaltung mit Simenon meinte er, unter französischen Schriftstellern sei der Alkoholismus weniger verbreitet als unter amerikanischen, und er wagte auch eine mögliche Erklärung hierfür: «Amerikaner müssen erleben, worüber sie schreiben. Französische Schriftsteller arbeiten innerhalb einer Tradition …»
Anders als ein Traditionalist wie etwa Anatole France, dessen Werk elegant und beruhigend ist, schreibt Simenon durchaus aufgrund persönlicher Erfahrungen, und zwar niemals elegant und kaum je beruhigend. Er schreibt über Menschen, Orte und Witterungsverhältnisse, die er selber gekannt hat, wobei er meist in der umgekehrten Reihenfolge vorgeht.
«Zuerst finde ich eine gewisse Atmosphäre. Heute gibt es zufälligerweise ein paar Sonnenstrahlen. Das erinnert mich vielleicht an irgendeinen Frühling, vielleicht in einer italienischen Kleinstadt oder an einen Ort in der französischen Provinz oder in Arizona, und dann ersteht in meinem Geist nach und nach eine kleine Welt mit ein paar Figuren.»
Und in jedem Roman von Simenon steckt irgendwo ein

Problem, das ihn persönlich gequält hat. «Ich weiß, es gibt viele Menschen, die in etwa dieselben Probleme haben wie ich, wenn auch vielleicht mehr oder weniger intensiv, und diese Menschen wird die Lektüre des Buches vielleicht insofern beglücken, als sie eine Antwort finden – wenn überhaupt eine Antwort zu finden ist.

Simenon hat offenbar eine Antwort auf sein Alkoholproblem gefunden. Leider sagt er aber auf keiner Zeile seiner rund 550 Romane, wie er das geschafft hat.

Bibliographische Notiz

Simenons Buch *Quand j'étais vieux* (englische Ausgabe: Harcourt Brace Jovanovich, New York 1971; deutsche Ausgabe: *Als ich alt war. Tagebücher 1960–1963*, Diogenes, Zürich 1977) kann jedem, der sich für Schriftsteller und für deren Leben und Werk interessiert, gar nicht warm genug empfohlen werden.

Weniger empfehlenswert sind Simenons autobiographische *Mémoires intimes* (Harcourt Brace Jovanovich, New York 1984; deutsche Ausgaben: *Intime Memoiren. Und das Buch von Marie-Jo*, Diogenes, Zürich 1988), ein unseliges Buch, das unter anderem vom Selbstmord seiner Tochter handelt.

Fenton Breslers *The Mystery of Georges Simenon* (Beaufort, New York 1983; deutsche Ausgabe: *Georges Simenon: Auf der Suche nach dem «nackten» Menschen*, Kabel, Hamburg 1985) ist das beste Buch über Simenons Leben und Werk, das auf Englisch erhältlich ist.

In der rororo-Reihe liegt eine Monographie von Nicole Geeraert mit dem Titel *Georges Simenon* vor (Rowohlt, Reinbek 1991).

Pierres Geschichte (am Anfang des Kapitels) stammt aus meinem Buch *Is Alcoholism Hereditary?* (Ballantine, New York 1988).

Das Beweismaterial für die These, daß Simenon genau im Jahre 1949 einen Zustand anhaltender Nüchternheit erlangte, ist teilweise widersprüchlich. In Breslers Biographie berichtet Simenons Sohn John, daß er auch nach 1949 noch «... meistens nach dem Mittagessen begann und dann allmählich zusetzte. Manchmal trank er zwei Monate lang nichts, doch dann kam ich eines Nachmittages aus der Schule nach Hause und fand ihn in einem erbärmlichen Zustand vor. Ich erinnere mich noch an ganz bestimmte Szenen – an meinen Vater, als er sehr betrunken war und Gläser herumschleuderte, und an meine Mutter, die hysterische Anfälle hatte.» Es ist nicht ganz klar, welche Jahre dies betrifft, aber der Umfang des Beweismaterials deutet darauf hin, daß Simenons Trunksucht erst in den fünfziger Jahren merklich nachließ. Als er über achtzig war, sah er indes noch immer gesund und munter aus und zeigte keinerlei körperliche Anzeichen von Alkoholismus.

---

[1] Simenons Vater war herzkrank und starb, als Georges achtzehn war; wegen einer Angina pectoris des Vaters hatte Georges die Schule verlassen müssen, um zu arbeiten.

William Faulkner
(1897-1962)

Lieber Kummer als gar nichts

«Ein Morgen Mais bietet reichlich Nahrung.»
(William Faulkner)

Heutzutage ist wahrscheinlich kaum mehr bekannt, daß William Clark Faulkner die meisten seiner Romane in der Nacht schrieb, während sein getreuer Diener Nathan für ihn die Fliegen verscheuchte und ihn mit Bourbon versorgte, den sich Faulkner in großen Mengen genehmigte. Oft arbeitete Faulkner bis spät nach Mitternacht und ging dann auf der Kegelbahn, die er in seinem Vorgarten hatte anlegen lassen, zur Entspannung noch eine halbe Stunde kegeln, wobei Nathan jeweils die umgestürzten Figuren wieder aufzustellen hatte.
Tagsüber betrieb Faulkner die von ihm erbaute Eisenbahnlinie, die Ripley (Mississippi) mit Middleton (Tennessee) verband. Sie war vierundzwanzig Meilen lang und führte zwei Züge. Wahrscheinlich ist auch dies heute kaum mehr bekannt.
Faulkners berühmtestes Buch hieß *The White Rose of Memphis* und war ein melodramatischer Roman, der zu einem der beliebtesten Erfolgstitel seiner Zeit avancierte: in fünfunddreißig Auflagen verkauften sich einhundertsechzigtausend Exemplare. *Er erschien im Jahre 1880.*
William Clark Faulkner, der Urgroßvater des Nobelpreisträgers William Faulkner, war ein Oberst, der am amerikanischen Bürgerkrieg (1861-65) teilgenommen und in der ersten Schlacht von Bull Run gekämpft hatte. Seinen Truppen gegenüber erwies er sich als äußerst brutaler Anführer und wurde von ihnen denn auch zum Teufel gejagt (im Bürgerkrieg war so etwas noch möglich). Später stieg er zu einem der vornehmsten Bürger von ganz Mississippi auf. Nicht nur, dass er eine Eisenbahnlinie errichtete und Bücher schrieb, er zog auch eine lukrative Anwaltspraxis auf und war ein erfolgreicher Politiker.
Außerdem trank er tüchtig und brachte zwei Mitbürger um die Ecke. Schliesslich wurde er selber von seinem Partner umgebracht. Heute steht auf dem Friedhof von Ripley eine Statue von Colonel Faulkner, einem kleingewachsenen, wild dreinblickenden Mann.
Man begegnet Colonel Faulkner in vielen Büchern seines

Urenkels. Sein Romanname lautet John Sartoris. In den Büchern hat Sartoris einen Sohn, der Colonel Faulkners Sohn nachempfunden ist, welcher den Spitznamen «Little Colonel» trug. Auch der «kleine Oberst» war vornehm. Er genoß eine College-Erziehung, wurde ein gutverdienender Anwalt und Präsident der First National Bank in Oxford (Mississippi). Außerdem trank er tüchtig. Fast alljährlich ließ er seine Koffer packen, bestieg seine Kutsche und wurde von seinem schwarzen Bediensteten Ned zur «Kur» ins Keeley-Institut gefahren.

Er hatte einen Sohn namens Murry. Dieser Sohn war nicht so erfolgsverwöhnt wie der alte und der junge Oberst, aber eines hatte er mit ihnen gemeinsam: er trank tüchtig. Und auch er reiste öfter mal zur Keeley-Kur. Murry hatte vier Söhne. Der älteste von ihnen, William Cuthbert Faulkner, wurde in der dritten Klasse einmal von seinem Lehrer gefragt, was er werden wolle, wenn er erwachsen sei, worauf er antwortete: «Ich will Schriftsteller werden wie mein Urgroßpapa.» Der Wunsch des Knaben sollte in Erfüllung gehen. Heute gilt William Cuthbert Faulkner vielen als der größte Schriftsteller Amerikas. Seit seiner Adoleszenz und bis zum Tag seines Todes war er ein tüchtiger Trinker. Auch ein weiterer Sohn namens John, ebenfalls Schriftsteller, war ein schwerer Säufer. Ein dritter Sohn namens Jack, seines Zeichens FBI-Agent, trank so viel, daß er zu schlechter Letzt den Anonymen Alkoholikern beitreten mußte. Der vierte und jüngste Sohn, Dean, trank ebenfalls gern, aber er starb, bevor er dreißig war und bevor er die Kontrolle über sein Trinken hätte verlieren können.

Estelle, Williams Ehefrau, war ebenfalls eine Trinkerin, und auch sie trat den Anonymen Alkoholikern bei, doch geschah dies bereits mitten im zwanzigsten Jahrhundert, und sie war die erste Faulkner-Frau, die überhaupt zu trinken begann. Williams Mutter Maud leerte seinen Schnaps meistens in den Küchentrog und fragte ihn, weshalb er soviel trinke, worauf er antwortete, er wisse es auch nicht; aber sie ging mit ihm oder mit ihren anderen Söhnen nie wirklich hart ins Gericht. Für gewöhnlich tolerierten die Frauen die Trunksucht ihrer Männer.

Jack Falkner (die meisten Familienmitglieder schrieben ihren Namen ohne *u*) schilderte, wie es war.

«Damals, in der guten alten Zeit, war Schnaps – zumindest in unserem Landesteil – eine wohlgelittene Lebensart für den größten Teil der männlichen Bevölkerung. Frauen ließen im allgemeinen die Finger davon, weil ihnen die unvermeidliche und pauschale Verurteilung durch die Gemeinde drohte. Dies hieß mitnichten, daß man den Männern eigens beibrachte, sich volllaufen zu lassen – ebensowenig wie man sie anwies, aufzustehen, wenn eine Frau den Raum betrat, nur dann zu lügen, wenn es für einen anderen von großer Wichtigkeit war, oder einen Stolz auf die eigene Familie oder das Vaterland zu entwickeln. Diese Dinge – das Trinken, der persönliche Verhaltenskodex und die Lebensphilosophie – wurden einfach von Generation zu Generation über die Sitten und Gebräuche weitergegeben, weil den Nachkommen gar keine bequemere Art des Umgangs mit den Mitmenschen einfiel.
Mutter haßte Whiskey, und sie hatte schlicht kein Verständnis, wenn sich ein Mann auf eine Sache einließ, bei der er aus sich einen noch größeren Narren machte, als er schon von Natur aus war. Leider schreckte dies unseren Vater ebensowenig ab wie später im Leben uns andere.»
Ganz offensichtlich verstand sich Jack aufs Sätzedrechseln. Schriftstellerisches Talent ist ebensosehr vererbbar wie Alkoholismus.

William Faulkner (um den Cuthbert nun beiseite zu lassen) wurde 1897 geboren. Er war ein von Koliken geplagtes Baby, aber jeder Zusammenhang zwischen Säuglingskoliken und dem Gewinn des Nobelpreises (oder ausgiebigem Alkoholkonsum) bleibt vorerst unbewiesen. Der Knabe William, der in einer kleinen College-Stadt ganz zu Beginn unseres Jahrhunderts aufwuchs, schien sich von anderen barfüßigen Jungen, die jedem unnötigen Ärger aus dem Weg gingen und in der Schule recht ansprechende Leistungen erbrachten, zunächst nicht zu unterscheiden. Rückblickend sollten sich seine Familie und seine Nachbarn allerdings daran erinnern, daß er auffallend viel Phantasie an den Tag legte, aber ob sie dies auch damals schon bemerkt hatten, bleibe dahingestellt. Wie seine Mutter hatte er eine Schwäche für das Zeichnen und die Malerei, und manche Tuschzeichnungen aus seinen Teenagerjahren waren schon fast professionell. Er war umgeben von begnadeten Geschichtenerzählern, namentlich von seiner schwarzen «Mammy» und seinem Großvater, dem Bankier. Dieser Großvater erzählte viel vom Bürgerkrieg und dem ruhmreichen Colonel Faulkner, der damals mitgekämpft hatte. Oft trank er Whiskey, während er seine Geschichten zum besten gab, und dann liess er den kleinen Billy jeweils die Neige austrinken. Dies waren wahrscheinlich Williams erste Erfahrungen mit Alkohol, und es gibt keine Aufzeichnungen, die belegen würden, dass er das eklig schmeckende Gebräu wieder ausspie. Da er sich oft im Mietsstall seines Vaters herumtrieb, entwickelte er – wie alle männlichen Faulkners – eine Schwäche für Pferde, und bei jeder sich bietenden Gelegenheit ging er jagen und fischen. In die Welt der Literatur wurde er von seiner Mutter eingeführt. Sie war eine ebenso unersättliche Leserin, wie die Männer in ihrer Familie unersättliche Trinker waren.

Irgendwann zu Beginn seiner Teenager-Zeit ging mit Faulkner eine Veränderung vor sich. Er verlor das Interesse an der Schule, und seine Noten wurden merklich schlechter. Er wurde scheu und in sich gekehrt. Lange Stunden verbrachte er ausschließlich damit, auf dem Hauptplatz vor dem Gerichtsgebäude herumzusitzen und einfach die Leute anzuglotzen. Die berühmt-berüchtigte Schweigsamkeit – Faulkners ausgeprägtester Wesenszug – begann sich herauszubilden. Er legte eine frühreife Begabung an den Tag, Geschichten zu erfinden, und schlug damit die anderen Jugendlichen in seinen Bann; dann aber erzählte er ihnen immer weniger Geschichten. Er begann Gedichte zu schreiben.

Faulkner begriff sich stets in erster Linie als Lyriker. Als er Belletristik zu schreiben begann, tat er es in der Hoffnung, damit ein wenig Geld zu verdienen, um so seine Lyrik finanzieren zu können. Selbst als er einsah, daß seine Poesie immer zweit- oder drittrangig bleiben würde, schrieb er noch Gedichte und ließ sie im privaten Rahmen veröffentlichen. Durch seine Lyrik lernte Faulkner einen Landadvokaten namens Phil Stone kennen, der sein Leben zweifellos am meisten beeinflussen sollte.

Stone war ein brillanter, belesener, in Yale ausgebildeter Jurist von jenem Schlage, wie er in Kleinstädten häufig vorkommt:

weltgewandt, beredt, sehr gut erzogen und unter all den Farmern und Ladenbesitzern, die kaum zur Schule gegangen waren und nie ein Buch gelesen hatten, völlig fehl am Platz. Zufälligerweise zeigte Faulkner als Teenager Stone einige seiner Gedichte. Stone erkannte sein Talent. Viele Jahre lang fungierte er als eine Art Privatlehrer für Faulkner: er sagte ihm, wen er lesen, was er schreiben und wohin er seine Gedichte schicken solle. Stone ersetzte Faulkner die College-Erziehung. Bill verlor jegliches Interesse an der Schule und besuchte den Unterricht gar nicht mehr. Er hockte traumverloren auf dem Dorfplatz oder im Haushaltsgeschäft seines Vaters herum, die Füße auf den Tisch gestreckt. Aber oft schaute er bei Stone vorbei. In späteren Jahren, als Faulkner weltberühmt geworden war und Oxford zu seinem Platz auf der Landkarte verholfen hatte, erhielt Stone kaum mehr Besuche von ihm. Der Grund dafür ist unklar, aber es war Faulkners Gewohnheit, jene Menschen, die sich als seine Freunde erwiesen hatten, fallen zu lassen, und offenbar hatte er auch seinen Mentor gekränkt. Das gleiche passierte später auch mit Sherwood Anderson, der Jahre später in New Orleans sein Freund und Mentor wurde und ihm zur Veröffentlichung seines ersten Romans verhalf. Faulkner schrieb niederträchtige Karikaturen auf Anderson[1], was ihm dieser nie verzieh.

Es ist unklar, wie Faulkner zwischen dem Ende seiner Schulzeit und seinem ersten literarischen Erfolg im Alter von vierunddreißig Jahren finanziell über die Runden kam. Die Familie besaß ein gewisses Vermögen – immerhin war sein Großvater Bankdirektor –, jedoch war Murry, Williams Vater, in Geschäftsdingen ein Versager, der als schlechtbezahlter Sekretär an der Universität von Mississippi endete, an der er selbst einmal studiert hatte und wo die Familie in einem Haus auf dem Campus wohnte. William galt als faul: «Er *wollte* einfach nicht arbeiten», erinnerte sich sein Onkel John später. In der Schule blickte er meistens aus dem Fenster und beantwortete die einfachsten Fragen mit: «Ich weiß es nicht.» Vorübergehend arbeitete er als Buchhalter und dann in der Bank seines Großvaters, wo er Zugang zu den Whiskey-Reserven hatte. Meistens schrieb er Gedichte und Geschichten, oder er malte Bilder, die manchmal als Illustrationen seiner eigenen Gedichte und Erzählungen dienten.

Er kleidete sich unberechenbar. Eine Zeitlang zog er sich an wie ein Dandy und knöpfte sich teure Seidenkrawatten um die gestärkten, weißen Hemdkrägen, während er sein Haar im Stil der Marquise de Pompadour aus der Stirn kämmte. Woher er das Geld für Kleider nahm, ist rätselhaft, aber wahrscheinlich stammte es von seiner Mutter, welche die Familie immer noch im aristokratischen Stil führte. Meistens war seine Kleidung schlampig: ausgebeulte Hosen, abgewetzte Hemdkrägen, unpassende Schuhe. Als er fast zwanzig war, besuchte er manchmal Memphis, ein paar hundert Meilen nördlich von Oxford, probierte die Prostituierten aus, trank und spielte. Woher er das Geld für dergleichen hatte, ist ebenfalls unklar.

Dann kam der Erste Weltkrieg. Da er vom amerikanischen Militär wegen seiner geringen Körpergröße (1,67 m) zurückgewiesen wurde, fälschte er seine Nationalität, um der kanadischen Royal Air Force beitreten zu können. Kurz bevor er das Offizierspatent erhalten sollte, ging der Krieg zu Ende. Noch Jahre später zog er am Tag des Waffenstillstands seine Fliegeruniform an und erzählte himmelschreiende Lügen über seine Kampferfahrung in Frankreich und über einen angeblichen Flugzeugabsturz.

Vielleicht hat er tatsächlich sein Flugzeug zuschanden geflogen. Sein Bruder Jack berichtet in seinem Buch, wie er ihn einmal fragte, ob er je eine Bruchlandung hatte.

«Klar», sagte er. «Der Krieg ließ uns im Stich, bevor wir überhaupt eingreifen konnten. Am selben Tag reihten sie uns klassenweise auf, bedankten sich wärmstens bei uns und verkündeten, daß wir am folgenden Tag entlassen würden, was für uns einen freien Nachmittag bedeutete, an dem wir den Waffenstillstand feiern und dazu ein paar Flugzeuge verwenden konnten. Ich schnappte mir eine propellergetriebene Spad und nahm einen Krug voll Bourbon mit ins Cockpit; beides bedachte ich mit angemessener Aufmerksamkeit und führte ein paar ganz anständige ‹Chandelles› aus, einen ‹Immelmann› oder zwei, und im Ansatz etwas, was ohne weiteres ein nahezu perfekter Looping hätte werden können.»

«Was meinst du damit – ein nahezu perfekter Looping?» fragte Jack.
William kicherte. «Genau das; ein Hangar war mir im Weg, ich flog durchs Dach und blieb schließlich im Gebälk hängen.»
Vielleicht ist das alles nicht wahr. Faulkner war ein unverschämter Lügner. Später in seinem Leben, als er bereits ein berühmter Romancier war, sah er sich gezwungen, Anspielungen auf seine Kampferfahrung von den Klappentexten seiner Bücher zu entfernen, was äußerst peinlich war. Auf jeden Fall liebte er – genau wie seine drei Brüder – das Fliegen und kaufte sich schließlich auch ein eigenes Flugzeug. Sein jüngster Bruder Dean nahm zahlende Passagiere auf Rundflüge mit und stürzte eines Tages ab.
Nach dem Krieg schrieb sich Faulkner an der Universität von Mississippi ein, blieb dort aber nicht lange. Er verbrachte einige Zeit im New Yorker Greenwich Village und im Französischen Viertel von New Orleans, wo er sich seine Wohnung mit anderen teilte und billigen Fusel trank, aber es ist unklar, wie er sich nur schon das überhaupt leisten konnte. Mit dem Schreiben verdiente er so gut wie gar kein Geld. In seinen frühen Zwanzigern verkaufte er der *New Republic* ein Gedicht für 15 Dollar, aber all seine anderen Texte wurden überall zurückgewiesen außer bei College-Zeitungen und dem *Times-Picayune* (New Orleans), der eine Folge von kurzen Prosastücken Faulkners brachte. Sein erster Roman, *Soldatenlohn (Soldier's Pay)*, erhielt einige gute Besprechungen, aber es wurden nur wenige Exemplare verkauft. Nichtsdestoweniger verbrachte er sechs Monate in Europa, und zwar ohne in einer Dachstube am Hungertuch nagen zu müssen. Vielleicht griff ihm seine Mutter unter die Arme.
An der Uni fand er eine Stelle, die seinen Ruf als Taugenichts kein bißchen verbesserte. Mehrere Monate lang leitete Faulkner das Postbüro an der Universität. Damit hatte er keinen Erfolg. Die Post stapelte sich, die Öffnungszeiten waren ungewiß, die Buchhaltung konfus, und die Beschwerden der Kunden stießen auf Stillschweigen oder Gegenbeschuldigungen – unterdessen trank Faulkner, schrieb Gedichte und unternahm lange Spaziergänge. Bevor man ihn hätte feuern können, reichte er selber die Kündigung ein und kommentierte dies mit der Bemerkung, er

würde nie wieder «nach der Pfeife irgendwelcher Hurensöhne tanzen, die sich zufälligerweise zwei Cents für eine Briefmarke leisten können».

Immerhin bezog er einen Lohn, und nun hatten die Leute eine Erklärung dafür, wie er sich teure Kleider kaufen konnte, wenn er gerade Lust hatte, sie zu tragen (und wenn er sie trug, dann nannte ihn die Dorfbevölkerung den «Count No' Count», also etwa «Graf Nichtsnutz»).

Mit zweiunddreißig Jahren heiratete er Estelle Franklin, seine Jugendliebe, und für die Flitterwochen lieh er sich Geld. Dies mag ihm eine gewisse finanzielle Erleichterung verschafft haben. Estelle bezog Alimente und Kindergeld für zwei Kinder aus einer früheren Ehe. Wie auch immer, die Ehe war von Anfang an kein Honiglecken. Wütend darüber, dass Estelle – wie er selber – dem Alkohol verfallen war, beklagte sich Faulkner darüber, daß sie «meinem Werk niemals mit Rücksicht oder Hochachtung begegnete, sondern es immer als ein Hobby wie Briefmarkensammeln ansah». Er langweilte sich und war der Ehe und der Familie bald überdrüssig, welche seinen Geldbeutel und seine Gefühle gleichermaßen auszulaugen schienen. Immerhin hatten sie eine gemeinsame Tochter, Jill, die er vergötterte, und er vollzog den Bruch mit Estelle vor allem deshalb nie, weil er sich bewußt war, daß er «eine Verantwortung für dieses Kind weiblichen Geschlechts besaß, für dessen Gegenwart in dieser Welt ich haftbar bin».

Von Zeit zu Zeit zog auch Estelle eine Scheidung in Betracht, weil sie erkannt zu haben glaubte, daß ihr Gatte «schrecklich unglücklich» war. Ausserdem mißbilligte sie seinen «Trieb, zu jeder Zeit Liebschaften mit irgendwelchen jungen Frauen einzugehen», und sie war schlechterdings empört, als er eine seiner Favoritinnen nach Hause brachte und so ihre Tochter über seine Untreue aufklärte. Ohne Bill und Jill jedoch, so erklärte Estelle, wäre sie eine «Null» gewesen. Die beiden blieben verheiratet, bis Faulkner im Alter von fünfundsechzig Jahren starb.

Als er knapp über dreißig war, hatte Faulkner bereits drei Romane verfasst. Zum Teil hatten sie gute Kritiken erhalten, aber keiner war ein Verkaufserfolg. Dann schrieb er einen Roman in der ausdrücklichen Absicht, damit Geld zu machen. *Die Freistatt*

(Sanctuary) erschien, als Faulkner vierunddreißig war, und wurde zu einem enormen Massenerfolg. Es gab sogar eine Verfilmung, und zum ersten Mal konnte sich Faulkner mehr als schicke Klamotten leisten. Er brauchte einen Teil des Geldes auf, um sich am Stadtrand ein heruntergekommenes Haus aus der Zeit vor dem Bürgerkrieg zu kaufen, das er im Laufe der nächsten dreißig Jahre nach und nach in ein ansehnliches, behagliches Wohnhaus verwandelte. Auch nach *Die Freistatt* verkauften sich seine anderen Bücher jedoch unverändert schlecht. Schließlich erlag Faulkner einer Versuchung, die auch andere begabte Schriftstellern aus der Zeit der großen Wirtschaftskrise in den Niedergang und in die Verzweiflung trieb: Hollywood.

1932 bestieg Faulkner einen Zug nach Hollywood und begann für Metro-Goldwyn-Mayer zu arbeiten. Wie er sich später erinnerte, erschrak er über das große Hallo, das seine Ankunft auslöste, so daß er ganz verwirrt war und sich gleich betrank. Während der nächsten zwölf Jahre reiste Faulkner zwischen Hollywood und Oxford hin und her. Man konnte jedoch darauf wetten, daß er seinen Bestimmungsort jeweils stockbesoffen erreichte.
Während er für die Studios – zuerst für Metro-Goldwyn-Mayer, dann für Twentieth Century Fox und später für Warner Brothers – arbeitete, schrieb er zahlreiche Drehbücher und war an weiteren beteiligt. Er erhielt dafür jedoch nur wenig Anerkennung, und sein Lohn schwankte zwischen wöchentlich 500 und 1000 Dollar, manchmal verdiente er gar nichts. In seinem Vertrag hieß es, daß er auf der Stelle entlassen würde, wenn er auf dem Studiogelände beim Trinken erwischt würde. Er trank ziemlich oft auf dem Studiogelände wie auch an allen möglichen anderen Orten, und von Zeit zu Zeit wurde er deswegen nach Hause geschickt. Wenn er zu betrunken war, um selber zu schreiben, diktierte er manchmal. In Hollywood traf er eine junge Frau, die während der nächsten fünfzehn Jahre seine zeitweilige Geliebte wurde. Er trank mit Humphrey Bogart und Clark Gable. Er verfaßte das Drehbuch zu Hemingways *Haben und Nichthaben (To Have and Have Not)*; dies war einer der wenigen Filme, bei denen sein Name im Vorspann aufgeführt wurde.

In Hollywood schrieb er noch weitere Romane, wobei er frühmorgens aufstand, um daran oder an einer Kurzgeschichte zu arbeiten, bevor er ins Studio ging. Seine Romane waren ernstgemeint; bei seinen Kurzgeschichten hingegen handelte es sich, seinen eigenen Worten zufolge, um lauter Mist. Weil Faulkner nicht in der Lage war, sich seinen Lebensunterhalt als ernsthafter Romancier zu verdienen, sah er sich – wie F. Scott Fitzgerald – gezwungen, leicht verkäufliche Erzählungen zu schreiben, die manchmal in der *Saturday Evening Post* und in landesweit verbreiteten Magazinen erschienen, größtenteils jedoch abgelehnt wurden. Robert Graves[2] sagte einmal, er habe Prosa geschrieben, um das Geld für seine Lyrik zu verdienen, was damit zu vergleichen sei, Hühner zu züchten, um sich eine Katze leisten zu können. Mit William Faulkner verhielt es sich ähnlich.

Während Faulkners Hollywood-Jahren fielen seine literarischen Aktien langsam aber sicher. Anerkennung erhielt er in erster Linie von ausländischen Schriftstellern sowie von gewissen Rezensenten, die nach Oxford pilgerten – sehr zur Belustigung, aber auch zum Verdruß von Faulkners Nachbarn. Für sie war er immer noch der «Count No› Count».

In den frühen vierziger Jahren waren alle Bücher Faulkners vergriffen, und die kupfernen Druckplatten waren im Zuge der Mobilmachung für den Krieg verkauft worden. Mitte der vierziger Jahre setzte aber ein Faulkner-Revival ein, das ihm im Verlauf der nächsten zehn Jahre so ziemlich jede literarische Auszeichnung einbringen sollte, welche die Welt zu bieten hatte.

Zuerst wurde er von den Europäern entdeckt, vor allem von Arnold Bennett[3] in England und von Jean-Paul Sartre in Frankreich. Die Franzosen verfügten über ein besonderes Geschick, amerikanische Literaturgenies aufzuspüren. Edgar Allan Poe war es ebenso ergangen – verachtet und verschmäht im eigenen Land, vergöttert in Frankreich. Mindestens ebensosehr war der Kritiker Malcolm Cowley für die Faulkner-Renaissance verantwortlich: 1946 brachte er in der Reihe *Viking Portable Library* eine Sammlung von Faulkners Werken heraus. Cowley erzählte Faulkner von einem Gespräch, das er mit Jean-Paul Sartre geführt hatte: «Pour les jeunes en France, Faulkner c'est un dieu», habe Sartre gesagt. Albert Camus ging noch weiter und nannte Faulkner den größten Schriftsteller auf der ganzen Welt. Als Faulkner achtundvierzig war, hatte er so sehr von sich reden gemacht, daß er vom *Time Magazine* auf der Titelseite abgebildet und mit Shakespeare verglichen wurde.

Die Besprechungen, die er in seinem Heimatland erhielt, waren jedoch immer noch sehr gemischt und oftmals schlecht. «Die Welt von William Faulkner», schrieb Granville Hicks, «hallt wider vom scheußlichen Getrampel von Gelüsten und Gebresten, von Brutalität und Tod.» Andere Kritiker hielten Faulkner für unlesbar. Einer bezichtigte ihn, jeweils im Delirium tremens zu schreiben. (Dies mag ein- oder zweimal auch zugetroffen haben.) Von den führenden amerikanischen Schriftstellern – Hemingway, Anderson, Fitzgerald, O'Hara[4] und anderen – erhielt Faulkner jedoch gute Noten. In einem Gespräch, das er in angetrunkenem Zustand führte, beharrte Hemingway gar darauf, daß Faulkner der Begnadetste von allen sei: «Ich wäre überglücklich, wenn ich mich so gut geschlagen hätte wie er.» Bezeichnenderweise zog Hemingway dies später wenigstens teilweise zurück. Er räumte ein, daß Faulkner von Natur aus über eine Fülle guter Anlagen verfüge, gab aber zu bedenken, daß er zuviel und außerdem in übermüdetem Zustand geschrieben habe, «manchmal gar unter Alkoholeinfluß», so daß er seine Werke mit «billigen Tricks» und «Rhetorik» verpfuscht habe.

John O'Hara rühmte Faulkner andererseits als «unser einziges lebendes Genie». In der Tat wurde mit Faulkners Name das Attribut «genial» häufiger verknüpft als mit demjenigen irgendeines anderen amerikanischen Autors des zwanzigsten Jahrhunderts. Auch er selber nannte sich mindestens einmal ein «gewaltiges» Genie. Edmund Wilson nannte ihn ebenfalls ein Genie, und Wilson nahm es mit solchen Dingen sehr genau.

In seinen Dreißigern und Vierzigern traf Faulkner nahezu alle namhaften Schriftsteller seiner Zeit und trank mit ihnen: Sinclair Lewis[5], Theodore Dreiser[6], H.L. Mencken[7], Dorothy Parker[8], die ganze Literatenschar von New York. Er und Dashiell Hammett fielen oft gleichzeitig in Ohnmacht. Mencken konnte beim Trinken mit ihm mithalten, aber nur wenn sie sich beide auf Bier beschränkten. Sie alle zollten Faulkner große Bewunderung, und obwohl die Rezensenten weiterhin unermüdlich nörgelten und schnödeten, waren sich die amerikanischen Schriftsteller und die europäischen Literaten einig, daß es keinen Besseren gab als Faulkner.

Seine Nachbarn teilten diese Ansicht freilich nicht. Der *Oxford Eagle* berichtete über die Reaktion der meisten Bewohner seiner Stadt: «Mr. Faulkner, ein großer Schriftsteller? Nun, man würde ihn hier wohl nicht einmal mit der Aufgabe betrauen, eine Broschüre über das Gewerbeleben in unserer Stadt zu verfassen.» Während auswärtige Besucher nach Oxford strömten, um zu sehen, wie der berühmte Mann auf seiner Veranda saß und Whiskey trank, meinten die Nachbarn: «Über den wollen wir nicht sprechen.» Die Apathie, ja die Feindseligkeit, mit der man ihm in seiner Heimatstadt begegnete, kommentierte Faulkner, indem er sich mit einem Hund verglich, «der auf dem Dorfplatz unter einem Bauernwagen liegt. Man kann ihn vielleicht ein Stück weit hervorlocken oder -scheuchen, aber ehe man es sich versieht, hat er sich schon wieder unter den Wagen geflüchtet; vielleicht knurrt er ein wenig. Das also bin ich.»

In Oxford war Faulkner wohl ein Hund, aber in den internationalen Hauptstädten der Literatur war er ein Löwe. 1949 wurde ihm die höchste Ehre zuteil, welche die Welt einem Schriftsteller überhaupt erweisen kann: der Nobelpreis für Literatur.

Als Faulkner vom Preis erfuhr, erwiderte er zuerst, er habe nicht die Absicht, sich nach Stockholm zu begeben. Später überredete ihn seine Tochter Jill zu dieser Reise, und widerwillig begann er mit den Vorkehrungen. Doch für ein paar Tage betrank er sich erst einmal nach Strich und Faden. In der Hoffnung, ihn doch noch früh genug für die Reise auf Vordermann zu bringen, strichen die Familienmitglieder auf dem Kalender einige Tage ab, die noch gar nicht vorüber waren. Faulkner ging ihnen auf den Leim und meinte erleichtert: «Ah, ich kann noch drei Tage länger trinken.» Ungefähr einen Tag vor dem Abflug nach Stockholm wurde er langsam wieder nüchtern, und als er ankam, war er trocken, aber unrasiert und schlechtgelaunt. Er hielt eine schwungvolle Dankesrede und betrank sich gleich anschließend von neuem.

Zu Hause wußten die Nachbarn nicht recht, was sie mit der Berühmtheit in ihrer Mitte anfangen sollten. Der Nobelpreis war nun doch zu bedeutend, als daß man ihn hätte mit Stillschweigen übergehen können. Man mußte etwas unternehmen. Schließlich veranstalteten sie eine Party mit fritiertem Fisch und luden Faulkner als Ehrengast ein. Er nahm die Einladung an.

Nachdem er den Nobelpreis gewonnen hatte und danach zum Offizier der Französischen Ehrenlegion ernannt worden war, nachdem er außerdem den Pulitzer-Preis und andere Auszeichnungen eingeheimst hatte, fuhr Faulkner einfach damit fort, Bücher zu schreiben. Seine Privatsphäre war ihm wichtiger als je zuvor, und er lehnte Interviews sowie jede andere Form von öffentlicher Aufmerksamkeit ab. Das *Time Magazine* wollte ihn abermals auf dem Titelblatt bringen, aber er weigerte sich. Präsident Kennedy lud ihn ins Weiße Haus ein, doch er fand, dies sei eine zu weite Reise «für ein Abendessen mit Fremden». Er fühlte sich von Touristen und ganzen Wagenladungen von Englisch-Studenten so sehr belästigt, daß er tiefe Furchen in die von Zedern gesäumte Auffahrt zu seinem altmodischen Haus zog; aber das hielt die Leute nicht davon ab, seine Veranda oder gar sein Haus zu betreten und manchmal auch Souvenirs wie etwa einen Aschenbecher oder ein Rührstäbchen aus einem Drinkglas mitgehen zu lassen.

Nach der Heirat seiner Tochter mit einem jungen Absolventen von West Point, mit dem sie nach Charlottesville (Virginia) gezogen war, köderte man Faulkner als «writer-in-residence» an die Universität von Virginia. In der Zeit, die er dort verbrachte, freundete er sich mit Joseph Blotner an, der bei Faulkners Begräbnis als Sargträger fungieren und später eine definitive zweibändige Faulkner-Biographie herausgeben sollte. In Virginia schloß sich Faulkner auch einer Gruppe von Fuchsjägern an und ging mit Hunden und Pferden auf die Jagd, gekleidet in einen rosaroten Mantel, mit einem Filzhut auf dem Kopf und einem Flachmann in der Tasche. Er entschloß sich, in die Nähe von Charlottesville zu ziehen und sah sich zusammen mit Estelle nach einem Haus um. Bevor sie jedoch umziehen konnten, betrank sich Faulkner und begab sich in ein Sanatorium in der Nähe von

Oxford, wo er am 6. Juli 1962, um 1.30 Uhr in der Nacht, einem Herzschlag erlag.
Zum Zeitpunkt seines Todes hatten sogar die spießigsten Rednecks von Oxford – wenn auch widerwillig – eine gewisse Achtung vor dem Schriftsteller entwickelt, und zwar dank seinem Buch *Griff in den Staub (Intruder in the Dust.)* Es wurde in Oxford mit dem Bürgermeister und anderen Einwohner als Statisten verfilmt und auch uraufgeführt. Seine Nachbarn gingen zu seiner Beerdigung, wurden aber zahlenmäßig von den Reportern und Photographen bei weitem übertroffen, die aus der ganzen Welt herbeiströmten, um über den Tod von «Amerikas größtem Schriftsteller» zu berichten.
Faulkner war kein besonders religiöser Mann gewesen, obwohl er die Möglichkeit einer Existenz Gottes nicht so kategorisch ausschloß wie etwa Sartre und die anderen Existentialisten, die ihn so bewunderten. Manchmal ging er zur Kirche, jedoch mit wenig Begeisterung. Als Faulkner nach dem Tod seiner Mutter vor der Leichenhalle mit seinem Bruder Jack plauderte, erklärte er ihm, er stelle sich die Unsterblichkeit etwa so vor, daß jeder nach seinem Tod zu einer Art Radiowelle werde.

Was für ein Mann war Faulkner? Es gibt viele Beschreibungen von seiner äußeren Erscheinung, die beste jedoch stammt von Robert Coughlan, der Faulkner gegen dessen Willen interviewte und für die Zeitschrift *Life* eine zweiteilige Artikelfolge verfaßte, die derart gut geschrieben war, daß ihm vielleicht sogar Faulkner verziehen hätte, wenn er ihrer überhaupt ansichtig geworden wäre (Faulkner las nie etwas über sich selber, geschweige denn seine eigenen Romane, wenn sie einmal abgeschlossen waren).
Coughlan beschreibt Faulkner wie folgt:
«William Faulkner ist ein kleiner, drahtiger Mann von sechsundfünfzig Jahren mit kurzgeschorenem, stahlgrauem Haar, einem wildwuchernden Schnurrbart in einem etwas dunkleren Farbton und tiefliegenden, braunen Augen, in denen sich je nachdem Melancholie, Berechnung oder Humor spiegeln; sein Gesicht ist braungebrannt und vor allem rund um die Augen mit den Falten,

Runzeln und den winzigen Spuren des fortschreitenden Alters und der Verwitterung durch ein Leben unter freiem Himmel überzogen. Er wirkt sehr selbstbeherrscht, locker, zuvorkommend, nachdenklich, aber brandgefährlich. Er ist ein schweigsamer Mann, wenn er sich aber wohlfühlt, dann gleicht er mit seinen ausgestreckten kurzen Beinen, einer schwärzlichen Pfeife im Mund und vielleicht auch einem Drink in Griffnähe, einer schläfrigen Katze, die aber nichtsdestoweniger binnen eines Augennickens jede Maus totbeißen könnte. Man sieht Faulkner nicht an, was er ist, und er verhält sich auch nicht entsprechend. Er gebärdet sich wie ein Bauer, der Plato studiert hat, und sieht aus wie ein Flußpirat.»

Kurz gesagt, Faulkner besaß eine Mischung aus guten und schlechten Eigenschaften. Sein sympathischster Persönlichkeitszug zeigte sich vielleicht in seinem Verhalten gegenüber seiner Tochter Jill und seinen beiden Stiefkindern. Jill hat darüber berichtet, wie wundervoll es sein konnte, ganz einfache Dinge mit ihm zu unternehmen. Faulkner machte mit den Kindern Ausflüge im Heuwagen, und nachdem sie irgendwo auf dem Land ein großes Lagerfeuer entfacht hatten, erzählte er ihnen jeweils Geschichten und sang mit ihnen Lieder wie «Old MacDonald had a Farm». Bei anderer Gelegenheit führte er einen Reitertrupp, bestehend aus Jill und fünf oder sechs anderen, über eine seiner Lieblingsrouten. (Jill war mit Joseph Blotner, dem offiziellen Faulkner-Biographen, gut befreundet, und in dessen Büchern wimmelt es von solchen Einzelheiten.) Dad nahm Jill manchmal auf den Jahrmarkt oder in Gruselfilme mit und ahmte dann die Schauspieler nach, die sie auf der Leinwand gesehen hatten. In dieser Hinsicht erinnert Faulkner an Fitzgerald. Auch Fitzgerald hatte nur ein einziges Kind, Scotty, den er vergötterte.

Aber weder für Jill Faulkner noch für Scott Fitzgerald Jr. war das Leben mit dem Vater ein Honiglecken. Beide erlebten den Alkoholismus ihrer Väter aus nächster Nähe. Jill bat Faulkner manchmal, mit dem Trinken aufzuhören. «Denk doch an mich», flehte sie ihn an. Aber es war zu spät, und er antwortete mit einem Satz, den sie nie vergessen sollte: «Wer erinnert sich denn schon an Shakespeares Kinder?» Manchmal half sie ihm beim

Zubettgehen. Einmal stürzte er die Treppe hinunter. Ein andermal hatte sie Freunde zu sich nach Hause eingeladen, doch als sie eintrafen, waren sowohl ihr Vater als auch ihre Mutter stockbetrunken. «Es war schrecklich peinlich», erinnerte sie sich später, aber sie konnte nichts anderes tun, als dazusitzen und vor Wut zu kochen.

Faulkners Beziehung zu den anderen Familienmitgliedern war im großen und ganzen gut. Mit seinem Vater vertrug er sich nicht besonders, dafür stand er seiner Mutter sehr nahe, die er, wenn er in Oxford weilte, täglich besuchte. Gegenüber all seinen Brüdern, Onkeln, Vettern und Schwägern in Oxford und Umgebung benahm er sich zumindest freundlich, zuweilen sogar großzügig. Viele von ihnen tauchten in seinen Büchern auf, wofür ihm jedoch kaum einer Dank wußte. Wahrscheinlich lieh er mehr Geld, als er sich borgte, was eine Erklärung dafür sein könnte, daß er auch dann noch meistens pleite war, als seine Bücher Neuauflagen erlebten, sehr beliebt wurden und als Vorlagen für Filme dienten.

Es scheint unglaublich, daß Faulkner fast fünfundsechzig wurde. Er lebte ein Leben in der romantischen Tradition – ohne Rücksicht auf Verluste. Er ritt auf Pferden wie ein Verrückter, die Steigbügel viel zu lang und die Fußspitzen auswärts gedreht, wobei er beim Springen die Knie nicht an die Flanken seines Reittiers drückte, sondern aufspreizte. Zu wiederholten Malen fiel er auch herunter, brach sich Wirbel oder Halsknochen und zog sich Gehirnerschütterungen zu.

Aber am rücksichtslosesten gebärdete er sich beim Trinken. Vom Beginn seiner Adoleszenz bis zum Tag vor seinem Tod trank er. Er mochte Old Crow und Jack Daniels, mithin alles, was auf der Basis von Mais gebraut wurde. «Ein Morgen Mais bietet reichlich Nahrung», pflegte er zu sagen, aber er trank überhaupt alles (Absinth in Paris, Ouzo in Griechenland, und «Moonshine» – den schwarzgebrannten Whiskey – in Oxford). Außer während kurzer Phasen bewußter Abstinenz («damit es nicht zur Gewohnheit wird») und bei zahlreichen Gelegenheiten, wo er zur Ausnüchterung ein Spital aufsuchen mußte, trank Faulkner täglich, und zwar überreichlich und grenzenlos.

Seine Philosophie in Sachen Alkohol lautete wie folgt:
1. Halte dir jederzeit Whiskey griffbereit (er bewegte sich selten ohne einen Flachmann in der Tasche).
2. Mach es dir zum Gebot, vor Sonnenuntergang nicht zu trinken – und danach höchstens ein paar Gläser (dies galt, wenn er am nächsten Tag früh aufstehen wollte, um Meisterwerke zu schaffen).
3. Manchmal kannst du dir auch mehr als ein paar genehmigen – scheiß drauf, schließlich ist das Leben kurz genug; der Autor hat eine Erkältung oder Zahnweh oder Schmerzen, die vom letzten Reitunfall herrühren; oder eine Erzählung ist abgelehnt worden; oder er stößt bei seiner neuesten Liebschaft nicht auf Gegenliebe; oder es ist ein grauer Tag; oder er befindet sich in New York, und in New York betrinkt sich sowieso jeder.
Faulkner fand immer einen Grund, sich vollaufen zu lassen. Seine Erholungsfähigkeit war legendär; nach ein paar Tagen im Spital oder einer zu Hause durchgeführten Verjüngungskur mit Bier und Seconal (Secobarbital) saß er wieder frischfröhlich am Schreibtisch.
Faulkners regelmäßiges Muster, täglich in Gesellschaft und schließlich bis zum Geht-nicht-Mehr zu trinken, wurde überlagert von dann und wann einsetzenden, ausgedehnten Zechgelagen, den sogenannten «Zusammenbrüchen»: Manchmal waren sie vorhersehbar. Jedermann wußte zum Beispiel, daß er nach Beendigung eines Buches einen «Zusammenbruch» haben würde. Dann schweifte sein Blick in die Ferne, und er wurde sehr still. Dann begann er Gedichte zu rezitieren. Schließlich verschwand er. Mit etwas Glück fanden ihn seine Freunde und brachten ihn in ein Spital. Nach einigen Tagen Ruhe und einer Paraldehyd-Kur wurde er entlassen – als wahres Inbild strotzender Gesundheit.
Manchmal dauerte die Ausnüchterung etwas länger – vor allem, wenn er zu Hause blieb. Manchmal verließen die schwarzen Bediensteten das Haus, und Estelle nahm Jill mit, um ein paar Tage lang im Haus ihrer Mutter unterzukommen, aber normalerweise lösten sich die Familienmitglieder an Faulkners Bett ab und machten ihm Drinks, ganz gleich, in welchen Abständen er

sie bestellte. Manchmal verlangte er nach einem besonders getreuen Diener, der ihn dann jeweils in seinem großen Doppelbett vorfand, das er «Mr. Bills Alkoholbett» nannte. Faulkner wußte, daß der Diener nicht – wie Estelle – rohe Eier oder – wie die anderen – Tabasco in seine Drinks mischte. Wie in Blotners Biographie beschrieben, besaß dieser Diener auch «die Gabe, sich mit ihm zu unterhalten und ganz allmählich die Voraussetzungen dafür zu schaffen, Pappy wieder herunterzuholen ...» Nachdem er seine Dienste eine Weile lang verrichtet hatte, meldete er der Familie jeweils: «Mr. Bill hat sich von diesen Ausflügen noch nie besonders schnell erholt. Aber jetzt geht es ihm ein bißchen besser.» Blotner meint, daß Faulkner sich jeweils ausrechnete, zu welchem Zeitpunkt er sich von diesen Zechereien erholen wollte – oder mußte. Wenn er es geschafft hatte, machte Jill jeweils die Beobachtung, daß er ein paar Tage lang ganz still wurde. Alsdann sagte er zu ihr: «Missy, ich muß mit dir reden.» Und dann entschuldigte er sich bei ihr.

Zwischen dreißig und vierzig traten bei Faulkner vermehrt ernsthaftere Symptome von Alkoholismus auf. Er litt unter anfallartigen Entzugserscheinungen und unter Delirium tremens. Manchmal erbrach er Blut. Während er trank, hatte er Unfälle und zog sich einmal schwere Verbrennungen am Rücken zu. Ziemlich spät in seiner Trinkerlaufbahn begannen tagelange Geistesabwesenheiten aufzutreten. Manchmal kombinierte er Alkohol mit gewissen Drogen wie zum Beispiel Miltown (Meprobamat). Es gibt jedoch keine Belege dafür, daß er außer mit Alkohol (und natürlich mit Nikotin) noch Mißbrauch mit anderen Substanzen trieb. Er verabscheute andere Alkoholiker, nannte sie widerwärtig und begegnete der Trinksucht seiner Frau mit wenig Verständnis. Er sagte, persönlich trinke er sehr gern und habe nicht die Absicht aufzuhören. Gleichwohl hörte er als Mittdreißiger einmal eine Zeitlang auf, als er eines seiner besten Bücher *(Licht im August)* schrieb, aber dies geschah lediglich ein einziges Mal. Er trank, so erklärte er, weil er gerne trank, weil er sich dann besser, vor allem größer und stärker fühlte, und weil er den Geschmack mochte. Er nahm die blauen Flecken, die gestauchten Wirbel und andere durch seine Trinkerei verursachten Verletzungen mit stoischem Gleichmut hin. Das Symptom, das er offensichtlich am meisten verabscheute, war der Schluckauf, der ihn nach dem Ausnüchtern manchmal tagelang plagte.

Wie bei Fitzgerald und vielen anderen Säufern veränderte sich auch Faulkners Persönlichkeit, wenn er trank: Von einem ruhigen, zurückhaltenden und schüchternen Mann verwandelte er sich jeweils in einen Exhibitionisten. War er am Trinken, dann tat er manchmal so verrückte Dinge, wie einem vorübergehenden Polizisten einen Drink anzubieten. Die Flasche war bei Faulkner fast schon ein Markenzeichen. Für MGM posierte er öffentlich mit einem Drink in der Hand. Oft schrieb er mit einem Glas oder einer Flasche neben der Schreibmaschine.

Dies war für trunksüchtige Berühmtheiten in den dreißiger Jahren durchaus kein ungewöhnliches Verhalten. Der Jazz-Pianist Fats Waller spielte sein wunderbares Stride Piano stets mit einer Whiskey-Flasche in Griffweite und schien dennoch nie ein Wort zu vernuscheln oder eine Note zu verfehlen. Die Auswirkungen von Faulkners Alkoholismus auf sein Schreiben indessen fielen durchaus ins Gewicht. Einige kritische Stimmen – darunter auch Hemingway – vertraten die Ansicht, dadurch erkläre sich mindestens ein Teil seiner Inkohärenz. Dafür, daß die Erzählungen ins Niemandsland führen, tausend offene Enden aufweisen und weder Plot noch Struktur besitzen, mag in der Tat auch der Alkohol verantwortlich sein. Fitzgerald sagte einmal, er könnte nie einen Roman schreiben und gleichzeitig trinken, denn dann wäre es ihm unmöglich, den Handlungsfaden und die Figuren konsequent durchzuziehen. Faulkner schien sich diesbezüglich keine Sorgen zu machen. Als er einmal von seinem Vetter gefragt wurde «Denkst du dir deine Stoffe aus, wenn du betrunken bist?» gab er zur Antwort: «Ja, ich habe viele Einfälle, wenn ich betrunken bin.» Wie Alkohol die Rolle einer Muse spielen kann, wird im Schlußkapitel thematisiert.

Wie durch ein Wunder litt Faulkner zeitlebens nie an einem der typischsten Alkoholismus-Symptome, der Leberzirrhose. Als er nur wenige Stunden nach seinem letzten Zechgelage starb, soll seine Leber ganz normal ausgesehen haben.

Alle waren sich einig, daß Faulkner ein Alkoholiker war. So lautete auch die Diagnose bei seinen zahllosen Spitalaufenthalten. Von all den berühmten amerikanischen Schriftstellern, die dem Alkohol verfielen, wird Faulkner weitherum als der schwerste Fall eingestuft. Sein Alkoholismus folgte einem merkwürdigen Muster. Über lange Phasen hinweg war er scheinbar ein normaler Trinker, der die Kontrolle über sich selbst nicht verlor. Blotner schreibt hierüber: «Wochen-, ja monatelang schlug er eine ganz normale Gangart an, dann plötzlich brach das Verlangen wieder durch. Meistens kämpfte er es nieder, aber bisweilen geschah etwas, was ‹mein ganzes Innenleben in Tumult versetzte›, und dann schien Schnaps der einzige Ausweg zu sein. Man bemerkte jeweils die wachsende Spannung – er trommelte mit den Fingern, wich dem Blick aus, gab einsilbige Antworten – dann verschwand er …»

Manchmal plante Faulkner, wann er beginnen und wann er aufhören wollte, und in diesen Fällen hörte er auch nicht vorher auf. Sein Bruder John glaubte, daß er Betrunkenheit manchmal nur vorschützte – vor allem, wenn er wollte, daß man sich um ihn kümmerte. Blotner zufolge stellte er manchmal, wenn er mitten in einem richtigen Saufgelage steckte, weiterhin alle Symptome zur Schau, auch wenn ein Freund, der sich um ihn sorgte, seinen Whiskey heimlich durch Tee ersetzt hatte. Meistens aber war sein Alkoholismus nicht gespielt. Er war erschreckend trinkfest und trank bei vielen, vielen Gelegenheiten so lange, bis er alles vergaß.

Das Merkwürdige an Faulkners Fall ist, daß Alkoholiker im allgemeinen als unfähig gelten, kontrolliertes Trinken mit wilden Saufexzessen zu kombinieren. Ein Leitsatz der Anonymen Alkoholiker lautet: «Alles oder nichts». Er will besagen, daß es für Alkoholiker neben totaler Abstinenz und totaler Vergiftung keinen dritten Weg gibt. Dies eröffnet die Möglichkeit, daß Faulkner gar kein richtiger Alkoholiker war oder daß es sich zumindest um eine ungewöhnliche Form von Alkoholismus handelte.

Der bekannte deutsche Psychiater Emil Kraepelin[9] beschrieb unter den Namen Dipsomanie eine bestimmte Art Alkoholismus, die sich gerade dadurch auszeichnete, daß periodisch auftretende Saufgelage mit langen Phasen der Abstinenz oder des maßvollen Trinkens abwechselten. Er verglich dies mit dem manisch-depressiven Syndrom, einer sporadisch auftretenden Krankheit, bei der jemand vorübergehend krank wird, dazwischen aber lange Phasen in einer ganz normalen Verfassung durchlebt. Seine Spekulation ging dahin, daß dipsomanisch veranlagte Menschen in Wirklichkeit manisch-depressiv waren und jeweils dann zu trinken begannen, wenn sie eine depressive oder eine manische Phase durchmachten.

Sowohl der Alkoholismus als auch die manisch-depressive Krankheit ist erblich bedingt. In Faulkners Familie gibt es eine extrem ausgeprägte Tradition des Alkoholismus: mindestens fünf seiner männlichen Verwandten waren bekanntermaßen davon betroffen. Man weiß innerhalb der Familie von keiner manisch-depressiven Tradition, aber diese Diagnose setze sich überhaupt erst kurz vor Beginn des zwanzigsten Jahrhunderts langsam durch. Offenbar unterzog sich Faulkner bei einem Psychiater einer kurzen Elektrokrampf-Therapie, die Gründe dafür sind jedoch nicht bekannt. Er litt (wie jedermann) unter Gefühlen von Verlassenheit, und gelegentlich hatte er den Eindruck, er sei dem Untergang geweiht. Außerdem litt er unter Schlaflosigkeit, doch dafür mochte auch sein exzessiver Alkoholkonsum verantwortlich sein. Auch Platzangst quälte ihn, und später entwickelte er eine Phobie vor Flugzeugen. Dies ist in etwa der Umfang dessen, was man über seine seelische Krankengeschichte weiß. Für Leute, die Selbstmord begingen, hatte er nichts als Verachtung übrig. Seine Frau hatte es einmal versucht, und er verzieh ihr nur zögernd. Als Hemingway Selbstmord verübte, reagierte Faulkner sehr kritisch: «Ich mag keinen Mann, der beim Nachhausegehen die Abkürzung nimmt.» Oft sagte er, er habe lieber Kummer als «gar nichts».

Andererseits konnte man seinen Alkoholismus als *langsamen Selbstmord* verstehen (um einen Begriff von Karl Menninger[10] zu verwenden). S. Bernard Wortis, der für kurze Zeit Faulkners Psychiater war, schrieb in einem Brief, daß Faulkner «ein derart intensives und emotional aufgeladenes Verantwortungsgefühl, eine derart tiefe Empfänglichkeit für die Probleme anderer besaß, daß das Leben für ihn äußerst schmerzhaft war. Offenkundig war sein Alkoholismus eine Art Narkotisierungsmittel, das es ihm halbwegs erträglich machen sollte ... Er war ein Mann, der dazu geschaffen war, zu leiden, unglücklich zu sein ... und just deshalb Großes zu leisten.» Es steht außer Frage, daß seine Trunksucht selbstzerstörerisch war, und noch einmal: es ist ein Wunder, daß sie ihn nicht vollends aufrieb und er doch ein recht respektables Alter erreichte.

Um diese Übung in Lehnstuhl-Diagnose zu Ende zu führen: Möglicherweise hatte Faulkner ein «Gen für Dipsomanie» geerbt, das für die «Zusammenbrüche» verantwortlich war, und trank ansonsten – ob in normalen Mengen oder exzessiv – im Rahmen des geselligen Beisammenseins oder um alltäglichen Spannungen zu entgehen (es ist allgemein bekannt, daß diese Tendenz bei Schriftstellern und anderen Genies für gewöhnlich überhöht dargestellt wird).

Litt Faulkners Schreiben unter seiner Trunksucht? Oder war er etwa ein besserer Schriftsteller, gerade weil er trank?

Die vorherrschende Meinung geht dahin, daß der Alkohol mehr Schaden als Nutzen brachte. Es gibt beispielsweise den vagen Verdacht, daß gewisse zwielichtige Passagen in seinem Werk dem Umstand zuzuschreiben sind, daß er sie in angetrunkenem Zustand niederschrieb. Indessen ist auch *Licht im August (Light in August)*, das er in völlig nüchterner Verfassung schrieb, stellenweise ziemlich zwielichtig, obwohl es als eines seiner gelungensten Bücher gelten darf.

Donald Newlove, ein Autor, der ein Buch über seine eigenen Trinkgewohnheiten geschrieben hat *(Those Drinking Days)*, vertritt die Ansicht, Faulkners Begabung sei durch den Alkohol zerstört worden: «Als Faulkner neunundvierzig wurde, geschah etwas Verheerendes: Wenn er seinen Alkoholismus bis dahin noch im Griff gehabt hatte, so war es nun aus damit, und dies galt auch für die Schärfe seiner Vorstellungskraft ... Sein Gehirn war vom Alkohol ganz betäubt. Was dabei noch herausschaute, ist die berühmte, manierierte Diktion, der senatorenhafte Ton, eine halluzinierende Rhetorik des Alkohols, die von einer mitreißenden, aber letztlich hohlen Großtuerei geprägt ist. Lebloser Ramsch, wenn man es mit der sonnenklaren Sprengkraft von *Schall und Wahn (The Sound and Fury)* vergleicht (geschrieben mit etwas mehr als dreißig Jahren und allgemein als sein größter Roman betrachtet).»

Newloves Ansicht kann nur dann stattgegeben werden, wenn man Faulkners Werk in seinen letzten sechzehn Jahren für Ramsch hält. Die Kritiker sind sich hierüber durchaus nicht einig. Seine Romane ernteten immer gemischte Kritik, die von ekstatisch bis abschätzig reichten. Sein letztes Buch, *Die Spitzbuben (The Reivers)*, erhielt in etwa das gleiche Verhältnis von guten und schlechten Besprechungen wie sein erstes, *Soldatenlohn*. Die letzten acht oder zehn Jahre seines Lebens verbrachte er damit, *Eine Legende (A Fable)* immer wieder neu zu schreiben, das er für sein *opus magnum* hielt. Es wurde von vielen amerikanischen Kritikern in die Pfanne gehauen, aber ein schwedischer Rezensent verglich es mit *Krieg und Frieden*; wieder klafft ein Graben zwischen amerikanischen und europäischen Literaturkritikern, wobei letztere nahezu alles beklatschten, was Faulkner zu Papier brachte.

Zwischen seinem fünfzigsten Lebensjahr und seinem Tod machte sich vielleicht auch Faulkner selber Sorgen darüber, daß er «allmählich erlahmte», andererseits hatte er voller Selbstvertrauen verlauten lassen, daß sein Spätwerk alles, was er früher geschrieben hatte, egalisieren oder sogar übertreffen werde. Auf jeden Fall kann man *nicht* jenen dramatischen Qualitätszerfall feststellen, der bei einigen seiner schwer alkoholsüchtigen Zeitgenossen zu beobachten ist – beispielsweise bei Hemingway.

In Tat und Wahrheit mag Faulkners Hirn durchaus vom Alkohol «betäubt» gewesen sein, aber der Alkohol war vielleicht auch Treibstoff für sein Genie und hat diesem schüchternen, introvertierten Mann das Selbstvertrauen verliehen, das er zum Schreiben benötigte. Das bleibt natürlich reine Spekulation, aber aus Gründen, die im Schlußkapitel diskutiert werden, kann man die Möglichkeit, daß Alkohol für manche Schriftsteller zu einer Quelle der Inspiration wird, nicht einfach von der Hand weisen. In einem Artikel über Faulkner teilt Richard Rovere die

Schriftsteller in zwei Gruppen ein: diejenigen, die uns nach und nach in menschliche Erfahrungen einweihen, und diejenigen welche uns ihnen schutzlos ausliefern. Faulkner gehört nach seinem Dafürhalten zu dieser zweiten Gruppe:

«Wenn wir überhaupt auf einen Schriftsteller wie Faulkner ansprechen, dann bleiben wir kaum in der Position des Beobachters, sondern durchleiden die beschriebenen Erfahrungen selber. Wir nehmen eine bestimmte Stimmung nicht einfach zur Kenntnis, sondern werden von ihr überwältigt ... Oft ist es unmöglich, *Mitgefühl für* Faulkners Figuren zu empfinden, aber fast immer können wir *mit* ihnen *mitfühlen* ... Bei Faulkner kommen wir der Simulation fremder Gefühle mitunter so nahe, wie es in der Literatur überhaupt nur möglich ist, das heißt in der Regel um einiges näher als im ‹richtigen Leben›.»

Gleichzeitig erscheinen Faulkners Personen aber auch in sich selber gespalten und aufgesplittert. Dies machte er wieder gut durch seine extreme Begabung als Geschichtenerzähler. Kein anderer ernsthafter amerikanischer Autor kann es in der alten Kunst, das Ohr eines Passanten in den Bann zu ziehen, mit Faulkner aufnehmen. Wenn die Figuren fragmentarisch sind, so kann man dies mit gleichem Recht auch von ihrem Erfinder behaupten. Faulkner war ein vollendeter Rollenspieler. Die Liste der ihm zur Verfügung stehenden Masken umfaßte den Künstler-Bohemien, den Militärpilot, den ländlichen Edelmann, den Bauern, den Fuchsjäger. Wie Robert Coughlan aufgezeigt hat, ist die sogenannte kreative Qualität eines Autors eng mit dessen Fähigkeit zu lügen verknüpft, umgekehrt aber auch mit jener persönlichen Ehrlichkeit, die Faulkner zweifellos für ebenso wichtig hielt. Bezüglich seiner Gabe, sich in die Haut anderer zu versetzen, wies er große Ähnlichkeit mit Georges Simenon auf, und beide wurden oft mit Balzac verglichen, der vielen als der begnadetste Romancier aller Zeiten gilt. Wenn wir Faulkner oder Simenon lesen, werden wir, wie Rovere schreibt, von Stimmungen richtiggehend überfallen, so daß wir sie nicht mehr objektiv erkennen können. Diese beiden Autoren pflegten sich beim Schreiben in eine wahre Trance zu versetzen. Keiner von ihnen ließ irgendwelche Störungen zu. Während sie schrieben, *lebten* sie das Leben

ihrer Figuren, und vielleicht erklärt dies wenigstens zum Teil, weshalb Faulkner sich auch jene andere Rolle aneignete – diejenige des Alkoholikers.
Man mag sich freilich fragen, weshalb er sich gerade für diese Rolle entschied? Weshalb trank er, obwohl Alkohol derart verheerende Zerstörungen anrichten kann?
Es böten sich drei mögliche Erklärungen an: a) Tradition, b) genetische Vererbung, c) die ungewöhnlich hohe Spannung des Rollenspiels, wenn er sich zwischen seinen Figuren hin und her bewegte.
Zunächst zur Säufertradition, in die Faulkner hineingeboren wurde, die er niemals hinterfragte und aus der er offenbar auch nie zu entfliehen trachtete: Mais-Whiskey gehörte genauso zum Kleinstadtleben in den Südstaaten um die Jahrhundertwende wie das Geschichtenerzählen und das Schnitzen auf dem Rasen vor dem Gerichtsgebäude. All dies war allein den Männern vorbehalten. Auf jedem Jagdausflug führte man reichlich Whiskeyflaschen mit sich, die dann am Lagerfeuer im Geiste jener männlichen Kameradschaft geleert wurden, die ansonsten vielleicht nur noch in Kriegszeiten anzutreffen ist. Für Faulkner war Alkohol mit Ehre, Ritterlichkeit und Heldentum verbunden. Sein Urgroßvater und sein Großvater waren zügellose Säufer gewesen, und ihrem Beispiel wollte Faulkner, der sie beide bewunderte, nacheifern. Das Erzählen von Geschichten und der Genuß von Alkohol waren unauflöslich miteinander verknüpft. Wer trank, lud keinerlei Schuld auf sich, und wer betrunken war, fast ebensowenig. Faulkners Großvater warf einmal in betrunkenem Zustand einen Ziegelstein in ein Fenster seines Bankgebäudes und erklärte dazu, er habe das Recht, dies zu tun, schließlich handle es sich um seine Bank und seinen Ziegelstein. Trunksucht und Gewalt waren miteinander verquickt, genau wie in Faulkners Geschichten. Alkohol und eine Welt ohne Frauen faszinierten Faulkner mit ungeheurer Macht. Einmal sagte er, Frauen seien unempfänglich für das Böse, und meinte damit, Frauen seien geborene Psychopathinnen, denen man nicht über den Weg trauen könne. Er hielt grundsätzlich alle Ehen für schlecht, aber er löste die Ehe mit seiner Frau nie auf, weil er nicht einsah, wel-

chen Nutzen eine Veränderung hätte bringen können. Er hielt Hemingway für einen Narren, weil dieser seine Ehefrauen unablässig wechselte, waren doch für Faulkner alle Ehen und somit auch alle Ehefrauen gleich. Er hatte eine ganze Reihe von jungen Geliebten, aber ein Libertin war er nie. Im Gegenteil, er war in gewisser Weise sogar prüde und verachtete Pornographie (obwohl viele seiner Bücher als pornographisch empfunden wurden). Getrunken wurde mit Männern, und dies machte ein gut Teil der Anziehungskraft des Alkohols auf Faulkner aus. Übrigens tranken diese Südstaaten-Männer ausschließlich harten Alkohol. Wein und Bier galten als eindeutig minderwertig im Vergleich zu den Erzeugnissen der örtlichen Destillerien oder einer guten Bourbon-Marke, sofern man sich das leisten konnte. Sich zu betrinken, lag wohl gar nicht immer in der Absicht des Trinkers, aber mit weißem Mais-Whiskey dauerte es nie lange, bis man betrunken war.

Im frühen zwanzigsten Jahrhundert in einer kleinen Südstaaten-Stadt, im Schoße einer vornehmen Familien von schweren Trinkern aufzuwachsen, die immer mal wieder verschwanden, um ihren Alkoholismus zu «kurieren», wie man sich eine Warze entfernen läßt, erzeugte bei Faulkner das Gefühl, Trinken sei eine ganz normale Tätigkeit – zwar mit einem Risiko verbunden, jedoch mit einem Risiko, das sich lohnte. Sein Bruder Jack meinte, William habe die Wahl gehabt zwischen einem kurzen Leben mit Alkohol oder einem langen Leben ohne, und so habe er eben, ohne zu zögern, ersteres gewählt. Wie sich herausstellte, war ihm beides beschieden: Alkohol *und* ein ziemlich langes Leben.

Außerdem gab es die Kultur der Boheme, die Faulkner in seinen prägenden Jahren in Greenwich Village, im Französischen Viertel von New Orleans und für kurze Zeit am linken Seine-Ufer in Paris entdeckte. Viel zu trinken, war an all diesen Orten Teil des Alltags. Es gehörte zum Dasein eines Schriftstellers – eines Genies. «Alle guten Schriftsteller sind Säufer», sagte Hemingway zu Fitzgerald. Von einem Schriftsteller erwartete man geradezu, daß er trank, daß er andauernd besoffen war. Solange die Schriftsteller der zwanziger Jahre von Zeit zu Zeit «große Kunstwerke» hervorbrachten, wurde ihre Trunksucht nicht nur geduldet, sondern sogar begrüßt, zumindest insgeheim. Der begnadete Schriftsteller als Alkoholiker wurde zur Kultfigur, zu einem Vorbild, an dem sich weniger begabte Autoren auch noch in der zweiten Jahrhunderthälfte orientierten.

Nun zur genetischen Vererbung: Alkoholismus durchzieht ganze Familien, und in Faulkners Familie grassierte er besonders ausgeprägt. Es gibt eindeutige Beweise dafür, daß eine Anfälligkeit für Alkohol vererbbar ist. Ob dies für Faulkners Alkoholismus zutraf oder ob er ihn wie seinen Südstaaten-Akzent von der Umwelt, in der er aufwuchs, übernahm, wird nie geklärt werden können, aber das *Ausmaß*, das der Alkoholismus bei den männlichen Mitgliedern der Familie Faulkner annahm, spricht für eine stärkere Quelle als das Nachahmen von Vorbildern.

Schließlich war Faulkner nicht nur *ein* Mensch, sondern viele. Seine inneren Widersprüche überstiegen, wie Coughlan 1953 schrieb, künstlerische Freiheit oder schiere Exzentrik: «Er ist keine gespaltene, sondern vielmehr eine fragmentierte Persönlichkeit, die von irgendeiner mächtigen inneren Kraft notdürftig zusammengehalten wird, wobei die einzelnen Teile oft schief aufeinanderzuliegen kommen, was mit schmerzhaften Reibungen verbunden ist.» Auf diese Reibungen führt Coughlan auch die Trunksucht zurück: «Um die Schmerzen zu lindern, so darf man vermuten, flüchtet er sich phasenweise und manchmal für ganze Wochen in den Alkohol; so hat seine Trunksucht schließlich sogar innerhalb seines Berufsstandes legendäre Ausmaße angenommen.» Anschließend macht Coughlan eine ziemlich sonderbare Bemerkung – William Faulkner sei kein Alkoholiker, sondern «ein dem Alkohol verfallener Flüchtling auf der Flucht vor sich selber».

Wenn William Faulkner kein Alkoholiker war, dann müßte man auf den Begriff Alkoholismus wohl ein für allemal verzichten. In Tat und Wahrheit widerspricht sich Coughlan weiter hinten in seinem eigenen Text selber:

«Seine Schweigsamkeit, seine Versunkenheit, seine scheinbare Reserviertheit und unbekümmerte Zielstrebigkeit bemäntelten einen inneren Konflikt, dessen wahres Wesen niemandem anvertraut wurde, der aber derart heftig tobte, daß er ihn zu Fluchtversuchen trieb. Sein alkoholischer Urlaub von der Wirklichkeit – wie er sie wahrnahm – wurde zu einem unverzichtbaren Stützbalken seines Lebens … aber im großen und ganzen war das genauso unauffällig wie sein sonstiges Verhalten. Er schaffte sich jeweils einen Whiskey-Vorrat an und zog sich – nach einer Phase der Euphorie – in sein Bett zurück, wo er so lange trank, bis er einschlief oder ins Koma fiel; wenn er wieder zu sich kam, trank er von neuem, um erst ein paar Tage und Nächte später ganz allmählich wieder in die Welt zurückzukehren. Wenn es soweit war, kamen jeweils seine Freunde und Verwandten und setzten sich zu ihm, wobei sie einander ablösten, so daß es ihm nie an Aufmerksamkeit und Pflege fehlte – ganz so, wie man sich einem Menschen gegenüber verhält, der unter irgendeiner anderen schweren Krankheit leidet.

Und das soll kein Alkoholismus sein?

An einer anderen Stelle in Coughlans Text wird angedeutet, daß Alkoholismus eine «Individualisten-Krankheit» sei. Faulkner war ein Individualist par excellence. Hören wir nochmals Coughlan: «In Faulkners Texten ist das Leben nur für Individuen von Bedeutung. Es gibt für ihn keinen höheren Sittlichkeits-Code als den «code of the gentleman» aus althergebrachter Zeit: Mut, Ehre, Stolz, Barmherzigkeit und Liebe zur Gerechtigkeit und zur Freiheit. Aber die Einhaltung dieses Codes ist von keinerlei Vorteil für die Selbstachtung, sie verspricht weder Erlösung noch Schutz, denn sowohl die «guten» wie auch die «bösen» Figuren sind unterschiedslos zur Hinfälligkeit verdammt.»

Coughlan beschließt seine Faulkner-Studie rhapsodisch:

«Das riesige Figurenkabinett Faulkners versammelt in sich: Raub, Blutschande, Mord, Selbstmord, Brudermord, Drogensucht, Alkoholismus, Verblödung, Wahnsinn, Grabschändung, Rassenvermischung, Nekrophilie, Ehebruch, Kuppelei, Prostitution, Lynchjustiz, Selbstsucht, Undank, Hurerei, die Galanterie und den Mut, mit denen der Plot ausgeschmückt wird … dies sind nicht die Protokolle eines Naturalisten, sondern der symbolische Ausdruck von Wut und Empörung angesichts dessen, was William Faulkner als seine persönliche Tragödie, als Tragödie seiner Epoche und der Menschheit im allgemeinen empfand.»

Eine letzte Frage muß aufgeworfen werden: Was für ein Schriftsteller wäre aus Faulkner geworden, wenn er kein Alkoholiker gewesen wäre? Wäre er überhaupt Schriftsteller geworden? Diese Fragen sind nicht zu beantworten … In Faulkners Fall waren Schreiben und Trinken völlig ineinander verzahnt, und man kann mit Recht davon ausgehen, daß das eine nicht ohne das andere möglich war. Manchmal mußte sich Faulkner erholen; der Alkohol half ihm dabei. Manchmal mußte er phantasieren; der Alkohol half ihm dabei. Er mußte unter möglichst wenig Reibungen zwischen verschiedenen Welten, verschiedenen Figuren, verschiedenen Persönlichkeiten hin und her springen … und der Alkohol half ihm dabei.

Bibliographische Notiz

Faulkner-Forscher und -Fans können sich glücklich schätzen, über einen zweibändigen Bericht zu verfügen, der beinahe jeden Tag in Faulkners Leben schildert und außerdem mit Herzenswärme und manchmal in glänzendem Stil abgefaßt ist. Es handelt sich um Joseph Blotners *Faulkner: A Biography* (Random House, New York 1974). Das Werk wurde 1984 stark überarbeitet in einem einzigen Band wiederaufgelegt. Blotner war Akademiker, Professor für englische Literatur und ein persönlicher Freund von Faulkner.

Auch Faulkners Bruder John war Schriftsteller von Beruf *(Men Working; Dollar Cotton)*, und er starb kurz nach Williams Tod. Sein vielleicht bestes Werk ist *My Brother Bill: An Affectionate Reminiscence* (Trident Press, New York 1963. Deutsche Ausgabe: Mein Bruder Bill. Eine Biographie, Fretz & Wasmuth, Zürich 1966). Ein weiterer Bruder, Murry (Jack), war FBI-Agent und nicht Schriftsteller von Beruf, aber sein Buch über William, *The Falkners of Mississippi: A Memoir* (Louisiana State University Press, Baton Rouge, 1967) führt die literarischen Gene der Familie Faulkner auf jeder Seite vor (und erklärt auch, weshalb manche Faulkners ihren Namen mit *u* schreiben und andere nicht).

Eine kleine, aber klassische Biographie ging aus den Besuchen hervor, die Robert Coughlan in den frühen fünfziger Jahren in Oxford abstattete und die zunächst zu einer zweiteiligen Serie über Faulkner im Magazin *Life* führten. Sie wurde unter dem Titel *The Private World of*

William Faulkner (Harper and Brothers, New York 1954) in Buchform veröffentlicht, ist heute jedoch vergriffen. Es lohnt sich, in die Bibliothek zu gehen und jene *Life*-Artikel auszugraben, die am 28. September und 5. Oktober 1953 erschienen sind. Coughlans Beschreibungen des Menschen Faulkner, der realen Welt, in der er lebte und der Phantasiewelt, die er schuf, sind unvergleichlich (und allein schon die Bebilderung rechtfertigt einen Besuch in der Bibliothek).
Weitere Quellen für dieses Kapitel waren: Malcolm Cowley, *The Faulkner-Cowley File: Letters and Memories*, 1944–1962, Viking Press, New York 1966; Ben Wasson, *Count No' Count: Flashbacks to Faulkner,* University Press of Mississippi, Jackson 1983; James W. Webb und A. Wigfall Green, *William Faulkner of Oxford*, Louisiana State University Press, Baton Rouge 1965; Louis Daniel Brodsky und Robert W. Hamblin (Hg.), *Faulkner: A Comprehensive Guide to the Brodsky Collection*, zwei Bände, University Press of Mississippi, Jackson 1983–84; Judith B. Wittenberg, Faulkner: *The Transfiguration of Biography*, University of Nebraska Press, Lincoln 1979.
Auf deutsch existieren eine ausführliche Biographie von Heinrich Straumann (*William Faulkner*, Athenäum, Frankfurt a. M. 1968) sowie eine rororo-Monographie von Peter Nicolaisen (*William Faulkner*, Rowohlt, Reinbek 1981).

---

[1] Sherwood Anderson (1876–1941), berühmter naturalistischer Erzähler (*Horses and Men; Winesburg, Ohio*) kreolischer Abstammung.

[2] Robert Graves (1895-1985), in Wimbledon (London) geborener Dichter, Kritiker und Romancier, der hauptsächlich auf Mallorca lebte.

[3] Arnold Bennett (1867–1931), englischer Romancier und Dramatiker, dessen Texte leichte Kost, jedoch unterhaltsam und erfolgreich waren.

[4] John O'Hara (1905–1970), weniger bei den Kritikern als vor allem bei der Leserschaft beliebter Autor von Kurzgeschichten und Drehbüchern.

[5] Sinclair Lewis (1885–1951), Journalist und Schrifsteller; 1930 erster amerikanischer Träger des Literatur-Nobelpreises.

[6] Theodore Dreiser (1871–1945), libertärer, kommunistischer Journalist und naturalistischer Schriftsteller.

[7] H. L. Mencken (1880–1956), in den zwanziger und dreißiger Jahren einflußreichster Literaturkritiker Amerikas.

[8] Dorothy Parker (1893–1967), Mittelpunkt der New Yorker Literaturszene zwischen den Weltkriegen; vermachte ihr Vermögen von 20000 Dollar Martin Luther King Jr.

[9] Emil Kraepelin (1856–1926), Spezialist für Psychodiagnostik, -therapie und -pharmakologie; unterteilte die Psychosen in Schizophrenie und manisch-depressive Krankheit.

[10] Karl Menninger (1893–1990), amerikanischer Kriminologe und einflußreicher Psychoanalytiker.

Eugene O'Neill
(1888–1953)

Alkohol bei den Iren

«Alles in allem ist zuviel verdammter Bockmist
über das Lotterleben der Künstler geschrieben worden.»
(Eugene O'Neill)

Zwei Psychiater haben den Nobelpreis für Medizin erhalten: Julius Wagner-Jauregg für die Behandlung von Neurosyphilis durch Impfung mit Malaria-Erregern und Antonio Moniz für die Entwicklung der Lobotomie. Mehr als diese beiden hätte ihn vielleicht Gilbert V. Hamilton verdient. Als junger Psychoanalytiker im New York der zwanziger Jahre bekehrte er Amerikas größten Dramatiker von einem üblen Alkoholiker zu einem überzeugten Abstinenzler – und das in lediglich sechs Wochen.

Durch seine Behandlung mag sich sein Patient Eugene O'Neill freilich auch aus einem sensationell produktiven Stückeschreiber in einen Einsiedler verwandelt haben, der in der Folge zwölf Jahre lang kein Stück mehr an den Broadway brachte – aber für diese Behauptung reichen die Beweise nicht aus. Wie Hamilton O'Neill von seiner Trunksucht heilte, gehört hingegen zweifellos zu den herausragendsten medizinischen Triumphen unseres Jahrhunderts.

Hamilton hatte ein Stipendium erhalten, um die Sexualpraktiken verheirateter Paare zu erforschen. Zu seinen Untersuchungspersonen zählte auch das Ehepaar O'Neill. Später bezog Hamilton Gelder, um sechs Personen je sechs Wochen lang «psychoanalytisch» zu behandeln. O'Neill nahm bereitwillig daran teil. Nach sechs Wochen war O'Neill klar, daß er seinen Vater zugleich liebte und haßte und daß er unter einem Ödipus-Komplex litt. Hamilton war klar, daß O'Neill einen Todeswunsch hegte. Aus welchem Grund auch immer: mit siebenunddreißig entsagte O'Neill dem Alkohol. Abgesehen von zwei oder drei Ausrutschern – von denen lediglich ein einziger ins Gewicht fiel – blieb er nüchtern, bis er achtundzwanzig Jahre später starb.

Hamiltons Leistung war aus mehreren Gründen bemerkenswert. Erstens sind Psychiater meistens skeptisch, wenn es um die Frage geht, ob sie Alkoholikern überhaupt helfen können; manche wollen es gar nicht erst versuchen. Außerdem war O'Neills Therapie äußerst kurz; auch jene Psychiater, die Alkoholismus grundsätzlich für heilbar halten, gehen für gewöhnlich davon aus, daß die Behandlung praktisch ewig dauert. Und dabei war O'Neill ein ganz besonders schwieriger Fall. Er war ein «Gamma»-Alkoholiker – E. M. Jellineks Bezeichnung für einen Alkoholiker, der, wenn er einmal mit dem Trinken begonnen hat, stets bis zum bitteren Ende weitertrinkt. Er war Ire und stammte aus einer Alkoholikerfamilie; auch seine Freunde und seine Frau tranken; er litt unter Depressionen und hegte Selbstmordgedanken; und er war Schriftsteller. Nicht irgendein Schriftsteller, sondern ein berühmter Autor, und in den zwanziger Jahren waren die berühmten amerikanischen Autoren fast ausnahmslos Alkoholiker.

Wer verstehen will, weshalb O'Neill mit dem Trinken aufhörte, muß zunächst untersuchen, wie er damit anfing. Auf der Grundlage seiner Werke (er war vielleicht der autobiographischste Dramatiker aller Zeiten) und der umfangreichen Sekundärliteratur ist eine solche Untersuchung denkbar, wobei man möglichst wenig «verdammten Bockmist» mit möglichst viel historisch belegten Fakten kombinieren sollte.

O'Neill wurde 1888 in einem Hotel in New York City als Sohn eines irisch-amerikanischen Schauspielers geboren. Als Kleinkind reiste Eugene mit seinen Eltern von Stadt zu Stadt, während sein Vater – zu jener Zeit ein erklärter Liebling der Theaterbesucherinnen – in der Rolle des *Grafen von Monte Christo* glänzte, die er neunundzwanzig Jahre lang spielte. Sein Vater haßte die Rolle, seine Mutter haßte das Herumreisen, und Eugene haßte die Hotels. Die letzten Worte, die er kurz vor seinem Tod in einem Bostoner Hotel über die Lippen brachte, lauteten: «Geboren in so einem Scheißhotel, gestorben in so einem Scheißhotel.» Die Familie besaß ein Haus in New London (Connecticut), wo sie jeweils den Sommer verbrachte; dort fand Eugene noch am ehesten so etwas wie ein Zuhause.

Als Knabe und Jüngling lebte er in Internaten, wo er sich einsam und verlassen fühlte. Der Sommer in New London war jeweils seine glücklichste Zeit. Ein besonders enges Verhältnis verband ihn mit seinem älteren Bruder Jamie, den er vergötterte, nachahmte und schließlich in zwei fast vollständig autobiographischen Stücken mit den Titeln *Eines langen Tages Reise in die Nacht (Long Day's Journey into Night)* und *Ein Mond für die Beladenen (A Moon for the Misbegotten)* unsterblich machte.

Mit achtzehn schrieb sich O'Neill für ein Jahr in Princeton ein. Nachdem er durchgefallen war, arbeitete er eine Weile als Sekretär in New York. Mit zwanzig ging er eine überstürzte Ehe ein und floh dann als Goldsucher nach Honduras. Sein erster Sohn, Eugene O'Neill Jr., kam während seiner Abwesenheit zur Welt. O'Neill lebte nie mit seiner ersten Frau zusammen. Schließlich ließ sie sich von ihm scheiden. Seinen Sohn traf er zum ersten Mal, als er zwölf war.

Nach seiner Zeit in Princeton bis zum Alter von fünfundzwanzig Jahren verlief O'Neills Leben ziellos und chaotisch. Einen Teil dieser Zeit verbrachte er auf See. An Bord eines Windjammers segelte er nach Buenos Aires und lebte wie ein Hafenvagabund. Den Heimweg mußte er sich als Matrose verdienen, später wurde er Seemann auf einem Luxuskreuzer, der zwischen Southampton und New York verkehrte. Zwischen den Reisen lebte er in einem billigen Saloon-Hotel in der Nähe des New Yorker Hafens und erhielt ein wenig finanzielle Unterstützung von seinem Vater. Nach einem Selbstmordversuch mit dreiundzwanzig reiste er eine Zeitlang mit seinem Vater herum und übernahm kleine Rollen in der Dauerbrenner-Klamotte, mit der sich sein Vater sein täglich Brot verdiente. Unglücklich wie eh und je, fand er schließlich eine Stelle als Jungreporter bei einer New Londoner Zeitung, wo er sich (verdientermaßen oder nicht) den Ruf erwarb, der schlechteste Reporter in der ganzen Geschichte des Blattes zu sein.

Während dieser Jahre beschäftigte sich O'Neill mit Lesen, Alkohol, Huren, Gedichteschreiben, und er sammelte, ohne es zu wissen, einen Haufen Erfahrungen, die ihm in späteren Jahren Material für seine Theaterstücke lieferten. Er hatte keinen blassen Schimmer, was er eigentlich wollte – einmal abgesehen von der vagen Absicht «zu schreiben», genauer: Gedichte zu schreiben. Seine Lyrik taugte nie etwas, und das wurde ihm bald klar;

selbst dieses Ziel geriet ihm zu einer Quelle von Verzweiflung. Sein ganzes Leben lang litt O'Neill unter vielen Gebrechen: Rachitis in seiner Kindheit, Malaria in Honduras, Tuberkulose zwischen zwanzig und dreißig und zuletzt jene Krankheit, die er nicht überlebte: jenes heimtückische, geheimnisvolle Nervenleiden, das in seiner Kindheit mit einem Zittern begann und ihn während der letzten Jahre seines Lebens zu einem hilflosen Krüppel machte. Von alledem hatte einzig die Tuberkulose einen tröstlichen Aspekt, denn mit fünfundzwanzig entschloß sich O'Neill während eines fünfmonatigen Aufenthalts in einem Sanatorium, daß er Stücke schreiben wollte. Als der Entscheid einmal gefällt war, produzierte er in einem völlig irrsinnigen Rhythmus Stücke: gute Stücke, schlechte Stücke, fürchterliche Stücke und zwei oder drei großartige Stücke, die es mit allem aufnehmen können, was in moderner Zeit geschrieben worden ist.

Binnen zweier Jahre brachte O'Neill eine wirklich erstaunliche Anzahl von Werken zustande, darunter elf Einakter, drei Stücke von üblicher Länge, mehrere nie realisierte Filmdrehbücher und zahlreiche Kurzgeschichten. Sein erster Einakter wurde aufgeführt, als er achtundzwanzig war, sein erstes abendfüllendes Stück, *Jenseits des Horizonts (Beyond the Horizon),* vier Jahre später. Zu dieser Zeit galt O'Neill als Amerikas verheißungsvollster (und zweifellos produktivster) Dramatiker. Während der folgenden vierzehn Jahre wurde jedes Jahr mindestens ein Stück von O'Neill in einem New Yorker Theater gespielt, manchmal auch zwei oder drei gleichzeitig.

In dieser Zeit heiratete O'Neill abermals, hatte mit seiner zweiten Frau zwei Kinder, ließ sich scheiden und heiratete abermals, verdiente hohe Summen, gab das meiste aus, soff mit Freunden aus der Literaturszene herum, lebte eine Zeitlang, wie es scheint, fast überall – Cape Cod, New York, Connecticut, Long Island, Georgia, Bermudas, Europa –, kaufte sich teure Häuser und verkaufte sie wieder, und die ganze Zeit über schrieb und trank er, trank und schrieb er.

Jahr für Jahr schrieb O'Neill weiter, bis sein Zittern gegen Ende seines Lebens derart heftig wurde, daß er rein körperlich nicht mehr dazu imstande war (mit dem Diktieren kam er nie zurecht). Als er Mitte vierzig war, geschah allerdings etwas Seltsames: seine Stücke wurden nicht mehr gespielt. Zwischen 1934 und 1946 wurde kein einziges neues O'Neill-Stück uraufgeführt. Noch seltsamer ist der offenbar dafür verantwortliche Umstand: Nicht daß O'Neills Begabung erschöpft gewesen wäre oder die Nachfrage nach seinen Stücken nachgelassen hätte. Der Grund lag auch nicht darin, daß er nichts mehr schrieb, sondern daß er mit dem Schreiben nicht mehr *aufhören* konnte.

Beim Schreiben, in der Bildhauerei und auch in anderen Künsten besteht der Trick weniger darin, das Richtige hineinzulegen, als vielmehr das Richtige auszusparen. O'Neill war nie ein guter Aussparer. Seine Kritiker beschwerten sich, seine Stücke seien zu lang und zu repetitiv; auch die Regisseure, die Schauspieler und das Publikum waren dieser Meinung. O'Neill ignorierte sie, schrieb immer längere und längere Stücke und führte diese Macke mit *Trauer muß Elektra tragen (Mourning becomes Electra)*, einem Marathon in dreizehn Akten, der um fünf Uhr begann und bis Mitternacht dauerte, vollends ad absurdum.

Trauer war eines von O'Neills letzten Stücken, bevor seine Werke vom Broadway verschwanden. Es gehörte zu O'Neills grandiosestem Projekt: ein Zyklus von Stücken, der die ganze amerikanische Geschichte von der Kolonialzeit bis zur Gegenwart rekonstruieren sollte. Je länger O'Neill an diesem Zyklus arbeitete, um so länger und zahlreicher wurden die Stücke (zuerst plante er deren fünf, dann sieben, schließlich elf). Nach *Trauer* beschloß er, daß keines davon aufgeführt werden durfte, bis sie alle fertiggestellt waren. Er sollte es nie schaffen, alle zu vollenden, und eine der schmerzlichsten Szenen in O'Neills Leben ist der sterbende Dramatiker, der mit seiner Frau vor dem Kaminfeuer sitzt und die fertigen Stücke eines nach dem anderen vernichtet. (Eines der Stücke, *Fast ein Poet [A Touch of the Poet]*, überlebte und wurde nach O'Neills Tod zur Aufführung gebracht.)

Zum großen Glück der Theaterbesucher legte O'Neill seinen Zyklus dreimal beiseite, um zwei Meisterwerke zu schaffen. 1940 schrieb er mit zweiundfünfzig Jahren sein wohl bestes Stück, *Eines langen Tages Reise in die Nacht*, einen qualvollen Bericht über die sturmgepeitschte Familie O'Neill während des Sommers 1912 in New London. Außerdem verfaßte er *Der Eismann kommt (The Iceman Cometh)*. Dieses letzte zu seinen Lebzeiten aufgeführte Drama kam 1946 auf die Bühne. Sein drittes, nicht zum Zyklus gehöriges Werk, *Ein Mond für die Beladenen*, reichte künstlerisch nicht an die anderen beiden heran und besteht aus der bewegenden Schilderung, wie sein Bruder Jamie dem Alkohol und der Verzweiflung erlag.

Unterdessen hatten O'Neill und seine dritte Frau ihre rastlose Suche nach dem perfekten Zuhause fortgesetzt. Eine Weile lang lebten sie in der Nähe von Seattle, für die Kriegsjahre ließen sie sich in einem Haus bei San Francisco nieder und kehrten dann in den Osten zurück, um in und um New York und Boston zu wohnen. Wo sie auch lebten, es war fast immer eine Einsiedelei. Als O'Neill mit dem Trinken aufhörte, war – abgesehen von kurzen Zwischenspielen – auch seine Teilnahme am gesellschaftlichen Leben zu Ende.

O'Neill war vom typisch irischen Aberglauben erfüllt, daß über gewissen Familien ein Fluch laste, und seine eigene Familie bildete keine Ausnahme. Die letzten Jahre seines Lebens waren nicht gerade dazu angetan, ihn von dieser fixen Idee zu heilen. Sein Lieblingskind, Eugene Jr., ein berühmter Altphilologe in Yale, wurde alkoholabhängig und beging Selbstmord. Sein zweiter Sohn, Shane, war rauschgiftsüchtig. Seine wunderschöne Tochter Oona heiratete mit achtzehn Jahren Charlie Chaplin – einen Mann in O'Neills Alter – was ihr O'Neill nie verzieh; für den Rest seines Lebens durfte ihr Name in seiner Gegenwart nicht genannt werden.

Hinzu kam seine Krankheit. Seine legendäre mikroskopische Handschrift (einmal schrieb er einen Dreiakter auf zweieinhalb Seiten nieder) wurde immer unleserlicher. In seinen letzten Lebensjahren konnte er überhaupt nicht mehr schreiben – gewiß ein qualvoller Verzicht für einen Mann, der dem Schreiben ebenso verfallen war wie seine Söhne dem Alkohol und dem Heroin. Das Leiden griff auf seine Beine über, so daß er kaum noch gehen konnte. Mehrmals kam er für längere Zeit ins Krankenhaus, einmal wegen einer chronischen Bromvergiftung. Nachdem er jahrelang hatte sterben wollen, es aber nie geschafft hatte, starb er endlich mit fünfundsechzig in einem Bostoner Hotel an einer Lungenentzündung.

Seine Diagnose hatte auf Parkinsonsche Krankheit gelautet, aber die Autopsie förderte eine seltene Form einer degenerativen Kleinhirnerkrankung zutage, die möglicherweise vererbt war, denn auch O'Neills Mutter hatte unter diesem Zittern gelitten.

Das war O'Neills Leben – mindestens so tragisch wie die Tragödien, die er schrieb; und dies war der Hintergrund, auf dem Anfang und Ende seiner Alkoholsucht zu sehen sind.

Es fing schon in der Kindheit an. Wenn Klein-Eugene einen Alptraum oder Magengrimmen hatte, gab ihm sein Vater ein paar Tropfen Whiskey in einem Glas Wasser. O'Neill glaubte später, daß dieser alte irische Brauch zu seinem Alkoholproblem beigetragen hatte.

Der nichtmedizinische Gebrauch von Alkohol begann, als er fünfzehn war, und zwar – wie er später betonte – nicht gelegentlich, sondern gleich sehr ausgeprägt. Während der Sommerferien trank er mit seinem Bruder in den Bars von New London. Als O'Neill achtzehn war, machte ihn sein Bruder auch mit den Bordellen von New London bekannt – Eugenes erste sexuelle Erfahrung –, und die beiden ließen sich regelmäßig vollaufen.

Während seines Jahres in Princeton nahm sein Alkoholkonsum weiter zu, er entwickelte eine Vorliebe für den Geschmack von Absinth, einen Wermut-Alkohol, der wegen seines Giftgehalts heute in den meisten Ländern verboten ist (vgl. das Kapitel über Poe). Klassenkameraden von O'Neill, die von seinem Biographen Louis Sheaffer interviewt wurden, erinnerten sich, daß er sich «jeweils in den phantastischsten und exotischsten Geistesabwesenheiten verlor», wenn er Absinth trank, und daß er oft in einem Zustand «extremer und manchmal geradezu wahnsinniger Berauschtheit nach Hause kam». Einmal brachten ihn seine Barkumpels nicht nach Hause, sondern trugen ihn auf den Friedhof und ließen ihn auf dem Grab von Aaron Burr[1] liegen. Für seine Freunde in Princeton war er ein verrückter Ire. «So reserviert er sich auch für gewöhnlich gab – wenn er beschwipst war, dann sprudelte es aus ihm heraus wie aus einer Maschine.

Sein dickes schwarzes Haar fiel in Locken über die Stirn, seine buschigen Augenbrauen setzten Ausrufezeichen über die blitzenden Augen, seine Arme ruderten in der Luft herum, sein Gesicht rötete sich, und – auf einem Stuhl oder einem Tisch thronend – schwang er lange Reden über Gott und die Welt.» Einmal, als er «vor lauter Absinth völlig außer Rand und Band geriet», zerschmetterte er in einem Schlafzimmer die ganze Einrichtung und fand einen Revolver, dessen Abzug er ein paarmal betätigte, aber die Waffe war nicht geladen. Seine Freunde fesselten ihn mit Bettlaken, und er fiel in Ohnmacht. In Princeton wurde er zuerst nach einem in betrunkenem Zustand ausgeführten Studentenstreich vorübergehend suspendiert, später fiel er aufgrund seiner schlechten Noten durch – die wenigstens zum Teil auf Alkohol und Wermut zurückzuführen waren.
Noch bevor O'Neill zwanzig war, konnte niemand mehr daran zweifeln, daß er ein Alkoholproblem hatte. Außer vielleicht O'Neill selber. Von seinem Standpunkt aus, folgte er lediglich dem Beispiel seines Vaters und seines Bruders. Sein Vater trank jeden Tag – für gewöhnlich in Bars –, aber er prahlte damit, daß er wegen Trunkenheit noch nie eine Vorstellung verpaßt hatte. «Du hast ihn zu einem Säufer erzogen» sagt Eugenes Mutter zu seinem Vater in *Eines langen Tages Reise in die Nacht.* «Seit er zum ersten Mal die Augen aufgeschlagen hat, sah er dich trinken. In all den billigen Hotelzimmern stand immer eine Flasche auf dem Schreibtisch.» Auf jeden Fall übernahm Eugene die Gewohnheiten seines Bruders. Jamie wohnte praktisch in Bars und Bordellen und unternahm titanische Sauftouren. Zwischen zwanzig und fünfundzwanzig tat dies auch Eugene, allerdings mit einem kleinen Unterschied: Jamie hatte eine Vorliebe für stilvolle Bars und eine extravagante Lebensweise; Eugene fand seine Nische in den tiefsten Niederungen der Gesellschaft, im Hafenquartier von Buenos Aires und in der New Yorker Lower West Side. Er lebte mit Landstreichern zusammen, trank mit Landstreichern und schrieb schließlich auch über Landstreicher.

Von Anfang an verlief O'Neills Alkoholsucht grundsätzlich in Phasen. Wenn er trank, war er anschließend meistens betrunken, und als er älter wurde, zogen sich die Zechgelage immer mehr in die Länge, und die Rauschzustände hielten bis zum folgenden Tag an. Wenn die Zecherei aber einmal doch zu einem Ende kam – weil er zu krank oder schlicht pleite war und nicht mehr weitertrinken konnte -, dann durchlitt O'Neill den klassischen «Hangover» und machte sich wieder an die Arbeit. Arbeit hieß in der Zeit, da er noch keine Stücke schrieb, daß er alles Lesbare verschlang und daneben Gedichte machte. Bis zu seiner «Heilung» im Alter von siebenunddreißig Jahren, widmete O'Neill sein Leben nahezu ausschließlich dem Alkohol oder der Arbeit. Freilich vermischte er sie nicht miteinander. «Man muß all seine kritischen und kreativen Fähigkeiten unter Kontrolle haben, wenn man arbeitet», meinte O'Neill, «ich versuche nie auch nur eine einzige Zeile zu schreiben, wenn ich nicht völlig enthaltsam lebe.»

«Rhythmus» war immer etwas, was O'Neill faszinierte, und er äußerte sich oft über den «Rhythmus des Lebens» oder über den Rhythmus seiner Stücke. Sein eigenes Leben stand ganz im Zeichen des Rhythmus – Arbeit als Systole, Alkohol als Diastole –, bis Dr. Hamilton die Diastole beseitigte.

Sein Erfolg half O'Neill bei der Bekämpfung seines Alkoholproblems lange nicht so gut wie Dr. Hamilton. Kurz nachdem er wohlhabend geworden war, begab er sich auf eine 100-Dollar-Sauftour und erfüllte sich damit einen lang gehegten Wunsch. Auch die Prohibition half ihm nicht. Als er «ganz unten» gewesen war, hatte er in der Gangster-Szene viele Freunde gewonnen, die ihn nun ausreichend mit schwarzgebranntem Whiskey versorgten. Im Falle Jamies half der Tod eines Verwandten: als sein Vater starb, entsagte er dem Alkohol und blieb trocken, bis seine Mutter zwei Jahre später starb. Anders Eugene: nach dem Tod seiner Eltern betrank er sich ebenso wie nach Jamies Tod.

Als Erwachsener betrank sich O'Neill meistens ganz still, allerdings auch nicht immer. Wiederholte Male wurde er gegen seine Frau Agnes handgreiflich. Sie erzählte von «schrecklichen Gewaltausbrüchen ... bei denen er mehr einem Verrückten glich als irgend jemandem sonst». Ein Freund aus der College-Zeit bemerkte, daß O'Neill gar nicht so viel zu trinken brauchte, um sich «in einen Zustand wilder Wut zu versetzen». Wie dieser Freund weiter erläuterte «war sein Motor zu stark für sein Chassis ... Wenn er in die entsprechende Stimmung kam, konnte man spüren, welches Potential an Zerstörung und Verwüstung in diesem Mann schlummerte.»

Es ist nicht ganz klar, wann O'Neill zum ersten Mal bewußt wurde, daß er Alkoholiker war. Er hatte gigantische Katerzustände, aber seine Diät zu deren Behandlung schien offenbar zu wirken: Er nahm «zeitlich sorgsam abgestimmte Drinks zu Hilfe, flößte sich in wohlüberlegten Abständen Suppe oder Milk-Shakes ein und durchsetzte dies mit Schlaf und Leibesübungen». Unter einem echten Delirium tremens litt er nie. Bei längeren Zechgelagen unternahm er energische Anstrengungen, um sich ein wenig zu zügeln. Eine seiner Methoden bestand darin, die *Saturday Evening Post* aufzuschlagen und alles zu lesen, was ihm unter die Augen kam, wobei auf einen Text jeweils ein Drink und auf diesen wieder ein Text folgte. O'Neills Freunde versuchten ihm auch zu helfen, indem sie ihn im Schlafzimmer oder im Keller einschlossen, aber andere Freunde versorgten ihn heimlich mit Schnaps.

Als O'Neill fünfunddreißig und auf dem Gipfel seines Ruhms war, starb sein Bruder Jamie an Alkoholismus. Neben Dr. Hamiltons Behandlung mag ihm dies geholfen haben, zwei Jahre später endgültig nüchtern zu werden. Als es mit Jamie zu Ende ging, war Eugene oft bei ihm und teilte sich mit ihm eine Flasche – wie in den guten alten Zeiten. Damals war Eugenes Alkoholsucht am heftigsten. «Es kam nicht selten vor», berichten die Biographen Arthur und Barbara Gelb, «daß beide Brüder derart krank waren, daß sie medizinische Behandlung benötigten.»

Als sein Bruder starb, unternahm Eugene heldenhafte Versuche, vom Alkohol loszukommen, denn er war fest davon überzeugt, daß ihn der Alkohol ebenso töten würde wie seinen Bruder. Schließlich gab er dem Drängen seiner Freunde nach und suchte Hilfe beim Psychiater. Sein erster Psychiater hieß Smith Ely Jellife, den sich O'Neill aussuchte, weil er kein Psychoanalytiker war. Wie viele andere Schriftsteller seiner Zeit war O'Neill von der Freudschen Theorie zwar fasziniert, fürchtete aber, daß eine persönliche Psychoanalyse seine Begabung ruinieren könnte. Er besuchte Dr. Jellife zwei Jahre lang, um «alles ein bißchen zu bereden». Abgesehen von sechs Monaten auf den Bermudas, während deren er seinen Alkoholkonsum auf ein Glas Bier vor dem Abendessen reduzierte, trank er weiterhin ziemlich tüchtig. Dann führte Dr. Hamilton seine Sex-Untersuchung und anschließend seine sechswöchige Psychoanalyse mit O'Neill durch, worauf dieser jeglichen Alkohol aus seinem Haus verbannte, seinen Trinkkumpanen aus dem Weg ging und sich mit seiner schönen dritten Frau, einer Schauspielerin, in eine Einsiedelei zurückzog, die mehr oder weniger für den ganzen Rest seines Lebens andauerte. Dreimal wurde er rückfällig – am längsten in Schanghai, wo er schließlich unter ärztliche Aufsicht gestellt werden mußte –, aber abgesehen davon trank O'Neill außer einem seltenen Schluck Bier oder Champagner gegen Ende seines Lebens nie wieder Alkohol.

Man erliegt unweigerlich der Versuchung, über die Ursachen für Anfang und Ende von O'Neills Trunksucht – also über diesen «verdammten Bockmist», über den er sich beklagte – nachzudenken. Sogar O'Neill ließ sich zu solchen Spekulationen hinreißen und erst recht seine Freunde und Biographen. Die meisten Theorien lauten etwa wie folgt:

Zunächst die Erblichkeit. O'Neills Großvater mütterlicherseits, ein irischer Einwanderer, wurde im Alter von gut vierzig Jahren zum Alkoholiker. O'Neills Großvater väterlicherseits wanderte ebenfalls von Irland nach Amerika aus, ließ alsdann seine Familie sitzen, kehrte nach Irland zurück und beging vielleicht Selbstmord (diese Möglichkeit wird von O'Neill lediglich angedeutet). O'Neills Vater war ein schwerer Trinker. O'Neills Mutter war während fünfundzwanzig Jahren morphiumsüchtig und beging einen Selbstmordversuch. O'Neills Bruder starb an Alkoholismus. Ein Sohn O'Neills war alkohol-, der andere heroinsüchtig.

«Ich bin durch und durch Ire», pflegte O'Neill zu sagen und meinte damit nicht nur seine Vorfahren, sondern auch die irischen Sitten und Gebräuche in seiner Familie, die in *Eines langen*

Tages Reise in die Nacht äußerst fein dargestellt werden. Wie John Henry Raleigh herausgestrichen hat, bildet im Stück eine Flasche Whiskey den Mittelpunkt des Zimmers und ist in vielerlei Hinsicht der wichtigste Gegenstand darin. «Wenn sie sich nicht gerade daran gütlich tun, dann unterhalten sie sich mindestens darüber. Sie wird ein Teil ihres Charakters; die Knauserigkeit des Vaters konzentriert sich wunderschön in dem Umstand, daß er seinen Schnaps hinter Schloß und Riegel verwahrt und den Pegelstand der Whiskeyflasche stets mit Adleraugen überwacht ... Desgleichen kann man die Rebellion der Söhne daran messen, wieviel Schnaps sie sich heimlich abzweigen.»

Raleigh ist der Meinung, daß Alkoholklau bei den Iren wichtiger ist als in irgendeiner anderen Kultur. «Mit diesem vornehmlich irischen Brauch gehen eine bestimmte Redewendung und die damit bezeichnete Handlung einher: ‹den Whiskey wässern› bedeutet, Wasser nachzufüllen, nachdem man ‹sich einen Drink abgezweigt hat›, und zwar bis zum vorherigen Pegelstand.» In gewissen irischen Haushaltungen verwandeln sich, Raleigh zufolge, «ganze Whiskeykisten ganz allmählich in eine wässerige, bräunliche Flüssigkeit, sozusagen ohne daß die Flaschen überhaupt je offiziell auf den Tisch gekommen wären. Dieser Akt – der einsame, verstohlene, hastige Schluck Whiskey – ist ein nationales Ritual ...»

Ob national oder nicht – in O'Neills Familie wurde dieses Ritual ganz sicher mit ebenso großer Hingabe gepflegt wie eine weitere traditionelle Sitte aus Irland: die medizinische Anwendung von Alkohol.

«Für die Iren wird das Leben dank ihrer Trunksucht einfacher», schreibt Raleigh. «So geht man mit sämtlichen Problemen um: man greift zur Flasche.» Und die O'Neills griffen in der Tat tüchtig zu. «Dann und wann ein Tropfen kann nicht schaden, wenn man niedergeschlagen ist oder eine böse Erkältung hat», rät das Dienstmädchen in *Eines langen Tages Reise in die Nacht*, und Eugenes Vater erklärt sich hiermit einverstanden. «Ich habe Whiskey schon immer für das beste Stärkungsmittel gehalten», meint er in diesem Stück und bezeichnet das Trinken als «das Laster des rechtschaffenen Mannes». Sogar O'Neills Mutter betrachtete Alkohol als «ein gesundes Belebungsmittel».

Irischen Gelehrten zufolge erfüllte Alkohol nicht nur medizinische, sondern auch andere nützliche Funktionen, wenigstens in früheren Zeiten. Die Iren waren in Sachen Sex ebenso puritanisch, wie sie Trunkenheit gegenüber nachsichtig waren, und in Tat und Wahrheit hing beides zusammen: Alkohol diente nämlich als Sexersatz. Ein Abstinenzler galt praktisch als Bedrohung, als ein Mann, der auf der Straße herumlungerte, um Mädchen zu belästigen. Wenn ein junger Mann Liebeskummer hatte, erteilte man ihm den Rat, ihn einfach «hinunterzuspülen». Arensberg und Kimball zufolge wurde «das Ertränken jeglicher Sorgen zur gesellschaftsfähigsten Art und Weise, sich zu trösten – so wie bei Frauen das Gebet». Liebeskummer war auch für O'Neill oft ein Grund, sich tagelang zu betrinken.

Wenn O'Neill – wie bereits erwähnt – jegliche sozialen Kontakte abbrach, wenn er mit dem Trinken aufhörte, dann entsprach dies ebenfalls einem irischen Brauch. Laut M. J. F. McCarthy ist es in Irland «eine tödliche Beleidigung, einem Mann die Einladung zu einem Drink abzuschlagen, außer wenn man zu seiner Entschuldigung eine ausführliche Erklärung abgibt, die auch akzeptiert wird». Wie Arensberg und Kimball betonen, ist «das gesellige Trinken die traditionelle Bestätigung von Solidarität und Gleichheit unter Männern». O'Neill war unfähig, eine ausführliche Entschuldigung vorzubringen; dann verzichtete er lieber gleich auf männliche Gesellschaft.

O'Neills Familie und seine Ehefrauen (bis auf die dritte) begegneten seiner Trunksucht mit außergewöhnlicher Langmut – eine weitere irische Eigenheit. Bei den Iren ist Trunkenheit – Arensberg und Kimball zufolge – «gleichbedeutend mit Heiterkeit, mit Fröhlichsein, mit einer Unterbrechung der stumpfen Alltagsroutine, der man gerne zusieht und Beifall spendet; betrunkene Männer werden mit Fürsorge und Zuneigung behandelt». Sogar Mütter sprechen von ihrem sturzhagelvollen Sohn voller «Sympathie, Liebe, Mitleid und rührender Sorge» und nennen ihn ihren «armen Jungen».

O'Neills Mutter, die ihre eigenen Probleme mit Morphium hatte, hat sich vielleicht nicht ganz nach diesem Schema gerichtet, aber seine zweite Frau, die jahrelang mit diesen Rauschzuständen zu leben hatte, tat dies offenbar sehr wohl. Einmal vertraute sie einer Freundin an, daß sie sich in O'Neill verliebt und ihn geheiratet habe, weil er immerzu betrunken und auf ihre Hilfe angewiesen gewesen sei.

O'Neills irische Abkunft und Erziehung mag erklären, warum er Alkohol als Linderungsmittel wählte, nicht aber, weshalb er überhaupt Linderung brauchte. Dieses Bedürfnis hatte umfassendere Gründe.

Zunächst empfand er seiner Mutter gegenüber Schuldgefühle. Deren Morphiumsucht begann zu der Zeit, als er geboren wurde. Er wog fünf Kilogramm; die Niederkunft war derart schwierig, daß sie von ihrem Arzt Morphium erhielt, von dem sie fünfundzwanzig Jahre lang nicht mehr loskam. Von ihrer Sucht erfuhr O'Neill, als er fünfzehn war, also just in dem Jahr, als er zu trinken begann. Bis dahin hatte ihn ihr Verhalten entweder verwirrt oder aber erschreckt. «Sie irrte jeweils durch das Haus wie ein Gespenst», schrieb er später über ihre Jahre in New London. «Ich hatte keine Ahnung, was mit ihr nicht stimmte, und versuchte immerzu, an sie heranzukommen.» Als er von der Sucht seiner Mutter erfuhr, wußte er auch den Grund dafür – seine Geburt. Diese Erkenntnis erzeugte ein Schuldgefühl, und sie unternahm wenig, um es abzuschwächen.

Ungefähr zu dieser Zeit gab er seinen römisch-katholischen Glauben auf. Gott wurde ihm ebenso entrückt wie seine Mutter. Ihr Wunsch war es gewesen, daß er Priester werden sollte. Noch mehr Anlaß für Schuldgefühle.

O'Neills Bedürfnis nach Linderung rührte auch von einer sozialen Unsicherheit her, von einer Schüchternheit und Empfindsamkeit, die aus seiner frühen Kindheit stammten. Ob er nun mit seinen Eltern herumreiste, ob er sich im Internat aufhielt oder ob er den Sommer in New London verbrachte, nie hatte er das Gefühl, irgendwo «hinzugehören» (eines seiner Lieblingswörter), und sowohl die reale als auch die imaginierte Erfahrung, zurückgewiesen zu werden, waren ihm eine unversiegliche Quelle von Kummer und Gram. Sein literarischer Ehrgeiz nährte sich, wie er später schrieb, mindestens teilweise am «Ehrgeiz des kleinen Jungen … triumphierend jubeln zu können: ‹Schauen Sie, Herr

Lehrer! Sehen Sie mal, was ich gemacht habe!›» – mit einem Wort, jene Anerkennung zu erhalten, die ihm in seiner Kindheit versagt geblieben war.

Trinken erfüllte dieselbe Funktion wie Schreiben: wenn er trank, *fühlte* er sich akzeptiert und konnte seine Schüchternheit ablegen. In nüchternem Zustand war er schweigsam und verschlossen; im Rausch wurde er gesellig und geschwätzig. George Jean Nathan mutmaßte einmal, daß wir O'Neills «Stücke wahrscheinlich gar nicht besäßen, wenn er nicht dermaßen getrunken hätte und schon in jungen Jahren mit so vielen verschiedenen Leuten in Kontakt gekommen wäre». Als George Bernard Shaw, ein lebenslanger Abstinenzler, hörte, daß O'Neill dem Alkohol abgeschworen hatte, prognostizierte er, daß O'Neill nie wieder ein gutes Stück schreiben würde. Damit lag er gar nicht so falsch.

O'Neill war besessen vom Thema Wahnsinn – es beherrscht ein halbes Dutzend seiner Stücke, aber es ist nicht klar, ob er außer dem Alkoholismus noch unter einer anderen psychischen Krankheit litt. Vieles spricht dafür. Den Worten seiner Mutter zufolge, war er ein «geborener Angsthase», und sein ganzes Leben lang litt er unter Phobien – zum Beispiel vor Gewittern und vor Menschenmengen. «Hinter seinem ruhigen Auftreten», schrieb einer seiner Freunde, «sirren seine angespannten Nerven, dies verraten seine langen, dünnen Finger, die eine Tätowierung auf seinen Oberschenkel drücken oder sich in seine Handflächen graben.»

Immer trüb und pessimistisch gestimmt («hoffnungslose Hoffnung» war ein weiterer Lieblingsausdruck), durchlebte er auch düstere und ausgedehnte Depressionen im klinischen Sinn. Oft sprach er von Selbstmord; zwischen zwanzig und dreißig wäre es ihm fast geglückt, sich mit einer Überdosis Barbituraten umzubringen (interessanterweise war er vor diesem Selbstmordversuch eine ganze Weile lang nüchtern gewesen). In Momenten der Verzweiflung erwog er, so weit aufs Meer hinauszuschwimmen, bis er ertrinken würde. («Aber ich bin ein allzu guter Schwimmer», sagte er mit einem schiefen Lächeln zu einem Freund, «und wahrscheinlich würde ich instinktiv mein Leben retten.») Seine Stücke offenbaren, daß er «ins Vergessen vernarrt» war, wie Brooks Atkinson es ausdrückt. Nicht nur in Sachen Alkohol verfuhr er völlig rücksichtslos; er war ein manischer Autoraser und ein tollkühner Schwimmer.

Als Dr. Hamilton O'Neill von seinem Alkoholismus heilte, kurierte er jedoch nicht seine Depressionen, die bis zu seinem Tode fortdauerten. Den Biographen Arthur und Barbara Gelb zufolge, grübelte er immer mehr über den Selbstmord nach und «beklagte sich über jene Überreste katholischer Indoktrination», die ihn davon abhielten.

Erblichkeit, Umfeld, Depressionen – all dies mag zu seinem Alkoholismus beigetragen haben, aber man kann unmöglich sagen, in welchem Verhältnis und in welchem Ausmaß. Auch der Grund, weshalb er mit dem Trinken aufhörte, kann nicht mit Sicherheit bestimmt werden. Zu der Zeit, als er sich bei Dr. Hamilton in Behandlung befand, hatte er sich seinen Alkoholismus endlich eingestanden. Der Tod seines Bruders hatte ihn schwer erschüttert, und er machte sich nun öfter Gedanken über seine Gesundheit. Ein New Yorker Arzt, der ihn zu jener Zeit kannte, erinnert sich: «Er redete viel über seine Gesundheit, und eines Tages bat er mich, sein Herz abzuhören, und erklärte, es sei ‹nicht an seinem Platz›, sondern befinde sich in der Mitte des Brustkastens.»

Schließlich muß man O'Neills legendäre Starrköpfigkeit und seine Entschlossenheit, um jeden Preis zu schreiben, in Rechnung stellen. «Das möchte ich sehen, daß jemand [Eugene] stärker beeinflussen kann, als dieser es möchte», sagt Jamie in *Eines langen Tages Reise in die Nacht.* «Seine Ruhe verleitet die Leute zu dem Fehlschluß, sie könnten mit ihm machen, was sie wollen. Aber innerlich ist er dickköpfig wie der Leibhaftige; und was er tut, ist immer das, was er auch tun will, und alle anderen sollen sich zum Teufel scheren.» O'Neills allergrößter Wunsch – mächtiger noch als Alkohol – war es, Stücke zu schreiben. «Ein einziger Drink, und ich bin von der Rolle», sagte er zu seiner Frau, und «von der Rolle» hieß in diesem Fall etwas Schlimmeres als Leiden und Tod; es bedeutete, nicht schreiben zu können – für O'Neill eine schlicht unerträgliche Vorstellung.

Mit all diesen Dingen wurde Dr. Hamilton also fertig. Wie er dies anstellte, wie er auch noch die letzte Schraubenwindung zu dauerhafter Nüchternheit vollbrachte, ist nicht überliefert. Vielleicht war Hamilton selber ebenso von seinem Erfolg überrascht wie O'Neill.

Wie wirkte sich die Nüchternheit auf O'Neills Texte aus? O'Neill vermißte den Alkohol, der ihn entspannte und ihm das Vergessen erleichterte. Er spürte, daß die Nüchternheit eine Lücke in sein Phantasieleben riß, und in einem Brief schrieb er, er vermisse jene «geselligen ... äußerst dramatischen Phantombilder und Obsessionen, deren streichelnde Klauen mich in meinem Herzen und Gehirn wochenlang durch die stets wechselnden Ansichten jenes Niemandslandes zwischen Delirium tremens und Realität führten».

Für den pragmatistischen Philosophen William James war die Trunkenheit einmal «der große Ja-Sager und die Nüchternheit der große Nein-Sager». Wenn O'Neill weitergetrunken hätte, wäre es ihm vielleicht eher gelungen, seinen obsessiven Drang, an allem etwas auszusetzen, und seine Unfähigkeit, zu einem vollendeten Werk «ja» zu sagen, besser in den Griff zu bekommen. Ohne Alkohol gab es nichts, was den Rhythmus seines Schreibens hätte stören können. Als ihn eine Szene einmal nicht befriedigte, schrieb er: «Wenn ich tränke, hätte ich vielleicht von Anfang an klarer gesehen. Beim Schreiben eines Dramas gibt es doch Phasen, in denen eine gewisse Nebligkeit einen Hoffnungsstrahl des Lichtes ermöglicht, der viel wirksamer ist als eine allzu ausführliche gelehrte Analyse.» Wie alle Schriftsteller war er auf Gedeih und Verderb der Gnade der Muse ausgeliefert. «Kleiner unbewußter Geist», betete er einmal, «bring den Speck nach Hause.» Mag sein, daß der Alkohol dabei half, den Speck nach Hause zu bringen.

Von Alkoholismus geheilt zu werden, sei «wie die Lepra zu überstehen», schrieb O'Neill, «man vermißt die einsamen Spiele mit den eigenen Hautschuppen». Immerhin wäre es gut möglich gewesen, daß ihn der Alkohol umgebracht hätte, bevor er zwei der besten amerikanischen Theaterstücke schrieb. Letztendlich überlebte seine Begabung sogar die Nüchternheit.

Bibliographische Notiz

Der Bericht über O'Neills Psychoanalyse ist zu finden in *O'Neill* von Arthur und Barbara Gelb (Harper and Brothers, New York 1960). Diese vorzügliche Biographie erforscht O'Neills Leben und Werk in minutiösen Einzelheiten und ist höchst lesenswert. Von vergleichbarem Wert ist Louis Sheaffers wundervoll geschriebenes Buch *O'Neill, Son and Playwright* (Brown & Co., Boston 1968).

Für Quellenmaterial ebenso wichtig wie seine Biographien sind O'Neills hochgradig autobiographischen Stücke. Die dreibändige Ausgabe *The Plays of Eugene O'Neill* (Random House, New York 1951) enthält die meisten von ihnen. Weitere Stücke wurden sukzessive von Random House und der Yale University Press veröffentlicht. Fünf unveröffentlichte Stücke sind in der Library of Congress (Washington) und in der Houghton Library der Harvard University einzusehen. Auf deutsch liegen beim S. Fischer Verlag Stücke in Einzelausgaben sowie ein Band mit *Meisterdramen* vor.

Weitere hilfreiche Quellen waren mir: Agnes Boulton, *Part of a Long Story*, Doubleday, Garden City, N. Y., 1958; Normand Berlin, *Eugene O'Neill*, Grove, New York 1982; Frederick Carpenter, *Eugene O'Neill*, durchgesehene Neuauflage, G. K. Hall, New York 1979; Harry C. Cronin, *Eugene O'Neill: Irish and Americans*, Ayer Co., New York 1976; Virginia Floyd, *Eugene O'Neill: A World View*, Ungar, New York 1980; John Gassner, *O'Neill: A Collection of Critical Essays*, Prentice-Hall, Englewood Cliffs, N. J., 1964. Der letztgenannte Titel enthält einen äußerst phantasievollen Essay von John Henry Raleigh über O'Neills irisch-katholischen Hintergrund in Neu-England. Weitere Quellen, auf die ich im Hinblick auf irische Trinksitten zurückgriff, waren: Conrad M. Arensberg und Solon T. Kimball, *The Irish Countryman*, Macmillan Co., New York 1937; M. J. F. McCarthy, *Irish Land and Irish Liberty*, Robert Scott, London 1911; außerdem eine vorzügliche Rezension dieser und anderer Werke von Robert F. Bales, «Attitudes Toward Drinking in the Irish Culture», in: *Society, Culture and Drinking Patterns*, John Wiley & Sons, New York 1962.

---

[1] Aaron Burr (1756-1836), amerikanischer Politiker und Abenteurer. Von 1801 bis 1805 Vizepräsident.

Malcom Lowry
(1909–1957)

Die Tyrannei von Feder und Flasche

«Gin und Orangensaft sind die besten Arzneien gegen Alkoholismus,
dessen wahrer Grund die Häßlichkeit ist
und die vollkommen unbegreifliche Sterilität des Lebens,
wie es einem *verkauft* wird.»
(Malcom Lowry, Durch den Panamakanal)

Solange es ernsthafte Literaturliebhaber gibt, wird man sich aufgrund *einer* Meisterleistung an Malcolm Lowry erinnern: aufgrund eines Romans mit dem Titel *Unter dem Vulkan (Under the Volcano)*. Unmittelbar nach seiner Veröffentlichung feierte man ihn bereits als Geniestreich. Lowry wurde in einem Atemzug mit Dante, Melville und Joyce genannt und als zeitloser Dichter gepriesen.

Lowry brauchte zehn Jahre, um *Unter dem Vulkan* zu schreiben. Als er weitere zehn Jahre später, im Alter von achtundvierzig Jahren, starb, war noch kein einziges weiteres Wort von ihm gedruckt worden. Was er zu Lebzeiten veröffentlichte, beschränkte sich auf *Unter dem Vulkan* und einen romantischen Roman, den er in seiner Jugend verfaßt und mit dem Titel *Ultramarin (Ultramarine)* überschrieben hatte, plus ein paar Erzählungen und Gedichte.

Lowrys literarische Produktion überstieg indessen die Menge seiner veröffentlichten Werke bei weitem. Bei seinem Tod hinterließ er Tausende von Manuskriptseiten mit Gedichten, Skizzen, Erzählungen und Romanen, die allesamt derart unzusammenhängend und disparat wirkten, daß eine Veröffentlichung undenkbar schien. Undenkbar oder nicht: dank der Berühmtheit von *Unter dem Vulkan* wurden vier Bände für eine postume Publikation gerettet – eine Sammlung von Kurzgeschichten, zwei unvollendete Romane und eine bemerkenswerte Novelle, an der er während zwanzig Jahren geschrieben hatte und die den Titel *Die letzte Adresse (Lunar Caustic)* trug. Dies – sowie eine Briefsammlung, eine erstklassige Biographie von Douglas Day, ein paar Bände Literaturkritik und ein nie abbrechender Strom von literaturwissenschaftlichen Diplomarbeiten, Dissertationen und gelehrten Artikeln in kleinen Zeitschriften – stellt die Summe dessen dar, was wir über Lowrys Leben und Werk wissen.

Und noch etwas wissen wir: Lowry war ein Alkoholiker, der – von seiner Jugend bis zu seinem Tod – fast an jedem Tag seines Lebens trank und dessen Werke dermaßen von seinem Alkoholismus durchtränkt sind, daß man in der Welt der Literatur nichts Vergleichbares findet.

Aus Gründen, über die man nur Mutmaßungen anstellen kann, hatte Lowry seinen Alkoholkonsum lediglich während einer Phase seines Lebens wenigstens teilweise unter Kontrolle: in den Jahren, die er (abgesehen von einigen alkoholischen Zwischenspielen in New York, Mexiko, Paris und anderswo) zwischen 1939 und 1954 in Kanada verbrachte. In dieser Zeit relativer Nüchternheit – die immer relativ blieb – schrieb er den größten Teil von *Unter dem Vulkan.* Lowry, seine Frau und seine Freunde waren sich alle darüber einig, daß Kanada zumindest teilweise für seine Fähigkeit verantwortlich war, sich ausreichend unter Kontrolle zu haben, um ein Meisterwerk schreiben zu können. Wie es möglich war, daß sich ein gargantuanischer Säufer wie Lowry in einer Strandhütte in der Vancouver Bay mehr oder weniger im Zaum halten konnte, soll später genauer untersucht werden.

Jedenfalls hat Kanada Lowry oft für sich in Anspruch genommen. Die *Malcolm Lowry Collection* an der Universitätsbibliothek von British Columbia besitzt zahlreiche Manuskripte. Die Zeitschrift *Canadian Literature* hat viele Artikel über ihn veröffentlicht und Bibliographien seiner unveröffentlichten Werke zusammengestellt. Als *Unter dem Vulkan* 1947 im Radio als Hörspiel aufgeführt wurde, rühmte man Lowry als «Kanadas größten und erfolgreichsten Schriftsteller» (obwohl er in England zur Welt kam, aufwuchs und die Schule besuchte). Sowohl die Radiosendung als auch das Lob verpaßte Lowry; die Batterie seines Radios war leer. Das war vielleicht auch besser so – die Hörspielbearbeitung war mißraten, und wenn er gelobt wurde, flüchtete sich Lowry jeweils ohnehin auf direktem Weg in ein Zechgelage. So oder so wird der unermüdliche Symbolsucher Lowry leere Batterien wohl auf die Liste seiner persönlichen Dämonen gesetzt haben.

Es gibt zwei Arten, an das Rätsel, den Mystiker, das Genie, den

Alkoholiker Malcolm Lowry heranzugehen: Einerseits kann man ihn von außen betrachten, so wie ihn andere gesehen haben. Andererseits kann man die Innenperspektive wählen, seine Gedanken und Gefühle erforschen. Das zweite ist bei Lowry wahrscheinlich in einem Ausmaß möglich, das man höchstens noch bei Proust findet. Lowry war schlechterdings außerstande, über irgendein anderes Thema als über sich selber zu schreiben. Sowohl seine veröffentlichten als auch seine unveröffentlichten Werke bestehen fast ausnahmslos aus Gedanken und Gefühlen, die sich auf ihn selber, auf sein Werk, auf seinen Alkoholismus und höchstens nebenbei auf die Welt um ihn herum beziehen.

Wie andere Lowry sahen, darüber kann man mehr erfahren, wenn man die in der Biographie von Douglas Day enthaltenen Photographien von ihm genau betrachtet. Es sind beinahe fünfzig an der Zahl. Wenn man sie studiert, fühlt man sich an ein Zitat aus Jean Cocteaus Stück *La Machine infernale* erinnert (Lowry sah das Stück mehrmals, und es war möglicherweise die wichtigste Inspirationsquelle für *Unter dem Vulkan*): «Sie sehen jetzt, meine Damen und Herren, eine der präzisesten Maschinen, ein Uhrwerk, das, völlig aufgezogen, langsam, ein Menschenleben lang, abläuft, von den teuflischen Göttern erdacht zur mathematischen Vernichtung eines Menschen.»

Wie im Roman wird in diesem Bild ein ablaufendes Uhrwerk suggeriert: die grauenvolle Beschleunigung von Lowrys Alkoholismus bis zum bitteren Ende.

Die frühesten Bilder von Lowry zeigen ihn als Burschen und jungen Mann, als Darsteller im Schülertheater und wie er auf dem Rasen seiner Eltern Ukulele spielt. Er wurde 1909 geboren und beschreibt seine Kindheit als unglückliche Zeit, da er von Kindermädchen gequält worden und aufgrund einer nachlässig behandelten Entzündung jahrelang halbblind gewesen sei, doch die Bilder strafen diese Schilderung Lügen. Statt dessen zeigen sie jene glückliche Kindheit, an die sich auch seine Familie erinnert. Sein Vater war ein wohlhabender Baumwollhändler in Liverpool. Malcolm war der jüngste von vier Söhnen. Sie wuchsen auf dem Golfplatz und am Strand auf. In der Public School[1] war Malcolm äußerst erfolgreich: er schrieb Jux-Texte, veröffentlichte Kurzgeschichten, spielte in Theaterstücken, brach beim Golf und beim Gewichtheben sämtliche Rekorde und war ein genauso überragender Schwimmer wie sein athletischer, methodistischer, maßvoll lebender Vater. Die Schnappschüsse zeigen einen gutaussehenden, ungehobelten Jüngling mit gewelltem, braunem Haar, einem strahlenden Lächeln und einer Engelsmiene. Er wirkte glücklich, wenn auch – auf manchen Bildern – etwas angeheitert.

(Vielleicht war seine angeblich unglückliche Kindheit eine Lüge. Lowry log viel.)

Er verbrachte sechs Monate als Matrose auf hoher See – die Zeitungen machten sich darüber lustig, daß sich der Sohn eines reichen Mannes unter die Arbeiterklasse mischte – und schrieb sich dann in Cambridge ein. Die Photos aus Cambridge zeigen einen selbstbewußten jungen Mann mit einer Pfeife, der von Bewunderern und anderen Möchtegern-Schriftstellern umringt wird (darunter die Homosexuellen und die Kommunisten, die in Cambridge sehr gut vertreten waren, wobei sich Lowry von keinem der beiden Lager angezogen fühlte). Im College war er eine Art Legende, berühmt für seine Trinkfestigkeit, seine Virtuosität auf der Ukulele und für sein literarisches Talent (in dieser Reihenfolge). Er trug einen schwankenden Seemannsgang zur Schau, der von seinen jüngeren Kommilitonen nachgeahmt wurde. Er war einerseits die Zielscheibe aller möglichen Witze, und andererseits hielt man ihn für ein Genie. Ein Cartoon in einer Studentenzeitschrift zeigt ihn zusammengeknäuelt im Bauch einer Ukulele wie in einer Gebärmutter; diese Darstellung war zweifellos davon inspiriert, daß sich Lowry in Pubs oft unter dem Tisch rekelte und auf seiner Ukulele spielte, bis er die Besinnung verlor.

In Cambridge redete er mehr vom Schreiben, als daß er wirklich schrieb. Er redete auch mehr von Büchern, als daß er sie wirklich las. Kurz gesagt, Malcolm Lowry neigte zum Posieren – wie so viele andere damals in Cambridge. Während seines Grundstudiums schrieb er Texte zu mehreren Foxtrott-Tänzen (die zwar veröffentlicht wurden, aber kaum Anklang fanden), und er schrieb auch seinen ersten Roman, *Ultramarin*, der als Arbeit genügte, um ihm mit vierundzwanzig einen Universitätsabschluß einzubringen; allerdings nahm er bei den Abschlußprüfungen einen Platz im letzten Drittel ein. Das Buch ist autobiographisch und handelt von Stürmen, von Syphilis und von Alkoholräuschen auf hoher See. Die Rezensionen fielen schlecht aus.

Dann die Bilder von Lowry und Conrad Aiken, dem Dichter und Romancier, der gut zwanzig Jahre älter war als Lowry. Lowry hatte Aikens Bestseller *Blue Voyage* gelesen, den Aiken seiner Ehefrau gewidmet hatte, deren Initialen C. M. L. lauteten. C. M. L. waren auch Lowrys Initialen. (Seinen ersten Vornamen «Clarence», den er verabscheute, gebrauchte er nie.) Nun entwickelten sich die Dinge auf merkwürdige und ziemlich ominöse Weise. In der festen Überzeugung, daß *Blue Voyage* ihm – Clarence Malcolm Lowry – gewidmet sei, überquerte er den Atlantik und reiste nach Boston, wo Aiken an der Harvard University unterrichtete. Aiken und Lowry verstanden sich auf Anhieb prächtig. Wie sich Aikens Frau, Clarissa Lorenz, erinnert, waren sie beide «Nachtvögel, die mit Pingpongspielen und literarischem Palavern gesellige Stunden verbrachten. Ihre Kneipentouren nährten die Gerüchteküche … und brachten den Stundenplan meines Haushalts ganz durcheinander.» Damit meinte sie wohl, daß beide ziemlich oft betrunken waren und zu spät zum Essen kamen. Einmal veranstalteten sie miteinander ein Armdrücken auf der Badezimmerkommode, und Aiken zog sich einen Schädelbruch zu. Nichtsdestoweniger waren und blieben sie Freunde fürs Leben.

(Lowrys Vater machte sich wegen des Alkoholkonsums seines Sohnes Sorgen und bezahlte Aiken zehn Jahre lang immer wieder dafür, daß er ihn ein wenig beschützte und überwachte. Noch als Lowry über dreißig war, berappte sein Vater auch andere Beschützer, die Lowry im Auge behalten sollten. Lowry war sein ganzes Leben lang auf die finanzielle Hilfe seines Vaters angewiesen: zuerst erhielt er kleine Unterstützungssummen, und nach dem Tod des Vaters lebte er von seinem Erbteil. Mit Schreiben hätte er sich niemals über Wasser halten können. Von *Unter dem Vulkan*, seinem einzigen Massenerfolg, wurden in den ersten paar Jahren nach der Veröffentlichung dreißigtausend

Exemplare verkauft, aber das machte ihn finanziell nur vorübergehend von seiner Familie unabhängig. Lowrys kindisches Gehabe, das so vielen Beobachtern auffiel, mag zum Teil die Tatsache gespiegelt haben, daß er in ökonomischer Hinsicht bis zu seinem Tod den Status des Kindes nicht ablegen konnte.)

Wenn wir weiterblättern, sehen wir ein Bild von Lowry, wie er mit den Aikens in Spanien Ferien macht. Er hat einen Armesünderblick und ist vom Biertrinken fettleibig geworden. In Spanien kam es zu Gewaltausbrüchen; einmal drohte er Aiken, er werde ihn töten. In Spanien begegnete er auch seiner ersten Frau, Jan, einer bildschönen Amerikanerin, die ihn während der Ehe viermal verließ, bis sie sich endlich scheiden ließ, und die ihm als Inbild der untreuen Ehefrau als Vorlage für Yvonne in *Unter dem Vulkan* diente.

Wenig später reisen Lowry und Jan nach Mexiko, wo er mit der Arbeit an *Unter dem Vulkan* beginnt und die meiste Zeit über betrunken ist. Ein Bild zeigt ihn lächelnd, jedoch ziemlich verwirrt und ganz offensichtlich verkatert. Seine Trunkenheit bringt ihn ins Gefängnis, und sein Vater muß einen Anwalt schicken, um ihn mit einer Kaution aus dem Gefängnis und schließlich auch aus Mexiko herauszuholen.

Nun folgt eine bemerkenswerte Serie von Bildern, die einen von Grund auf gewandelten Lowry zeigen. Von Mexiko aus ging er nach Los Angeles, wo man ihm erklärte, daß er keine Aufenthaltsbewilligung habe und die Vereinigten Staaten wieder verlassen müsse. Bevor er ausreiste, traf er die vier Jahre ältere Margerie Bonner, die als Sekretärin von Penny Singleton (der «Blondie» aus den Filmen)[2] arbeitete, jedoch selber literarische Ziele verfolgte. Sie war klein, quicklebendig und zäh. Sie verliebten sich. Lowry reiste zur nächstgelegenen Grenze, die *nicht* die mexikanische war, und fand Asyl in Vancouver, British Columbia, wohin ihm Margerie folgte.

Das Zusammenspiel von Margerie und Kanada hatte einen heilsamen Effekt auf Lowry. Fünfzehn Jahre lang verbrachten er und Margerie den größten Teil der Zeit in einer Strandhütte in der Vancouver Bay, verkrochen sich in der geliebten Wildnis und blieben dem verhaßten Vancouver möglichst fern. Seinen

Alkoholkonsum senkte er drastisch – auf ein paar Glas Bier tagsüber und den einen oder anderen Schluck Gin abends. Zu größerer Abstinenz brachte es Lowry nie, aber es genügte auch so, um eine Verfassung unverwüstlicher Gesundheit aufrechtzuerhalten und mit der dadurch freiwerdenden Energie Version um Version eines der großartigsten Romane anzufertigen, der je geschrieben wurde.

Das alles wird in jenen Schnappschüssen wunderbar aufgefächert, die Malcolm und Margerie während ihrer Jahre in Kanada voneinander machten. Lowry stand stets zeitig auf, ging schwimmen oder machte Leibesübungen und wurde ein wahrer Adonis mit dem Körper eines Gewichthebers und dem Gesichtsprofil eines Errol Flynn. Margerie und er sahen aus wie braungebrannte Strandpiraten und lächelten immerzu. Sie mieden die «Zivilisation» von Vancouver und lebten in der Einsamkeit des Waldes; ihre Freunde waren die Fischer und ein paar andere Hüttenbewohner. Margerie schrieb Krimis und verkaufte zwei davon an Scribner's. Was aber viel wichtiger war: sie war Lowrys Mitarbeiterin am Vulkanbuch und an allem anderen, was er danach noch schrieb (ihre Mitarbeit setzte sich nach seinem Tod dadurch fort, daß sie die Manuskripte bearbeitete, die sonst für eine Veröffentlichung viel zu lückenhaft gewesen wären). Margerie Bonner Lowry war die ungenannt bleibende Ko-Autorin von *Unter dem Vulkan*, auch wenn sie stets darauf beharrte, daß Malcolm das Genie in der Familie war, womit sie zweifellos recht hatte.

Die Jahre in Kanada waren sicher Lowrys glücklichste und produktivste Zeit. Sie tauften ihre Hütte in der Wildnis auf den Namen «Eridanus», was soviel bedeutet wie «Garten Eden»[3]. Dann aber brannte die Hütte eines Nachts nieder: die einzige vorhandene Version eines nahezu vollendeten Romans wurde dabei zerstört, und *Unter dem Vulkan* konnte Lowry nur retten, indem er sich derart ernsthafte Verbrennungen zuzog, daß er hospitalisiert werden mußte. Margerie und er zogen sich zur Erholung nach Toronto zurück, doch Eden erwachte auch dann nicht wirklich wieder zu neuem Leben, als sie in die Vancouver Bay zurückkehrten, um eine zweite Hütte zu bauen.

Die letzten Lowry-Bilder aus Kanada zeigen einen Mann, dem es

nicht sonderlich gut geht: er ist kraftlos geworden, und hinter den Posen und dem albernen Grinsen ist die Verzweiflung deutlich zu sehen.
Auf anderen Bildern wirkt Lowry entweder betrunken oder völlig verkatert, und auch hier lauert hinter der braunen Haut und den weißen Zähnen immer wieder die Verzweiflung. Diese Photos entstanden auf Reisen in Europa, Mexiko und Haiti, von denen die meisten zu der Zeit stattfanden, als ihre Hütte niedergebrannt war und sie nach einem zweiten Garten Eden suchten. Dann, drei Jahre vor seinem Tod, verließ Lowry Kanada im Wissen, daß er nicht mehr zurückkehren würde. Photographien von ihm, die 1956 – also ein Jahr vor seinem Tod – bei einem Urlaub im englischen Lake Country entstanden, zeigen einen Mann am Ende seiner Kräfte, ausgebrannt, resigniert, viel älter wirkend als seine siebenundvierzig Jahre. Vielleicht das allerletzte Bild zeigt Malcolm und Margerie an der Tür ihres Ferienhauses in Ripe (Sussex). Lowry macht einen betrunkenen Eindruck. Wenig später leerte er eine halbe Flasche Gin, drohte damit, Margerie zu erwürgen (die darauf fluchtartig das Haus verließ); dann ergänzte er den Gin mit zwei Flaschen von Margeries Schlaftabletten. Am nächsten Morgen fand man ihn tot. Der Befund des Leichenbeschauers lautete auf «Unglücksfall».
Das Uhrwerk war abgelaufen.

Es gibt auch viele schriftliche Darstellungen von Lowry selbst. In mehreren Romanen taucht er selber als Figur auf, und nach seinem Tod bat man seine Freunde, zu schildern, was für ein Mann er gewesen sei. Die Beschreibungen neigen allerdings zu Widersprüchlichkeit. Es wurde viel über seine Launen und über seine Depressionen geschrieben, über seine langen Perioden des Schweigens, die von langen Salbadereien unter Alkoholeinfluß unterbrochen wurden, in denen er sich zu seinem Leben, seinem Werk, zur Literatur und zur Welt äußerte, wobei sich Selbstbeweihräucherung und Selbsthaß stets die Waage hielten. Alle waren sich einig, daß seine Schüchternheit geradezu pathologisch war und daß er zum Teil auch deshalb trank, weil er weniger schüchtern sein wollte. Wenn er einen Kater hatte, war er leicht reizbar. Er war von sich selbst eingenommen, egozentrisch, aber – wie sich ein Kritiker ausdrückte – nicht eingebildet. Sein ganzes Leben lang fand er immer wieder Freunde, und manche von ihnen *blieben* seine Freunde, obwohl sein Verhalten im Zustand der Trunkenheit manchmal wirklich denkbar unerträglich war. Er hatte Freunde aus seiner Cambridge-Zeit, Freunde, die bekannte Schriftsteller waren, einer seiner Freunde war sein Lektor bei Random House, und er war mit den Fischern und anderen Nachbarn in der Wildnis der Nordküste der Vancouver Bay befreundet (zu der Zeit, als die Lowrys dort lebten, war das wirklich noch eine Wildnis). Lowry hatte eine Begabung zur Freundschaft, die stärker war als seine Depressionen, seine Alkoholräusche, Katerzustände und sein unberechenbares Verhalten ganz allgemein.

Ein anderer Aspekt von Lowrys Verhalten findet jedoch oft Erwähnung. Als er ein kleiner Junge war, beschrieb ihn ein Verwandter wie folgt: «Er besteht fast nur aus Zähnen und grinst andauernd – er ist schrecklich munter und streitsüchtig, ziemlich unordentlich, fürchterlich geschwätzig … eine *Persönlichkeit.*» Ein wichtiger Bestandteil dieser Persönlichkeit war der Charme. Lowry war ungeheuer charmant. Das schimmerte selbst durch die trübsinnigsten Stimmungen und betrunkensten Momente hindurch. Ein Freund aus Vancouver erinnerte sich: «In welchem Zustand sich Malc auch befand, seine überwältigende Gutmütigkeit litt nicht darunter. Irgendwie erinnerte er mich immer an einen Fuchs: ‹So, nun haben sie mich also aufgespürt.› Und im nächsten Moment war er wie der Blitz *verschwunden*, durch all die Leute hindurch verzog er sich wieder an irgendeinen Ort – irgendwohin, wo er mit seinem Kopf voller Geschichten hinpaßte, bloß weg von den Durchschnittsmenschen, die ihn wieder nüchtern machen wollten.» (Wie vielleicht ersichtlich, war der Schauplatz hierfür ein Pub.)

Einem anderen Freund zufolge war Lowry ein faszinierender Gefährte. «Die Brillanz seines Denkens, sein außergewöhnlich gutes Gedächtnis, die atemberaubende Bandbreite und Tiefe seines Wissens, sein Fundus an wirklich lustigen Geschichten, in denen er vor allem über sich selbst Witze machte, all dies verblüffte und fesselte mich ebensosehr wie seine warme, liebenswürdige Wesensart ...»

Ein weiterer Tresenkumpan erinnerte sich daran, daß «mich der bloße Anblick dieses Hurensohnes für fünf Tage glücklich machte. Das ist kein Scherz.»

Lowrys Texte werden für gewöhnlich mit Trübsal und Verzweiflung assoziiert, aber bei gewissen Gelegenheiten konnte er auch ein überaus lustiger Schriftsteller sein. *Unter dem Vulkan* quillt über vor Humor. Gegen Ende seines Lebens schrieb Lowry sogar ein scherzhaftes Epitaph über sich selbst:

Malcolm Lowry
Late of the Bowery
His prose was flowery
And often glowery
He lived, nightly, and drank daily
And died playing the ukulele.[4]

Seine Witwe ließ das Epitaph nicht auf den Grabstein meißeln. Wahrscheinlich war ihr damals nicht unbedingt ums Lachen zumute.

Außerdem sind sich Lowrys Freunde einig, daß er ein *netter* Mensch war (bei Schriftstellern und Genies ein selten beobachteter Zug). Douglas Day berichtet, daß zahlreiche Leute «willens waren, ihn nicht nur sein Leben lang zu ertragen, sondern ihn sogar richtiggehend zu lieben: was zwischenmenschliche Beziehungen angeht, benahm sich Lowry für gewöhnlich ziemlich tapsig, aber wenn man genau hinsah, konnte man dennoch feststellen, daß er denjenigen, in deren Gesellschaft er sich entspannen durfte, durchaus überdurchschnittlich intensive Gefühle entgegenzubringen vermochte. Seine erste Annäherung war fast immer sanft und freundlich – außer wenn es ihm für längere Zeit sehr schlecht ging, wenn er das Elend förmlich ausstrahlte und wirklich grausam werden konnte. Wenn es ihm gut ging, dann war er ohne Falsch, offen und vertrauensselig: wenn auch vielleicht nicht gerade wie ein junges Hündchen, denn seine

Kompliziertheit und die vorübergehend durch Heiterkeit überlagerte Pein verschwanden nie ganz; und unter der Oberfläche versteckte sich immer der unsichere, verschlagene Trickster, der zusah, wie gut die Komödie vom liebenswürdigen Hündchen über die Bühne ging.»

Heiterkeit gehörte übrigens ebensosehr zu Lowrys Persönlichkeit wie Verzweiflung und Schüchternheit. Zu guter Letzt hinterließ Lowry bei den Leuten (vor allem bei den Frauen) einen verletzlichen und wehrlosen (hündchenhaften) Zustand. Den wehrlosen Lowry – jenen Lowry, der immer wieder zur Ausnüchterung ins Spital verfrachtet und danach von der Gesellschaft wieder willkommen geheißen wurde – hat seine Frau Margerie oft beschrieben. In einem trübsinnigen Brief, den sie Lowrys Lektor schickte, nachdem der Verlag den Vertrag aufgelöst hatte, weil Lowry schlicht und einfach nichts Druckbares geschickt hatte, flocht Margerie eines ihrer vielen Bittgesuche ein:

«Ich wage es nicht, Malc lange allein zu lassen. Ich habe ihm Deinen Brief nicht gezeigt, das wagte ich gar nicht. Diese ganze Angelegenheit hat ihn fast umgebracht. ... Er fühlt sich entehrt, ausgestoßen ... wie wenn nicht nur seine Fähigkeit, Verantwortung zu tragen, sondern sein Sinn für Verantwortung überhaupt in Frage gestellt würde usw. usf. Aber der letzte und wichtigste Punkt ist, daß er derart hoffnungslos *verletzt* und todunglücklich ist und sogar ein Lastesel Mitleid mit ihm hätte ... Nein, Albert, es geht ihm nicht um Schmeicheleien (die mag er zwar auch ganz gerne), sondern er sehnt sich danach, daß man an ihn glaubt, und in seinem Stadium braucht er Aufmunterung dringender als Nahrung. Du hast ihn nie in den Geburtswehen des schöpferischen Aktes erlebt, hast nie gesehen, wie er sich seinen Weg ertastet, unsicher (wenn auch längerfristig gesehen völlig sicher) und ganz überempfindlich gegenüber allem und jedem ... Vielleicht wirst Du jetzt denken (und mir geht es diesbezüglich fast genauso), daß es von Unreife zeugt, dem Ansinnen, sein Gesicht zu retten, derart viel Bedeutung zuzumessen, aber er hat nun einmal einen phantastischen und sehr verletzlichen Stolz; eine Demütigung kann er einfach nicht ertragen ... Ich bitte Dich, schreib ihm einen gefühlvollen Brief ... Ich tue mein

Bestes, um ihn wieder ein wenig aufzurichten, aber er wartet auch täglich auf Hilfe von Deiner Seite. Bitte gewähre ihm doch ein wenig Unterstützung, so daß er auf eigenen Beinen stehen und seinen Weg gehen kann. Mut *hat* er ja ...»

Photos und Worte: sie sagen uns, was es über Lowrys äußere Erscheinung und über sein Verhalten zu wissen gibt. Um seine Gedanken und Gefühle näher zu betrachten, verfügen wir über eine noch bessere Quelle: seine Bücher und seine Briefe.

Seine Bücher waren autobiographisch, persönlich, subjektiv. Das erste handelte von seiner Zeit auf See, als er noch ein Schuljunge war. Zwei handeln hauptsächlich von Kanada, besser gesagt von Lowrys Sicht von Kanada, seinem unablässig gefährdeten Garten Eden. Eines berichtet über das Ausnüchtern im New Yorker Bellevue Hospital. (Wenn Mexiko für Lowry die Hölle war, erlebte er Kanada als sein Paradies und das Bellevue als sein Fegefeuer – eine interessante Zuordnung, die wir später diskutieren wollen.) Seine Bücher werden von zwei Themen beherrscht: das Leben als Schriftsteller und das Leben als Alkoholiker. Diese Themen beherrschen auch seine gesammelte Korrespondenz.

Was hatte Lowry über sich selbst in seiner Eigenschaft als Schriftsteller zu sagen? Zunächst einmal war er ein sehr triebhafter Autor. «Triebhaft, in der Tat», schrieb Douglas Day, «aber keineswegs *natürlich*: nicht weil ohne jede Anstrengung Worte aus ihm heraussprudelten, war er Schriftsteller, sondern weil er dazu verdammt war, nichts anderes werden zu dürfen. Nicht zu schreiben, war für Lowry unvorstellbar; nicht zu schreiben, war der Tod.»

Also schrieb er – schon als Jugendlicher und bis zum Tage seines Todes. Wo er auch hinging, er trug immer ein kleines Notizbuch bei sich, und er hinterließ ein ganzes Matterhorn von Notizen in seiner winzigen, oft unleserlichen Handschrift. Er war offenbar nie zu betrunken, um sich Notizen zu machen, was sich in der Handschrift (und erst recht in den aufgeschriebenen Ideen) niederschlägt.

Wenn er nüchtern genug war, Bücher, Geschichten und Gedichte zu schreiben, tat er auch dies, war damit jedoch nie zufrieden.

Er schickte Geschichten an Verleger, nur um sie gleich darauf zu bitten, sie ihm wieder zurückzuschicken. Von *Unter dem Vulkan* entstanden vier vollständige Versionen, und schon früher hatte er es immer wieder überarbeitet; nach zehn Jahren erklärte sich Lowry endlich bereit, es einem Verleger zu schicken und nahm die letzten Änderungen am Heiligabend 1944 in einer Bar am Ontario-See vor. Vier Monate später war er immer noch mit dem Durchlesen der Korrekturfahnen beschäftigt, und man mußte sie ihm buchstäblich aus den Händen reißen.

Mit seinem Schreibzwang ließ sich höchstens noch sein Widerwille vergleichen, wieder mit dem Schreiben aufzuhören. Bei seinen Überarbeitungen ging es ihm nie um Verknappung, sondern stets um Erweiterung. Fitzgerald hat die Schriftsteller einmal in die «Hineinfüger» und die «Herausnehmer» unterteilt, und Lowry wäre wohl ein «Hinein*stopfer*» gewesen. Wenn er nicht gerade Gedichte, Erzählungen, Bücher und deren Überarbeitungen verfaßte oder pausenlos Notizen in sein Heft kritzelte, dann schrieb er lange, lange Briefe.

Lowrys Arbeitsweise war schon fast eine Garantie dafür, daß er niemals ein Werk wirklich vollenden konnte. Nach seinem Tod unternahmen Mrs. Lowry und Douglas Day den heroischen Versuch, einen Roman zu «vollenden», der – wie Day entdeckt hatte – in der Bibliothek der University of British Columbia hinterlegt worden war. Day beschreibt die Probleme, mit denen sie dabei konfrontiert waren, wie folgt:

«Zunächst schien die Aufgabe, was den Text angeht, ziemlich eindimensional: es gab … drei verschiedene Texte mit 383, 174 beziehungsweise 148 Seiten. Die drei Texte schienen aufeinander zu folgen, so daß wir glaubten, nur ein bißchen ‹saubermachen› zu müssen, um zu einem vorzeigbaren Text zu gelangen. Aber dieser Optimismus war naiv. Wir fanden ziemlich rasch heraus, daß Lowry die drei Texte in Wirklichkeit *mitnichten* schön der Reihe nach überarbeitet hatte, sondern daß er ungewöhnlich viel hinzufügte und einfüllte, die Textbewegungen mehrmals durchführte, bei unechten Anfängen neu ansetzte und sogar eine Menge Material, das eigentlich anderswohin, will heißen in andere Romane und Erzählungen gehörte (‹um es nicht zu verlieren›, wie er sagte) auch noch hineinwarf. In mehreren Fällen kam es vor, daß ein Ereignis in fünf verschiedenen Versionen erzählt wurde, von denen keine die anderen qualitativ eindeutig übertraf. Man konnte auch keineswegs immer – ja eigentlich fast nie – davon ausgehen, daß die jüngste Version einer Passage auch die ‹am meisten ausgereifte› oder die vom Autor bevorzugte war: ziemlich oft schrieb Lowry einen Textabschnitt, veränderte ihn dann, machte die Änderungen wieder rückgängig, probierte andere Möglichkeiten aus, um schließlich die ganze Passage zu streichen – und sie fünfzig Seiten weiter hinten wieder einzufügen. So entstanden viele Wiederholungen, und mehr als einmal mußten wir uns entscheiden, welche von drei identischen Passagen, die in drei verschiedenen Kapiteln auftauchten, wir nun beibehalten wollten. Es wurden Figuren angekündigt, die nie wirklich auftraten, dafür tauchten andere auf, die keine große Funktion hatten und sich, nachdem sie ein paar Seiten lang verlegen herumgestanden waren, wieder verabschiedeten.»

Ohne es zu wollen, hatte Lowry eine geniale Methode entwickelt, um niemals eine Arbeit zu Ende bringen zu müssen. In der ganzen Literaturgeschichte hat bestimmt nie ein Autor so viele Manuskripte verloren. Sein erster Roman kam bei seinem Verleger abhanden; der Koffer, in dem sich das Manuskript befand, wurde vom Rücksitz seines Autos gestohlen. Ein anderer Roman wurde bei der Feuersbrunst zerstört. Ein dritter ging bei einer Reise nach New York verloren und wurde drei Tage später wieder gefunden. Sogar die italienische Übersetzung eines Romans kam abhanden und nie wieder zum Vorschein. Diese Verluste waren allesamt unbeabsichtigt, aber sie paßten zu Lowrys Absicht, welche Beweggründe auch immer dahinter stecken mochten: er wollte es partout vermeiden, ein wirklich fertiges Werk zu veröffentlichen.

Für einen triebhaften Dichter gibt es nichts Qualvolleres als eine Schreibblockade. Niemand klagte so sehr über Blockaden wie Lowry, niemand schilderte die damit verbundenen Qualen eindringlicher. Die folgende Blockade beschrieb seine Frau in einem Brief aus Sizilien an Lowrys Lektor Albert Erskine:

«Malc versucht Dir seit zwei Wochen zu schreiben, aber der Brief wurde immer verwickelter und länger, und obwohl sich der arme Junge Mühe gab, etwas zu sagen, sagte er schließlich gar nichts Verständliches, also versuche ich herauszufinden, was er eigentlich sagen wollte, und sage es an seiner Stelle. Aus alledem ziehst Du vielleicht den Schluß, daß es ihm nicht gut geht, und das trifft auch zu, jedoch geht es ihm jetzt ein wenig besser, und ich kann wieder hoffen. Weder Malc noch ich konnten hier viel arbeiten – der *Lärm* hat uns beinahe wahnsinnig gemacht. Und natürlich kann man Malc nicht zum Arbeiten zwingen (dann dreht er völlig durch und ist *unfähig* zu schreiben), man kann ihn nicht einmal dazu verleiten (er wird einfach störrisch und sprachlos) ... Wie gesagt, der Lärm. Er meint, es töne wie eine kontinuierliche Invasion von Marsmenschen. Und als er dem Lärm zum Trotz doch wieder versuchte, sich zum Schreiben hinzusetzen, fand er das alles schließlich viel zu unmittelbar und persönlich bedrängend, also wurde es immer verwickelter und länger, und während er sich Mühe gab, etwas zu sagen etc. ... Wie auch immer, es ist etwas da, und eines Tages wirst Du es erhalten, und es wird wunderbar sein.»

Manchmal war es tatsächlich wunderbar. In der Regel erhielt Erskine nichts oder wenigstens nichts Brauchbares.

Um seine Blockaden zu überwinden, unterzog sich Lowry Ritualen. Man mag kaum einen kreativen Schriftsteller finden, der nichts dergleichen getan hat, aber Lowrys Rituale waren außergewöhnlich. Während seiner produktivsten Zeit in der kanadischen Wildnis stand Lowry jeweils früh auf, ging schwimmen, setzte sich dann in der Hütte an seinen Schreibtisch und begann mit der Arbeit. Er schrieb im Stehen, wobei die Handfläche seiner linken Hand nach oben schaute, weswegen er schließlich Schwielen auf den Fingerknöcheln bekam (von einem Arzt als «Anthropoiden-Fingerknöchel» beschrieben). Im Nebenzimmer mußte seine Frau mucksmäuschenstill sein, bis sie aus dem Zimmer ihres Mannes ein seltsames, an Tierlaute gemahnendes Gemurmel hörte; dann konnte sie soviel Lärm machen, wie sie wollte, denn er war offenbar ins Trance-Stadium seines künstlerischen Schaffens getreten.

Neben seinen Blockaden und Alkoholexzessen hatte Lowry noch einen weiteren zwingenden Grund, unproduktiv zu sein: er hatte einen Schreibzwang, jedoch nicht sehr viel Material, *über* das er hätte schreiben können – einmal abgesehen vielleicht von sich selber. In seinem Meisterwerk *Unter dem Vulkan* gibt es vier Hauptpersonen, und drei davon sind Malcolm Lowry. Der alkoholsüchtige Konsul ist Lowrys Selbst in reiferem Alter. Hugh, der Halbbruder des Konsuls, ist der Konsul in seiner Jugend. Laruelle, der Freund des Konsuls, ist, wie seine Meditationen am Anfang des Romans zeigen, der Spiegel des Konsuls. In *Unter dem Vulkan* gibt es verschiedene – politische, religiöse, literarische – Bedeutungsebenen, aber in Tat und Wahrheit handelt das Buch von Malcolm Lowry und kaum von etwas anderem.

Vor allem handelt es von seinem Alkoholismus. Lowry beschrieb sich selber als den Sklaven zweier Tyrannen: Feder und Flasche. In *Unter dem Vulkan* war er beiden rückhaltlos ausgeliefert. Es gibt in der ganzen Weltliteratur kein Buch eines Alkoholikers über Alkoholismus, das sich damit vergleichen ließe. Der drei Jahre früher veröffentlichte Roman von Charles Jackson mit dem Titel *The Lost Weekend* ist zwar gut, besitzt aber nicht das gleiche Format. (Trotzdem regte sich Lowry darüber auf, daß es sich noch besser verkauft hatte als sein *Vulkan*, denn er glaubte, er hätte einen Exklusivanspruch auf Alkoholismus als literarischen Stoff.)

Was kann man über Lowrys Alkoholismus sagen, was man nicht auch über Alkoholismus im allgemeinen sagen könnte?

Zunächst einmal, daß Lowry seinen Alkoholkonsum über lange Strecken hinweg kontrollieren konnte, aber sich zwischendurch immer wieder in verheerenden Saufgelagen verlor. Mitglieder der Anonymen Alkoholiker und andere vertreten für gewöhnlich ein Alkoholismus-Konzept, demzufolge lange Phasen kontrollierten Trinkens mit dieser Krankheit unvereinbar sind. Aber manchmal kommt es eben trotzdem vor. Ein weiterer klassischer Alkoholiker, der seine Trinkgewohnheiten jeweils für lange Zeit unter Kontrolle halten konnte, war Faulkner.

Lowrys Fähigkeit, den Alkoholgenuß – zuweilen – im Zaum zu halten, mag damit zu tun haben, daß er möglicherweise zum Alkoholiker-*Typus* gehörte, der eben gerade dazu imstande ist – ein sehr umstrittener Punkt, auf den wir später zurückkommen wollen.

Auf jeden Fall paßt Lowrys Alkoholismus zur Definition, die vom *National Council on Alcoholism* vorgeschlagen wird: «Eine an Alkoholismus erkrankte Person kann nicht bei jeder Gelegenheit, wo sie trinkt, zuverlässig voraussagen, wie lange oder welche Menge sie trinken wird.» Wenn sich Lowry einen Drink genehmigte, wußte er selber nie *wirklich*, was geschehen würde, und seine besorgte Gattin oder seine Freunde wußten es erst recht nicht.

Lowrys Genesungskraft – seine Fähigkeit, sich von gewaltigen Trinkgelagen schnellstens wieder zu erholen – löste bei den Leuten für gewöhnlich ebensoviel Bewunderung aus wie sein ausgezeichnetes Gedächtnis. Dem *Times Literary Supplement* zufolge konnte sich Lowry «an fast alles erinnern, was während seinen Zechereien geschah – keine Spur von alkoholbedingten Gedächtnislücken ...». Barer Unsinn. Wie alle Alkoholiker hatte auch Lowry seine Blackouts, Phasen von manchmal mehreren Stunden, in denen er fast normal funktionierte und vielleicht nicht einmal einen besonders betrunkenen Eindruck machte, an die er sich später jedoch überhaupt nicht mehr erinnern konnte. Auch der Konsul, Lowrys Alter ego in *Unter dem Vulkan*, hatte solche Blackouts. Er konnte sich nicht mehr erinnern, daß er in die Kapelle gegangen war und gebetet hatte, seine Frau möge zu ihm zurückkommen. Das ganze Buch über scheint er in Blackouts ein- und wieder aus ihnen aufzutauchen, auch wenn er sich, wie es im Buch heißt, manchmal «nüchtern trank» und dann schmerzlich klar im Kopf war.

Was seine bemerkenswerten Genesungskräfte und sein ausgezeichnetes Gedächtnis angeht, so muß man bei Lowry eines berücksichtigen: er war ein begabter Schauspieler, ein exhibitionistischer Trunkenbold (wie Fitzgerald), ein Mann, der ziemlich oft einfach nur vorgab, betrunken oder nüchtern zu sein. Betrunkenheit löst nicht nur Geringschätzung und Verachtung aus, sondern – wie jeder andere Zustand der Hilflosigkeit – auch Aufmerksamkeit, Zuneigung, Bemutterung (und all dies schien Lowry in außerordentlichem Maße zu brauchen). Mehr noch, es galt die «Legende» in Gang zu halten. Schon als Teenager hatte sich Lowry einen Ruf als Trinker gemacht, und in Cambridge war seine Trunksucht fast schon zum Mythos geworden. Sie galt weitherum als wesentliches Moment seiner Genialität (er war freilich ein Genie, das nur ein einziges Kunstwerk hervorgebracht hatte). Oft trug er in der einen Hand eine Ukulele und in der anderen eine Flasche. Die Flasche wurde zu Lowrys Markenzeichen. Er schien sich seiner Trunksucht einerseits zu schämen, andererseits war er stolz darauf.

Schließlich galt es noch eine weitere Tradition aufrechtzuerhalten: in Lowrys Zeit waren große Künstler auch große Trinker. Dylan Thomas, nachgerade die Personifikation dieser Tradition, war ein Trinkkumpan Lowrys, als beide noch jung waren. Jahre später begegneten sie sich kurz an der University of British Columbia, und sie hätten sich wahrscheinlich zusammen vollaufen lassen, wenn Thomas nicht von einem weiblichen Fan wegen irgendwelcher anderweitiger Unternehmungen weggezogen worden wäre. Alkohol und Kunst wurden im zwanzigsten Jahrhundert sowohl in England als auch in Amerika weitherum als unzertrennliches Geschwisterpaar aufgefaßt. Lowry hielt sich in Arbeiterbars auf – die anderen konnte er sich nämlich gar nicht leisten – und traf dort meistens auf ein Grüppchen betrunkener Literaten, was ihn in seiner Überzeugung bestärkte, daß alle Zukunft nur Verdammnis versprach, solange man ein Künstler war.

Ungeachtet aller Verstellung und aller exhibitionistischer Kapriolen war Lowry ein echter Alkoholiker. Gewisse Kritiker haben dazu geneigt, seine Trunksucht oder wenigstens die Trunksucht seiner literarischen Figuren herunterzuspielen. Stephen Spender meinte, *Unter dem Vulkan* «handle nicht in ausgeprägterem Maße vom Trinken als *King Lear* von Senilität». (Ein paar Jahre später schrieb ein Rezensent in einer Zeitung von Kansas City, der Film *Unter dem Vulkan* «handle nicht in stärkerem Maße vom Trinken als *Hamlet* von Königsmord», was wohl darauf schließen läßt, daß er zur Vorbereitung seiner Rezension auch den Text von Spender gelesen hat.) Spender hatte unrecht. *Unter dem Vulkan* ist sehr wohl ein Buch über Alkoholismus. Lowry bestätigte dies selber: «Die Idee, die ich in meinem Herzen trug, war die Erschaffung eines Werkes, das in seiner Klasse eine Pionierleistung darstellte: Ich wollte endlich eine authentische Säufergeschichte schreiben.»

Wenn sich jemand darüber beklagte, daß in Lowrys Büchern der Plot fehle und die Figuren ungenügend charakterisiert seien, pflegte dieser zu erwidern: «Es gibt tausend Schriftsteller, die glaubwürdige Charaktere so deutlich zeichnen können, daß es fast obszön wird, aber nur einen, der etwas Neues über das Feuer der Hölle zu erzählen weiß.» Man kann wohl nicht daran zweifeln, daß das Feuer der Hölle für Lowry der Alkoholismus war.

Abgesehen von seiner Fähigkeit, seinen Alkoholkonsum während längerer Zeitspannen unter Kontrolle zu halten, war Lowrys Alkoholismus klassisch. Laut seinen Klassenkameraden war er schon im Alter von sechzehn ein heimlicher Trinker. Während seiner sechs Monate als Matrose an Bord eines Frachters betrank er sich derart häufig, daß er sogar seinen trinkfreudigen Schiffsgenossen auffiel. In Cambridge dauerten seine Räusche manchmal mehrere Tage lang, und bei der Polizei von Cambridge war er als liederlicher Trunkenbold bekannt. Seine Freunde fanden, Douglas Day zufolge, schnell heraus, daß «niemand wirklich imstande war, Lowry Einhalt zu gebieten, wenn er trinken wollte, nicht einmal die hartnäckige Margerie».

Manchmal verschwand er plötzlich tagelang und wurde «blödsinnig betrunken» wieder aufgegriffen. Sein Freund Peter Churchill gibt ein Beispiel dafür:

«Der Abend vor der Abreise der Lowrys war heiter und zugegebenermaßen ziemlich feuchtfröhlich ausgefallen. Am nächsten Morgen hätten wir frühzeitig aufbrechen sollen. Joan und ich waren noch im Bett, als plötzlich Margerie hereinplatzte und uns mit entsprechend dramatischen Gebärden erklärte, Malcolm sei verschwunden. Sie hatte im ganzen Haus nach ihm gesucht. Er war weg. Der Hurrikan ‹Edna› hatte uns noch nicht erreicht und sollte, wenn ich mich recht erinnere, auch später gar nie bis nach New York gelangen, aber es blies ein heftiger Wind. Ich zog mir ein paar Kleidungsstücke über und machte mich auf die Suche nach Malcolm. Ganz nebenbei bemerkte ich, daß auch eine volle Flasche Gin verschwunden war. Es fiel mir auf, daß sich einer der tiefhängenden Äste eines riesigen Blauglockenbaums stärker zu bewegen schien, als wenn es nur vom Wind hergerührt hätte. Durch das Geflecht der ungeheuer großen Blätter hindurch erspähte ich Malcolm in seinem Pyjama, der sich verzweifelt daran festklammerte. Als er mich sah, schrie er: ‹Halt dich fest! Edna kommt. Laß bloß nicht los!› Ich bezähmte ‹Edna› ein bißchen, indem ich mich schwer gegen den hin und her schwingenden Ast lehnte, und fragte Malcolm in einem ganz sachlichen Ton, ob er mir eine Rasierklinge leihen könne, da meine offenbar allesamt stumpf seien. Er vergaß ‹Edna› und folgte mir ins Haus, wo er ganz pflichteifrig eine Rasierklinge für mich heraussuchte.»

Fürs Trinken fand er immer eine Ausrede: der Verlust eines Manuskriptes, die Rückweisung eines Manuskriptes, Liebeskummer, die «Sterilität des Lebens». Eine seiner Lieblingsausreden war, daß ihn die Leute zum Trinken animierten und ihn dann verurteilten, weil er betrunken war. In der überschwenglichen Pub-Clique seiner College-Jahre und später in der aus schweren Trinkern bestehenden New Yorker Literaturszene traf dies sicher zu. Er bezichtigte aber vor allem auch die Mexikaner, ihn zum Trinken ermuntert zu haben, um ihn dann, wenn er betrunken war, ins Gefängnis zu werfen.

Zwischen dreißig und vierzig trank Lowry, wenn kein Alkohol verfügbar war, Rasierwasser und andere nicht zum Trinken geeignete Formen von Alkohol, was nach den Maßstäben der Anonymen Alkoholiker bedeutet, daß man schon sehr tief gesunken ist und die Einweisung ins Spital unumgänglich wird. Als es zum ersten Mal nötig wurde, ging er ins Bellevue Hospital, New York. Mit fortschreitendem Alter nahm die Häufigkeit seiner Krankenhaus-Aufenthalte zu. Gegen Ende seines Lebens erwog man eine Lobotomie[5], und in Londoner Spitälern unterzog er sich zweimal einer Antabus-Therapie. (Eine Antabus-Therapie besteht darin, dem Patienten, immer wenn er trinkt, eine Brechreiz hervorrufende Substanz zu verabreichen, so daß er Alkohol mit Erbrechen assoziiert und mit hoher Wahrscheinlichkeit das Trinken aufgibt, weil ihm beim Anblick oder beim Geschmack von Alkohol schlecht wird. Die Antabus-Therapie war erfolglos; beide Male begab sich Lowry vom Spital auf direktem Weg ins Pub.)

Erbrechen war jedenfalls nichts Neues für Lowry: mehrmals erbrach er Blut, vermutlich aufgrund einer Gastritis. Er litt auch unter epileptischen Anfällen und Delirium tremens. Er nahm Pillen, hauptsächlich Barbiturate, um seinen Alkoholkonsum einzuschränken, aber Alkohol blieb sein Leben lang «das Gift seiner Wahl». Wenn er betrunken war, wurde er zuweilen auch gewalttätig, griff seine Frau an, und letztlich erfolgte auch sein Tod aufgrund einer gewaltsamen Handlung gegenüber sich selber. Der Leichenbeschauer nannte seinen Tod zwar einen Unglücksfall, aber die Indizien deuten stark auf Suizid hin. Obwohl er betrunken war, als er die vierzig oder fünfzig Tabletten Sodium Amytal (Amobarbital) schluckte, versteckte er danach die Packungen. Auch bei alkoholbedingt verminderter Unzurechnungsfähigkeit läßt sich das nur mit Mühe als Zufall auffassen. Wer fünfzig Tabletten von irgend etwas schluckt, muß willentlich gehandelt haben.

Tatsache ist, daß Lowry, wie viele andere schwere Trinker auch, im fortgeschrittenen Stadium seiner Krankheit zu Selbstmord neigte. Ein Viertel aller Selbstmordopfer über fünfunddreißig in den Vereinigten Staaten sind Alkoholiker. In seiner Rolle als Konsul im Buch wurde Lowry ermordet, aber er scheint es herausgefordert zu haben. Es gab einen Moment, wo er die Bar verlassen und sein Leben hätte retten können, aber er bestellte lieber noch einen Drink. «Im Grunde hatte er den Tod gewählt», befand ein Kritiker. Die Alkoholräusche allein brachten den Konsul nicht um, also provozierte er einen Mord, so wie Lowry eine Kombination von Alkohol und Barbituraten benötigte, um die Angelegenheit zu erledigen.

Unter dem Vulkan ist ein Handbuch des Alkoholismus. «Wenn wir den Roman zu Ende gelesen haben», schreibt Stephen Spender[6], «wissen wir, wie ein Betrunkener denkt und fühlt, wie er geht und sich hinlegt, und wir erfahren am eigenen Leib nicht nur die Beduseltheit durch den Alkohol, sondern auch dessen Momente von durchscheinender Klarsichtigkeit.» In der Herbstausgabe 1974 der Zeitschrift *Canadian Literature* exzerpierte Art Hill einige hervorspringende Merkmale des Alkoholismus, und er tat dies mit solcher Beredsamkeit, daß man seine Befunde durchaus wiederholen darf.

Zunächst das Talent der Trinker, sich selbst zu täuschen. Hill

schreibt: «Alkoholiker sind Lügner. Die Lüge ist ein Teil von ihnen. Sie belügen ihre Freunde, sie belügen sich selbst, sie belügen sogar andere Alkoholiker. Nichtsüchtige Trinker prahlen oft damit, wieviel sie trinken; Alkoholiker spielen es fast immer herunter. Das soll nicht heißen, daß der Alkoholiker von Grund auf unehrlich ist. In allen möglichen Dingen mag er ein Inbild der Tugend sein, nicht aber, wenn es um seinen Alkoholkonsum geht. Aber damit ist nicht viel gewonnen, denn fast jede Entscheidung, die ein Alkoholiker trifft, hängt davon ab, ob sie seine Aussichten beeinflußt, einen Drink zu bekommen, sei es jetzt gleich, sei es zwei Wochen später.
Als Illustration: wenn ein Alkoholiker die Wahl zwischen zwei Parties hat, dann wird er in Sekundenschnelle ein halbes Dutzend Faktoren abwägen, welche die Phantasie des Normalmenschen überstrapazieren würden. Die Aussicht auf geistesverwandte Gesellschaft wird wohl *kaum* dazugehören. Er wird es vielleicht sogar vorziehen, den Abend mit Leuten zu verbringen, die er nicht besonders mag. Wenn der in Aussicht stehende Gastgeber nicht mit seinen Spirituosen geizt, wird dies natürlich für ihn sprechen. Aber noch wichtiger ist die Frage, in was für einem *Stil* er seine Gäste bewirtet. Drängt er die Leute dazu, sich ihre Drinks selber einzuschenken? Läßt er den Schnaps an einem Ort stehen, wo jedermann freien Zugriff hat? Befindet sich der Ort, an dem die Drinks gemixt werden, außer Sichtweite des Zimmers, wo sich die Gäste aufhalten? Neigen Gastgeber und Gastgeberin dazu, zuviel zu trinken (was die Aufmerksamkeit von anderen ablenkt, die dies ebenfalls tun)? Die Liste der möglichen Fragen ist endlos, aber ein wirklich erfahrener Alkoholiker wird sie alle berücksichtigen. Wenn die Zeichen günstig stehen, wird er dreimal mehr zu trinken kriegen als der Durchschnittsgast, und zwar ohne daß ihn jemand dabei sieht. Wenn er dann gegen Ende des Abends total blau ist, wird er – wenigstens von denen, die ihn nicht kennen – als einer jener bedauernswerten Menschen angesehen werden, die keinen Alkohol vertragen. (Der ‹unsichtbare› Drink ist natürlich der Grund für den hartnäckig sich haltenden Aberglauben, daß Alkoholiker regelmäßig bereits nach drei oder vier Drinks stockbesoffen sind.)

Das alles ist nicht übertrieben, auch wenn es so scheinen mag. Vielleicht wirkt es leicht grotesk, und das ist es wohl auch. Die totale Hingabe, mit der sich ein wacher Geist einer derart banalen Beschäftigung verschreibt, ist ganz offensichtlich zum Lachen. Aber für die Millionen von wachen Geistern, die sich diesem Moment so sehr verschreiben, ist es tödlicher Ernst.»

Weiter gibt es den Schachzug des aufgeschobenen Drinks:

«... es ist das Elend des Alkoholikers, daß er sich seiner Trunksucht immerzu schämen muß. Aus diesem Grund hält er, im betrunkenen wie im nüchternen Zustand, stets die Fiktion aufrecht, daß er auch mit Maß trinken könnte und dies beim nächsten Mal auch tun wird. Niemals denkt er auch nur im Traum daran, ganz aufzuhören, bis er der Tatsache ins Auge blicken muß, daß Mäßigung ganz einfach nicht in seiner Macht steht.

Ein Trick, den der Alkoholiker in Anschlag bringt, um seine Selbsttäuschung zu festigen, daß er das Trinken gar nicht ‹brauche›, ist die Strategie der Pseudo-Gleichgültigkeit. *Unter dem Vulkan* ist letztlich eine Gebrauchsanweisung für diesen Schachzug, der im Grunde blödsinnig einfach ist. Wenn der Alkoholiker nach einer (beliebig langen) Phase der Abstinenz einen Drink angeboten bekommt, läßt er zunächst ein bißchen Zeit verstreichen ... Indem er den Zeitpunkt des Konsums verschiebt, will er den Anschein erwecken, aus freieren Stücken zu trinken ...»

Alkoholismus ist eine Lebensaufgabe. Andere Interessen haben das Nachsehen:

«Alkoholiker sind reine Zuschauer. Ihr einziges Hobby läßt ihnen keine Zeit für andere Zerstreuungen ... Der wichtigste Grund, weshalb der Alkoholiker stets Zuschauer bleibt, liegt allerdings schlicht darin, daß die anderen ihm nicht mehr im Weg sind, wenn sie ihren Freizeitaktivitäten frönen, so daß er dann unbeobachtet trinken kann. Deshalb ermuntert der Alkoholiker die anderen immerzu, ‹sich vergnügen zu gehen› ... kurz gesagt, abzuhauen und ihm sein eigenes, kümmerliches Vergnügen zu lassen.»

Zum System der doppelten Buchführung beim Zählen der Drinks meint Hill:

«Heimliches Trinken ist unauflöslich mit der Praxis verbunden, seine Drinks zu zählen, die jedoch so, wie sie vom Alkoholiker betrieben wird, nichts mit konventioneller Arithmetik zu tun hat. Lowry erläutert diesen Punkt sehr geschickt, als sich die drei Hauptfiguren im *Ofélia* niederlassen, um etwas zu essen. Zu Beginn befindet sich der Konsul in aufgeräumter Stimmung. Nach der Zählung eines Alkoholikers hatte er bis dahin sehr wenig getrunken, schließlich hatten die anderen nicht mitgekriegt, wie er still und heimlich seine acht oder neun Mescals kippte. Dem Barkeeper Cervantes hat er den Schwur abgenötigt, Stillschweigen zu wahren. Dennoch sind Hugh und Yvonne argwöhnisch. Cervantes hat ihn wohl verpfiffen ... Gemäß seinem System der doppelten Buchführung bei der Zählung seiner Drinks hat er bis jetzt einen nahezu puritanischen Verhaltenskodex eingehalten, so daß er es jetzt wirklich ein wenig lockerer angehen und sich einen genehmigen darf. Wahrscheinlich überrascht es ihn, daß sie ihn nicht dazu ermuntern. Daß ihnen sein betrunkener Zustand auffallen könnte, kommt ihm gar nicht in den Sinn. Nach *seiner* Zählung ist er auch in *ihren* Augen ganz offensichtlich nüchtern.»

Das kann niemand begreifen:

«Wer nicht Alkoholiker ist, kann niemals verstehen, wie stark das Bedürfnis des Alkoholikers nach einem Drink ist. Er versteht es ja selber nicht, aber er kennt das *Gefühl*, das Uneingeweihte nicht kennen ...»

Es gibt eine Geschichte über Ronald Reagan, die genau jenen Punkt wunderbar unterstreicht, um den es Hill geht. Als Reagan Präsident der Screen Actors Guild[7] war, begab er sich einmal mit den zwei Vizepräsidenten Dana Andrews[8] und William Holden[9] in eine Bar. Sowohl Andrews als auch Holden waren auf dem besten Weg, schwere Alkoholiker zu werden, aber das wußte man damals noch nicht. Alle drei genehmigten sich einen Drink. Gleich darauf winkten Andrews und Holden wie wild der Serviertochter, um sich die Gläser wieder auffüllen zu lassen.

«Aber ihr *hattet* doch gerade einen Drink», staunte Reagan.

Reagan ist eben kein Alkoholiker und hatte keine Ahnung von den Bedürfnissen eines Alkoholikers. Nun ja, wenn sich drei Leute in ein Restaurant setzen und zum Abendessen ein Huhn verspeisen und wenn dann zwei von ihnen gleich ein *zweites* Huhn bestellten ... da wären mit Sicherheit auch Sie erstaunt. Reagan war es jedenfalls.

Lowry verfaßte nicht nur das beste Buch über den Alkoholismus, sondern auch die besten Beschreibungen von einer eher seltenen Erscheinungsform der Trunksucht: Delirium tremens. Delirium tremens unterscheidet sich von normalen Alkohol-Entzugserscheinungen. Während sich diese in Schüttelfrösten, Schweißausbrüchen, Schlaflosigkeit und gelegentlich in vorübergehenden Sinnestäuschungen manifestieren, beinhaltet Delirium tremens ebenfalls Schüttelfröste – der «Tremens»-Teil – , während das Delirium in einer geradezu alptraumartigen Verfassung besteht, in der das Opfer die Orientierung verliert und Sinnestäuschungen erlebt, die in äußerst eindringlichen, ununterbrochenen und normalerweise beängstigenden Halluzinationen bestehen.
In *Unter dem Vulkan* kann man nicht mit Sicherheit sagen, wann der Konsul halluziniert und wann nicht. Das ganze Buch hat etwas Halluzinatorisches an sich. Ein schönes Beispiel für eine Halluzination ist in John Hustons Filmversion von *Unter dem Vulkan* zu sehen, wo Albert Finney nach einer durchzechten Nacht beim Erzählen einer unzusammenhängenden Geschichte von seiner lange weggebliebenen Frau Yvonne unterbrochen wird, die völlig unerwartet die Bar betritt. Finney schaut über die Schulter, sieht sie, hält inne und fährt dann mit seiner Geschichte fort, bis ihm endlich klar wird, daß Yvonne keine jener Halluzinationen ist, die ihm so vertraut sind, sondern daß es sich um die wirkliche Yvonne handelt. (Finneys Porträt des andauernd berauschten Alkoholikers ist wohl unübertrefflich; die Szene, in der gezeigt wird, wie er zu entscheiden versucht, ob er halluziniert oder nicht, wirkt derart überzeugend, daß sogar der standhafteste Alkoholmuffel erkennen wird, daß es genau so sein muß.)
Kurz bevor er dreißig war, verbrachte Lowry zehn Tage im

Bellevue Hospital in New York und versuchte diese Erfahrung danach zwanzig Jahre lang zu beschreiben, woraus eines seiner brillantesten Werke, der postum veröffentlichte Text *Die letzte Adresse* resultierte. Im Bellevue litt Lowry unter Delirium tremens, und seine Beschreibung davon ist reine Kunst:

«Der Mann erwachte in dem sicheren Gefühl, sich auf einem Schiff zu befinden. Wenn nicht, woher kam dann dieses abgehackte Kling-Klang, dieses Geräusch von Eisen auf Eisen? Er hörte das Wasser über die Luken rauschen, die schweren Schritte oben an Deck, das unablässige *Frère Jacques, Frère Jacques* der Maschinen. Er war auf einem Schiff; es brachte ihn zurück nach England, von wo er, soviel stand fest, nie hätte fortgehen sollen. Er wurde sich seines zerschlagenen, zitternden, stinkenden Körpers bewußt. Lähmendes Tageslicht lastete schwer auf seinen Augenlidern. Als er sie öffnete, sah er drei farbige Seeleute, die kräftig das Deck schrubbten. Er machte die Augen wieder zu. Unmöglich, dachte er …

Je länger der Tag dauerte, desto fürchterlicher wurden die Geräusche: durch das Zimmer über ihm raste etwas, das sich anhörte wie eine Eisenbahn. Es kam die nächste Nacht. Die Geräusche verschlimmerten sich. Und noch etwas: die Mannschaft wuchs und wuchs. Mehr und mehr Männer kamen, übel zugerichtet, verwundet und allesamt betrunken. Einer nach dem anderen wurden sie von den Bootsmaaten den Gang entlanggestoßen, bis sie schreiend oder urplötzlich verstummt, mit dem Gesicht nach unten in ihren harten Kojen lagen.

Er war wach. Was hatte er letzte Nacht getan? … Vielleicht war gar nichts geschehen – und doch schnappte das Gewissen nach seiner ganzen Lebenskraft. Er brauchte einen Drink, er hatte ihn bitter nötig. Er wußte nicht, waren seine Augen geschlossen oder waren sie offen. Ekelerregende Erscheinungen tauchten aus dem Nichts auf und rieben ihre Borsten an seinem Gesicht – und er konnte sich nicht bewegen. Außerdem war da etwas unter seinem Bett, ein Bär, der sich unablässig aufzurichten versuchte. Stimmen – die Stimmen von Toten und Abwesenden und von Dingen, die gar nicht sprechen konnten – brabbelten ihm ins Ohr, entfernten sich, kamen zurück, kichernde, heulende, zischende, flötende Stimmen; Stimmen, die ihn anflehten, mit dem Trinken aufzuhören, zu verrecken, zur Hölle zu fahren. Dichtgedrängt schoben sich schreckliche Schatten heran – und wurden weggewischt wie im Spuk. Ein Wasserfall brach durch die Wand und überflutete das Zimmer. Eine rote Hand fuchtelte vor ihm herum und versetzte ihm einen Hieb. An einem verwüsteten Bergabhang trieben beinlose Körper einen Sturzbach hinunter, sie schrien gellend aus klaffenden Augenhöhlen, in denen zersplitterte Zähne steckten. Musik schwoll an zu einem Kreischen – und verhallte. Auf einem zerwühlten, blutbefleckten Bett in einem Haus, dessen Vorderfront weggerissen war, vergewaltigte ein riesenhafter Skorpion bedächtig eine einarmige Negerin. Seine Frau erschien, weinend, voller Mitleid – nur um sich im nächsten Moment in Richard III. zu verwandeln, der ihn anfiel, um ihn zu ersticken.»

War Lowry nun Alkoholiker oder nicht?

Lowrys Frau und andere nannten seinen Alkoholismus sekundär. Inwiefern sekundär?
In der wissenschaftlichen Literatur über Alkoholismus wird die Krankheit zuweilen in der Tat in eine primäre und eine sekundäre Form unterteilt. «Primär» heißt, daß die Erkrankung bei einem zuvor gesunden Individuum aus heiterem Himmel und unerklärlicherweise ausbricht. «Sekundär» bedeutet das Gegenteil: eine Person mit einem bereits existierenden psychischen Leiden beginnt zusätzlich noch zu trinken, und zwar *aufgrund* dieses bereits existierenden Leidens.
Heutzutage wird primärer Alkoholismus manchmal mit «familiärem» Alkoholismus gleichgesetzt. Dies aufgrund der Tatsache, daß bei gewissen Alkoholikern Alkoholismus in der Familie bereits vorkommt, bei anderen hingegen nicht, und daß sich diese beiden Typen in der Symptomatik zu unterscheiden scheinen. Der Familienalkoholiker beginnt bereits in jungen Jahren zu trinken und leidet unter einer besonders bösartigen Form von Alkoholismus, aber wenn er mit dem Trinken einmal aussetzt, scheint mit ihm aus psychischer Sicht alles in Ordnung zu sein.

Alkoholiker *ohne* Trunksucht in der Familie leiden mit größerer Wahrscheinlichkeit noch an einer anderen psychischen Störung. Es gelingt ihnen auch leichter als dem Familienalkoholiker, ihren Alkoholkonsum während längerer Zeit unter Kontrolle zu halten. Wer sekundären Alkoholismus heilen will, muß zuerst die psychische Störung heilen, die ihm zugrunde liegt.

In den Berichten über Lowrys Familie gibt es nirgends einen Hinweis auf Alkoholismus. Sein Vater war Abstinenzler, der an einer Leberzirrhose starb. Malcolm amüsierte das ein wenig, denn seine eigene Leber erwies sich bei Untersuchungen stets als normal. Die Leberzirrhose war so ungefähr die einzige Folge des Trinkens, die Lowry erspart blieb, aber in Tat und Wahrheit entwickeln sowieso nur etwa 10 Prozent aller schweren Alkoholiker eine Leberzirrhose, und Lowry gehörte diesbezüglich eben zur glücklichen Mehrheit. Aufgrund der öffentlich zugänglichen Daten wies Lowry jedenfalls eine nicht-familienbedingte Form von Alkoholismus auf, was – wenn es wirklich zutrifft – durchaus bedeuten könnte, daß sein Alkoholismus in der Tat als sekundär gelten darf und durch eine psychische Störung verursacht wurde. (Wenn dem so ist, hätten wir eine Erklärung dafür, daß er seinen Alkoholkonsum jeweils über längere Zeit unter Kontrolle halten konnte; aber vergessen wir nicht, daß auch Faulkner seinen Alkoholgenuß während ziemlich langer Zeitspannen im Griff behielt und daß kein anderer in diesem Buch porträtierter Schriftsteller *mehr* Alkoholiker in der Familie hatte als Faulkner.)

Wenn wir aber davon ausgehen, daß Lowrys Alkoholismus durch eine andere Störung hervorgerufen wurde, um was für eine Art von Störung handelte es sich dann?

Kandidat Nummer eins ist, nach Ansicht der meisten Beobachter, die Depression. Seit seiner Jugendzeit litt Lowry oft unter Stimmungsschwankungen und zuweilen auch unter pechschwarzen Depressionen. Er hatte schon mehrmals versucht, sich umzubringen, bevor es ihm schließlich gelang. Oft machte er sich selber schlecht, was depressive Menschen sehr oft tun; er beschrieb sich als «unkultiviert und unaufmerksam», als einen «Ignoranten ... dem praktisch sämtliche Eigenschaften fehlen, die man normalerweise von einem Schriftsteller erwartet», als einen

«Menschen, der gleichzeitig menschlich und erschütternd unmenschlich ist».

Die Diagnose der Depression wird dadurch erschwert, daß Lowry als Erwachsener nie ganz mit Trinken aussetzte und sehr oft betrunken oder verkatert war. Alkohol ist ein Giftstoff. Alkoholiker sind *immer* depressiv, sowohl während der weinerlichen Phase ihrer Trunkenheit als auch am Morgen danach. Alkoholiker leiden unter Gewissensbissen, Schuldgefühlen, Schlaflosigkeit, Magersucht, Selbstmordgedanken, unter dem Verlust jeglichen Interesses an anderen Tätigkeiten – kurz, unter sämtlichen Symptomen der Depression. Ein paar Tage oder Wochen, nachdem ein Alkoholiker zu trinken aufhört, verschwinden diese Symptome oft, was den Eindruck erweckt, sie seien auf den Alkohol zurückzuführen.

Sogar jene Alkoholiker, die Selbstmord begehen, weisen, wenn sie gerade nicht trinken, häufig keinerlei Anzeichen von Depression auf. Es gibt ein Syndrom namens «alkoholbedingte Dysphorie», von dem gewisse Trinker betroffen sind, die beim Trinken von einer derart akuten Depression befallen werden, daß Selbstmord der einzige Ausweg zu sein scheint, dem Schmerz ein Ende zu machen.

«Du kannst dir gar nicht vorstellen, wie traurig mein Leben ist», sagt der Konsul zu Yvonne. Trank er vor lauter Traurigkeit? Oder machte ihn das Trinken traurig? Oder stimmt beides? Lowry wagt es nicht, sich für das eine oder für das andere zu entscheiden.

Beweisstücke aus jüngerer Zeit deuten darauf hin, daß viele Alkoholiker (etwa ein Drittel) unter schweren Phobien leiden, die vor ihrer schweren Trunksucht anzusiedeln sind und den Alkoholismus durchaus fördern können. Lowry hatte viele Phobien. Er aß keinen Fisch, weil er Angst hatte, an den Gräten zu ersticken. Einmal entwickelte er eine Phobie, die Schreibfeder in die Hand zu nehmen. In Bussen und Flugzeugen saß er immer ganz hinten, weil er es nicht mochte, daß ihn die Leute ansahen. Bei gesellschaftlichen Anlässen war er wie gelähmt und sagte kein Wort, bis er sich ein paar Drinks genehmigt hatte. Im besonderen Maße fürchtete er sich vor Autorität, was vielleicht auf seine Angst vor seinem einschüchternden Vater zurückgeht und durch unangenehme Erfahrungen an den Grenzübergängen verschiedener Länder noch verstärkt wurde. Diese Angst vor «Machtträgern» sagt, Art Hill zufolge, «mehr über den potentiellen oder im Anfangsstadium befindlichen Alkoholiker aus, als man in einem noch so kompakten Satz sagen könnte». Lowry fürchtete «nicht bloß den Polizisten oder den Chef, sondern auch das Zimmermädchen, den Platzanweiser, den Fremden am Telephon (der wohl auch irgendeine Funktion innehatte, sonst würde man ja gar nicht mit ihm sprechen)».

Von all seinen Phobien war die schlimmste seine lebenslange Furcht vor Geschlechtskrankheiten. Einer seiner Freunde aus Cambridge nannte ihn einen «wahren Syphilophobiker», denn er sprach so oft von Syphilis, daß die Leute glaubten, er sei daran erkrankt. Wie Hill betont, war Syphilis in der Zeit, als Penizillin noch nicht im Umlauf war, eine viel schrecklichere Krankheit als in unseren Tagen, und sie jagte den Menschen fast ebensoviel Angst ein wie heute Aids.

Dies führt zu einer interessanten, wenn auch ziemlich unbeweisbaren Theorie über den *wahren* Grund für Lowrys Trunksucht. Da er nicht weniger unternehmungslustig war als andere junge Männer, mag er sich nach Sex gesehnt, sich aber dermaßen davor gefürchtet haben, eine Geschlechtskrankheit aufzulesen, daß er den Mädchen aus dem Weg ging und statt dessen trank. Alkohol wurde, mit einem Wort, zu einem Ersatz für Sex – so wie in Irland, wo früher die Eltern der Ansicht waren, es sei eine wunderbare Sache für einen jungen Mann, sich in Pubs vollaufen zu lassen, weil er dann wenigstens nicht draußen herumstreunte, um irische Jungfrauen zu verführen.

Die Hintergründe von Lowrys Syphilophobie sind offensichtlich: in Liverpool gab es ein Museum, das die von der Krankheit zerfressenen Organe von Syphilis-Opfern zeigte. Sein Vater warnte ihn unermüdlich vor Geschlechtskrankheiten. Während er als Schuljunge auf einem Frachter herumsegelte, hatte er häufig Gelegenheit, die Verwüstungen mitanzusehen, welche Syphilis und Tripper unter seinen Schiffskameraden anrichteten. Wenn *diese* auf der Suche nach Sex an Land gingen, ging Lowry auf der Suche nach Alkohol an Land. Aus seinen Briefen und aus seiner

Biographie geht nicht eindeutig hervor, zu welchem Zeitpunkt er zum ersten Mal Geschlechtsverkehr hatte, aber einiges deutet darauf hin, daß er oft onanierte und bis weit über zwanzig jungfräulich blieb.

Ironischerweise half der Alkohol Lowry, dem Sex und somit auch der Syphilis aus dem Weg zu gehen, aber er hielt ihn auch auf eine Weise vom Sex fern, die er eigentlich nicht beabsichtigt hatte: er war häufig impotent. Mit Shakespeare gesprochen: «Der Trunk befördert und dämpft zugleich: er befördert das Verlangen und dämpft das Tun ...» (*Macbeth*, II. Akt, 3. Szene). Lowrys erste Frau gab Lowry die Schuld an ihren vielen Seitensprüngen: er konnte nicht, also wandte sie sich an andere. Sein Sexleben mit seiner zweiten Frau war, vor allem in Kanada, wo er seinen Alkoholkonsum entschieden mäßigte, angeblich ziemlich normal. Doch einer der Gründe, weshalb ihn Margerie gar nicht gern betrunken sah, war auch der Umstand, daß sie wußte, wie sehr ihr Sexleben darunter litt. Daß er in nüchternem Zustand überhaupt Sex mit seinen Frauen hatte, zeugt wohl von seinem Glauben, daß von ihnen, was die Syphilis betraf, wenig Gefahr ausging. Jedenfalls war Lowry, anders als sein Freund Dylan Thomas, kein Frauenheld. Und Syphilophobie ist vielleicht eine der effizientesten Maßnahmen zur Geburtenkontrolle, die je erfunden wurde.

Die Syphilis-Alkoholismus-Theorie wird – wenn auch auf äußerst zweifelhafte Weise – gestützt durch eine Äußerung, die Lowry, als er sich im Bellevue befand, in seinem Delirium vor sich hin murmelte: «Hallo, Vater, Rückkehr zum Vorsexuellen belebt das Bedürfnis nach Nahrung.» Man *könnte* dies dahingehend interpretieren, daß Lowry dank seinem Alkoholismus in den «vorsexuellen» Bereich zurückfand und sich in Sachen Geschlechtskrankheiten keine Sorgen zu machen brauchte. Bei den Haaren herbeigezogen, aber nicht schlimmer bei den Haaren herbeigezogen als die Art und Weise, wie gewisse Psychoanalytiker die Faseleien eines Psychotikers interpretieren.

Es gibt Belege dafür, daß Lowry gegen Ende seines Lebens einen Hirnschaden hatte. Es fiel ihm schwer, sich die Krawatte umzubinden, die Socken anzuziehen oder mit Messer und Gabel richtig umzugehen. Sogar in nüchternem Zustand brauchte er manchmal die Hilfe seiner Frau, um sich eine Zigarette anzuzünden, denn seinen eigenen Worten zufolge konnte er die Finger nicht mehr bewegen. (Handelte es sich um eine Phobie vor Fingerbewegungen? Oder um eine Schädigung des Nervensystems? Oder um Katatonie[10]? – eine Möglichkeit, auf die ich noch zurückkommen will.) Er hatte auch Probleme mit den Augen und litt höchstwahrscheinlich unter einer durch Alkohol und Tabak bedingten Schwachsichtigkeit. Da er Kettenraucher war, waren die Zyanidwerte in Lowrys Blut zweifellos sehr hoch; auf diesen Umstand führt man es zurück, daß Alkoholiker, die viel rauchen, Sehschwierigkeiten haben.

In seinen letzten Jahren wäre Lowry wohl von vielen Psychiatern als ein Mann mit Zerfallserscheinungen aufgrund von Alkoholsucht beschrieben worden. Mag sein. Seiner Frau zufolge war sein Denken während des größten Teils seiner nüchternen Phasen kurz vor seinem Tod klar und sein Nervensystem intakt.

Es gibt noch eine weitere Diagnosemöglichkeit, die erwogen werden sollte: Schizophrenie.

Lowry litt mindestens unter gewissen Symptomen von Schizophrenie, obwohl diese Symptome – ebenso wie Depressionen – auch durch Alkohol hervorgerufen werden können. In seiner Adoleszenz scheint er einen ziemlich ausgeprägten Persönlichkeitswandel durchgemacht zu haben. Er war nicht mehr länger das fröhliche, sprudelnde, geschwätzige Kind, sondern hatte immer längere Momente des Schweigens und wurde bei gesellschaftlichen Anlässen geradezu schmerzhaft schüchtern. Er entschloß sich, Schriftsteller zu werden: ein einsames Geschäft. Seine Kleidung wurde nachlässiger; manchmal vergrub er seine Socken, statt sie zu reinigen, er war oft ungewaschen, zerzaust und unrasiert und schnürte sich eine Krawatte um die Taille, um zu verhindern, daß seine viel zu weiten Hosen herunterrutschten. Ein solcher Persönlichkeitswandel ist kennzeichnend für das Frühstadium von Schizophrenie, aber natürlich haben auch viele Nicht-Schizophrene in ihrer Adoleszenz «Identitätskrisen» und benehmen sich – gemessen an den Kriterien von bürgerlichen Erwachsenen – ziemlich merkwürdig. (Vielleicht war Lowry ja bloß ein früher Hippie.)

Als er auf die zwanzig zuging, machten sich aber doch immer bedrohlichere Symptome bemerkbar. Wie bereits erwähnt, überquerte er den Atlantik, um Conrad Aiken einen Besuch abzustatten. Ein paar Jahre später erlag er einer weiteren offenkundigen Wahnvorstellung. Auf einem Tisch, auf dem zuvor nur eine Zeitschrift gelegen hatte, fand er zwei Zeitschriften und zog daraus den Schluß, daß ein Dieb ins Haus eingebrochen sei und eine Zeitschrift auf dem Tisch zurückgelassen habe: Aiken zufolge, der zu jener Zeit anwesend war, eine ziemlich unglaubwürdige Geschichte.

Dann begann Lowry immer öfter unter Verfolgungswahn zu leiden, der sein ganzes Leben hindurch andauerte, obwohl man nie ganz sicher sein kann, ob er jeweils in betrunkenem oder in nüchternem Zustand auftrat. Er halluzinierte vor allem, daß er von Leuten beobachtet oder verfolgt würde. Bei einer Party fiel einem Freund zum ersten Mal auf, daß Lowrys Exzentrik über «bloße jugendliche Überspanntheit» hinausging: «Er war wie besessen vom schrecklichen Gedanken, von einem Krankenpfleger beschattet zu werden, den seine Familie auf ihn angesetzt hatte, und eines Tages sagte er: ‹Ich schwamm heute in Torbay drei Meilen weit ins Meer hinaus und drehte mich um, um ein wenig auf dem Rücken zu liegen, und weißt du was? er war mir gefolgt.› Also fragten wir: ‹Aber wo ist er denn jetzt?› Und er antwortete: ‹Ich weiß nicht. Er taucht auf und verschwindet wieder.›»

Jahre später schrieb er dem mit ihm befreundeten Dichter John Davenport[11]: «Wohin ich auch gehe, ich werde verfolgt, und sogar in diesem Augenblick, wo ich dies schreibe, beobachten mich nicht weniger als fünf Polizisten.» Zu jener Zeit hielt er sich in Mexiko auf und hatte wegen seiner notorischen Trunkenheit Probleme mit der Polizei.

Etwas später saß er in einer mexikanischen Bar und schrieb einem Freund, er sei in der Bar, weil «ich in meinem Hotel auf große Feindseligkeit stoße». Er fährt weiter wie folgt:

«Ich versuche hier ein wenig zu arbeiten, aber mein Leben ist dermaßen von Detektiven umzingelt, welche die Straße auf und ab gehen und an der Ecke stehenbleiben, wie wenn sie nichts Besseres zu tun hätten, als einen Mann auszuspionieren, der ohnehin niemandem etwas zuleide tun könnte und niemals eine andere Absicht verfolgte, als Gutes zu tun, zu lieben und überall zu helfen, wo Hilfe nötig ist, daß ich langsam den Verstand verliere. Das liegt nicht am Trinken ... Wenn ich jetzt nicht eine gewisse Menge Alkohol trinke, dann werde ich ohne jeden Zweifel einen Nervenzusammenbruch erleiden.»

Lowry glaubte allen Ernstes, daß eine «gewisse Menge Alkohol» nötig sei, um einem Nervenzusammenbruch vorzubeugen. Sein Ziel war es, sich *durch* einen Zusammenbruch *hindurch*, statt *in* einen Zusammenbruch *hinein* zu trinken. Wenn er jeweils wegen seiner Depressionen – und nicht bloß zum Ausnüchtern – ins Spital eingeliefert wurde, führte er seine Kollapse auf den Alkoholentzug zurück.

Natürlich mag dies nur eine weitere Ausrede für seine Trunksucht gewesen sein. Wenn Lowrys psychisches Problem *tatsächlich* schizophrener Natur war, ist es aber immerhin denkbar, daß Alkohol einen therapeutischen Effekt – etwa in der Art von Thorazin (Chlorpromazin) – ausübte. Alkohol funktioniert als eine Art Filter für das Nervensystem, und gewissen Theorien zufolge ist ein Schizophrener ein Mensch, dem es an Filtern fehlt. Für den Schizophrenen ist die Welt einfach zuviel. Weil er keine Filter hat, ertrinkt er in den Reizen der Außenwelt.

Einiges deutet darauf hin, daß auch Lowry in den Reizen der Außenwelt ertrank. Er war übertrieben wachsam, reflektierte ununterbrochen den Inhalt seiner Psyche und achtete auf seine Umwelt. Daß er sich immerzu Notizen machte, könnte der Versuch gewesen sein, die Flut der Außenreize zu kanalisieren, zu hemmen, zu kontrollieren oder ihnen zumindest einen Sinn zu geben. Stets suchte er nach der Bedeutung der Dinge, er war ein unermüdlicher Symbolforscher. Niemand beschreibt dies besser als Lowry selber in *Unter dem Vulkan*; einmal steht der Konsul an der Bar und wiegt das reale Leben gegen das symbolische Leben auf:

«Das Leben war ein Wald von Symbolen, hatte das nicht Baudelaire gesagt? Aber, fiel ihm ein, waren die Symbole nicht schon da, bevor man überhaupt vom Wald reden konnte, wenn es überhaupt so etwas wie ein ‹bevor› gab? Ja, bevor! Bevor man irgend etwas über das Leben wußte, hatte man die Symbole. Mit Symbolen fing immer alles an. Von da aus konnte man zu anderen Dingen weitergehen. Das Leben war in Tat und Wahrheit das, was man aus den Symbolen machte, und je weniger man aus seinem Leben machte, um so zahlreicher wurden die Symbole. Und je mehr man sie zu verstehen suchte und je länger man um dieses Verständnisses willen die Verwirrung des Lebens in Kauf nahm, *um so schneller stieg ihre Zahl. Und je schneller ihre Zahl stieg, das heißt, je mehr sie sich in immer noch mehr Symbole aufsplitterten, die zuerst einmal gar keine Bedeutung hatten, geschweige denn verstanden werden konnten,* die sich also, kurz gesagt, wie Menschen verhielten, um so mehr gefiel es ihnen, bis schließlich das Leben selbst ... *plötzlich davonflatterte und bloß eine Abstraktion zurückließ.»* (Hervorhebungen vom Verfasser)

Diese Passage, die wörtlich aus der Krankengeschichte eines Schizophrenen stammen könnte, beginnt mit der Suche nach Symbolen, nach Zusammenhängen, die dem Leben einen Sinn geben. «Aber wenn man nicht aufpaßt», bemerkt Douglas Day, «verfängt man sich in den Symbolen selber, die das Leben letztlich mehr verdunkeln als erhellen. Und je mehr man sich in ihnen verfängt, um so mehr wuchern sie, bis das Leben gänzlich verschwindet und ein phantastisches Spinngewebe von Symbolen zurückbleibt – das vielleicht sehr schön ist, aber letztlich nur ein Geflecht leerer Abstraktionen darstellt.»

An dieser Stelle tönt Day, der so viel Lowry gelesen hat, fast wie Lowry selber, aber er ist hier zu unkritisch. Wenn er sagt, daß eine Person, die nicht aufpaßt, den Symbolen zum Opfer fallen kann, läßt er die Möglichkeit außer acht, daß gewisse Leute eben gar keine andere Wahl haben: ob sie nun aufpassen oder nicht, sie können die schönen Abstraktionen einfach nicht unter Kontrolle bringen. Namentlich den Schizophrenen fehlt diese Fähigkeit zur Kontrolle. Und sie fehlte wohl auch Lowry. Seine Unfähigkeit, eine Schreibfeder in die Hand zu nehmen, seine Unbeholfenheit, seine sonstigen Schwierigkeiten, willkürlich Bewegungen auszuführen, waren *vielleicht* Ausdruck einer Form von Katatonie, die letztlich auf Schizophrenie zurückging.

Er trug auch Ambivalenz zur Schau, ein weiteres Symptom von

Schizophrenie, das in einem Gebet des Konsuls (Lowry) vor einem Bild der Muttergottes glänzend eingefangen wird:
«Bitte laß mich sie (Yvonne) glücklich machen, befreie mich von dieser furchtbaren Tyrannei des Ich. Ich bin tief gesunken. Laß mich noch tiefer sinken, daß ich die Wahrheit erkenne. Lehre mich wieder lieben, das Leben lieben. Wo ist die Liebe? Laß mich ehrlich leiden. Gib mir meine Reinheit zurück, das Wissen um die Mysterien, die ich verraten und verloren habe. Laß mich wahrhaft einsam sein, daß ich ehrlich beten kann. Laß uns wieder irgendwo glücklich werden, wenn wir nur zusammen sind, wenn wir nur weg sind aus dieser schrecklichen Welt. ‹Zerstöre die Welt!› schrie er in seinem Herzen.»
Wie Spender betont, betet er gleichzeitig um die Versöhnung mit Yvonne und darum, alleinsein zu dürfen, und wenn er darum bittet, wieder aufzusteigen, will er gleichzeitig noch tiefer sinken. Ambivalenter geht es nicht!
Mehr als einmal deutet er an, daß er unter «Beeinflussungswahn» (ein psychiatrischer Fachbegriff) leidet, und er beharrt darauf, daß er manchmal nicht selber schrieb, sondern daß durch ihn *geschrieben* wurde. (Eine Lowry-Metapher? Vielleicht. Vielleicht auch nicht.)
Alkoholiker werde man, so sagte er, weil einem das Leben «unbegreiflich» erscheine. Für niemanden ist das Leben unbegreiflicher als für einen Schizophrenen, der unfähig ist, Traum und Wirklichkeit zu unterscheiden. Wenn Lowry über die «schreckliche Tyrannei des Selbst» spricht, meint er damit Autismus, ein weiteres schizophrenes Symptom, aber vielleicht ist das bloß Lowry, der poetisch wird.
Auch sein Haß – der Haß auf Angst und Verwirrung – mutet schizophren an, wie in einer autobiographisch geprägten Passage deutlich wird: «... seine Ängste wuchsen sich zu wilden Haßgefühlen aus, zu großen, vernunftwidrigen, esemplastischen[12] Haßgefühlen: Haß auf die Leute, die ihn auf der Straße so merkwürdig ansahen; längst verdrängte Haßgefühle gegen Schulkameraden, die ihn in der Schule wegen seiner Augen gehänselt hatten; Haß auf jenen Tag, an dem er das Licht der Welt erblickt hatte, um eine leidende Kreatur zu werden, Haß auf eine Welt, in

der das eigene Haus grundlos niederbrennen konnte, Haß auf sich selber, und all dieser Haß gebar keinen Schlaf.»
Normalerweise begehen Schizophrene keine Gewalttaten, aber wenn sie es doch tun – wenn sie einen Präsidenten niederschießen oder einen Rockstar töten –, dann ist der Haß, den sie in ihren Tagebüchern (diesen unvermeidlichen Tagebüchern!) beschreiben, ein Ausdruck solch vernunftwidriger und «esemplastischer» Haßgefühle, wie sie Malcolm Lowry beschrieb. Margerie schildert in einem Brief an John Davenport, daß sie diese Haßgefühle gut kannte:
«Es ist traurig, aber wahr: Malcolm verliert allmählich den Verstand, und jetzt geht es so schnell voran, daß man die Verschlechterung von Woche zu Woche beobachten kann. Phasenweise macht er einen ruhigen, einen glänzenden Eindruck, dann wieder folgen Zeiten der Finsternis. Und er wird richtig gefährlich: in erster Linie für sich selber und mich, aber er benimmt sich gegenüber jedem, der ihm im Weg steht, zusehends rücksichtsloser. Wenn er trinkt, ist es natürlich noch viel schlimmer.»
Da ist es wieder: «...wenn er trinkt». Auch sie wußte zuweilen nicht sicher, wann es der Schnaps war und wann nicht.
Der eindeutigste Hinweis auf Schizophrenie besteht wahrscheinlich in offenkundig chronischem Verfolgungswahn, der *keine* typische Erscheinungsform von Alkoholismus darstellt. Der Alkohol, die Notizen, das Briefeschreiben und die Romane, die er um keinen Preis fertigstellen wollte, waren vielleicht allesamt Filter: Versuche, ein völlig verwirrtes Geistesleben wieder ins Lot zu bringen.
Nichtsdestotrotz war es vielleicht doch nur die Sauferei. Wie ein Freund mit leichter Übertreibung einmal sagte, war Lowry «immer ein wenig beschwipst», und der Alkoholismus ist ein virtuoser Nachäffer psychischer Erkrankungen, sogar der Schizophrenie.
«Bei Lowry», schrieb Stephen Spender, «liebäugelt man immer mit dem Gedanken, daß man es zwar mit einer Krankheit zu tun hat, die aber dennoch geheilt werden kann.» Trotz allem war Lowry ein unverbesserlicher Optimist. (Vielleicht ein weiterer Beweis gegen die Theorie, die seinen Alkoholismus mit seinen

Depressionen erklärt.) Erstaunlicherweise war die letzte Geschichte, die er schrieb, heiter: *Der Waldpfad zur Quelle (Forest Path to the Spring)* hat ein Happy-End. Er glaubte an die Hölle, er hatte die Hölle erlebt, hatte die Hölle *gesucht* – «Die Hölle ist mein natürliches Habitat», sagt der Konsul –, aber er glaubte genauso fest an die Erlösung. Lowry war ein religiöser Mensch, kein Kirchgänger, sondern ein Mystiker, der an Dämonen glaubte, an Himmel und Hölle und an göttliche (oder zumindest magische) Einflüsse auf die Angelegenheiten der Menschen. Lowry schien das Gefühl zu haben, daß Gott, wie er selber, im Grunde gutmütig sei und es gut mit uns meine.

Die Hölle, das war Mexiko – «der gottverlassenste Ort auf dieser Welt ... eine Art Moloch, der sich an unseren gepeinigten Seelen mästet». Auch New York war die Hölle – «ein übler Ort, wenn man auf dem rechten Weg zur Verzweiflung ist». Das Bellevue Hospital war hingegen ein Fegefeuer, ein Ort, wo Sühne möglich war.

Das Paradies war für Lowry Kanada oder das, was Kanada für ihn darstellte, genauer noch: was die kanadische Wildnis für ihn darstellte. Vor allem gab es dort wenig Leute, und diejenigen, die dort lebten, waren ungebildete, gewöhnliche, «demütige» Leute, die Lowry nicht herausforderten, sich nicht darum stritten, der größte Schriftsteller der Welt zu sein. Für einen Menschen mit ernsthaften Ängsten vor der Gesellschaft ist die Wildnis tatsächlich eine Erlösung.

Lowry hat sich vielleicht dunkel an ein ähnliches Paradies aus seiner Kindheit erinnert. Er wuchs in einer idyllischen Umgebung auf, in der ebenso ländlichen wie lieblichen Gegend von Cheshire, gleich an einem breiten Fluß, der dort ins Meer mündete; und am anderen Ufer konnte er an klaren Tagen die Berge von Wales sehen. Irgendwann in seiner Kindheit hörte dies für Lowry allerdings auf, ein Paradies zu sein (wenn es überhaupt je eines war). Dies geschah wahrscheinlich, als das Leben zum Wettstreit wurde. Sein Vater war ein äußerst leistungsfähiger Mann, der seinen Söhnen alles abverlangte und sie zu schulischen, finanziellen und sportlichen Höchstleistungen trieb. Während seiner Schulzeit gab es für Lowry eine Phase, in der er gerne Leistungen erbrachte; er gewann die englische

Schülermeisterschaft im Golf und brillierte im Schwimmen und anderen Sportarten. Aber nach all diesen Erfolgen verlor er das Interesse an der Leistung. Er schaffte knapp seinen Abschluß in Cambridge, hängte das Golfspielen an den Nagel und verwandelte sich in einen eigentlichen Einsiedler, außer wenn er trank und ausnahmsweise Menschen ertragen konnte.

Jedenfalls kann man sich durchaus vorstellen, daß Lowry unter dem Syndrom des verlorenen Paradieses litt: man kann seine wiederholten Ausbrüche aus dem bequemen Zuhause der Lowrys und seine rastlosen Wanderungen als eine Art Exil sehen, als Suche nach einem verlorenen Garten Eden. Wenn daran überhaupt etwas Wahres ist, dann fand er seinen Garten Eden in British Columbia, in der Wildnis, in der Bucht.

Aber auf der anderen Seite der Bucht, in einer Entfernung von kaum zehn Meilen, lauerte das Unheil, schlimmes Unheil. Die Steuerzahler von Vancouver drohten andauernd damit, die Siedler samt ihren steuerfreien Strandhütten aus der Bucht zu jagen. Sie waren ihnen ein Dorn im Auge. Sie sollten ausgemerzt und wenn möglich durch einen Vergnügungspark ersetzt werden. Vancouver expandierte. Irgendwann wären die Hütten infolge der Ausbreitung der Stadt ohnehin weggespült worden, aber einigen Bewohnern von Vancouver konnte es gar nicht schnell genug gehen. Die Lowrys lebten unter der ständigen Bedrohung, vertrieben zu werden. Einmal führte Lowry Alkoholismus auf die «Häßlichkeit und Sterilität des Lebens, wie es den Leuten *verkauft* wird», zurück und meinte damit Leute wie sich selber. Wahrscheinlich dachte er an Vancouver, als er in einem Brief an einen Freund eine Stadt beschrieb, «die aus baufälligen, Möchtegern-Wolkenkratzern von unterschiedlicher Höhe besteht, wobei einige davon ganz verschiedene Arten von Eisenresten auf dem Dach hatten, sogar zerstörte Flugzeuge, andere waren schwiemelige Börsengebäude, neue Bierlokale mit Lampen voller Ungeziefer, sogar mitten am Nachmittag, die gigantischen, von Smaragden erleuchteten, öffentlichen Toiletten für beide Geschlechter glichen, gemauerte Gebäude mit englischen Teehandlungen … Totempfahlfabriken, Tuchgeschäften mit erstklassigem schottischem Tweed und Opiumhöhlen im Untergeschoß …»

«Jeder, der wirklich einmal in der Hölle war», schließt Lowry, «hat Vancouver mit einem anerkennenden Nicken beehrt.» Ein nüchterner Lowry konnte Vancouver ebensowenig aushalten wie andere Höllen – etwa Mexiko oder New York.
Also blieb er möglichst lange in der Hütte, noch immer mehr oder weniger optimistisch.
Außerdem war alles so lieblich, zum Beispiel im Winter:
«An diesen seltenen, kurzen Tagen mit Sonnenschein und Eisblumen konnte die Winterlandschaft wunderschön sein; wenn die schlanken Birken- und Ahornzweige eine kristallene Hülle trugen, an den Blütenquasten der Fichten diamantene Tropfen hingen und die Tannen mit glitzerndem Reif bedeckt waren. Auf unserer Veranda taute der Reif streifenweise weg, so daß auf dem nassen schwarzen Holz ein Muster entstand wie ein ausgebreiteter, perlenbestickter Umhang, auf dem unser Kätzchen mit kalten Pfoten zierlich hin und her trippelte, um sich schließlich, den Schwanz um die Füße gekringelt, auf dem Fensterbrett niederzulassen.»
Im Frühling «war das Licht ein anderes, das hellgrüne, grüngolden gefleckte Licht unter dem noch zarten Laub; denn später im Sommer, wenn die Blätter ihre volle Größe haben, wird das Grün dunkler und der Pfad liegt in tiefem Schatten. Jetzt aber war überall dieses zarte, lichte Grün, die weiblichen Blüten des weinblättrigen Ahorns und die jungen Blättchen der Erlen schimmerten im schönen Frühlingslicht wie die Sternblüten des Hartriegels, Grün über uns und zu unseren Füßen; überall schossen junge Pflanzen aus dem Boden, und meine Frau erkannte die ersten Keime der Waldblumen, die sich zu Claytonia und Siebenstern, Steinbrech, Küchenschelle und Flammenden Herzen entwickeln würden.»
Der Waldpfad zur Quelle, seine letzte Erzählung, sollte den Schlußteil eines Buchzyklus mit dem Titel *Voyage That Never Ends* bilden, den er schon als junger Mann geplant hatte. Die Geschichte dreht sich um einen Jazz-Komponisten (Lowry) der zusammen mit seiner Frau (Margerie) in einer Strandhütte in British Columbia haust. Sie sind sehr glücklich. Die Hütte brennt nieder, dabei wird ein meisterhaftes Jazzstück zerstört, aber sie bauen unverzagt eine

zweite Hütte auf, und er fährt mit der Arbeit fort. Ihr Leben ist eine Idylle. Die Luft ist rein. Schwimmen tut gut. Beide treiben viel Gymnastik (Gymnastik war für Lowry immer die Antithese zum Alkohol, fast schon ein Gegengift gegen das Trinken, das allerdings leider nie sehr lange wirkte).

Auch hier existiert natürlich die Bedrohung, daß dieses Paradies einmal zu Ende sein wird: sei es durch Vertreibung, durch Naturkatastrophen oder irgendeine andere dämonische Kraft. Die Bedrohung wird durch einen Puma symbolisiert, der dem Helden der Erzählung auf dem Pfad zur Quelle entgegentritt. Lowry sagt dem Puma, er solle verschwinden, und das tut er auch. Dies erfüllt ihn mit Selbstvertrauen. Der Puma repräsentiert «etwas, was rechts und links vom Pfad auf der Lauer liegen könnte, um uns aus unserem Paradies anzuspringen». Aber er hat den Puma bezwungen; er kann nun den anderen Ängsten ins Gesicht sehen.

Als er in der Wildnis lebte, so sagte Lowry, konnte er ein «einfacher Spinner» sein. Was meinte er damit? Die Antwort darauf hilft uns vielleicht, das Rätsel seiner Krankheit zu lösen: War es bloß Alkoholismus, oder stimmte mit ihm sonst etwas nicht – litt er, wie erwähnt, vielleicht unter Schizophrenie?

Lowry war ein schlechter Bearbeiter, ob es nun um seine Bücher, um seine Wahrnehmungen oder um Symbole ging. Schizophren oder nicht – ihm fehlten die Filter. Jemand sagte einmal, er wirke wie einer, der ohne Haut geboren sei. Indem er sich in die Isolation des Waldes zurückzog, entwischte er wenigstens den gesellschaftlichen Reizen – der fordernden, aufwühlenden Gegenwart anderer Leute. (Lowry teilte die Einschätzung Sartres: «Die Hölle, das sind die anderen.»)

Lowry war immerzu damit beschäftigt, seine Erfahrungen in Symbole umzudeuten; alles hatte eine Bedeutung. *Unter dem Vulkan* besteht aus übereinandergelegten Bedeutungsschichten. Sein Geist war von Symbolen überflutet. Nach Douglas Days Ansicht hatte die Wildnis für Lowry einen therapeutischen Effekt, genau wie Alkohol, nur daß der Katzenjammer ausblieb. Er war ein einfacher Spinner, aber ein weiser Spinner, denn mit den Jahren hatte er gelernt, daß er und seine Frau eine Gegend gefunden hatten, «in der Wörter wie Quelle, Wasser, Häuser, Bäume, Reben, Lorbeer, Berge, Wölfe, Bucht, Rosen, Strand, Inseln, Wald, Gezeiten und Wild und Schnee und Feuer ihr wahres Wesen verwirklicht oder ihren Ursprung hatten: und wie diese Wörter auf einem Blatt Papier einst nur für das gestanden hatten, was sie symbolisierten, so stand die Wirklichkeit, die wir jetzt kannten, für etwas anderes, was über das Symbolisierte oder Reflektierte hinausging; es war, als umhülle uns jetzt die Art Wirklichkeit, die wir früher nur von fern gesehen hatten ...». *(Der Waldpfad zur Quelle)*

Day kommt alsdann zu einer überzeugenden und originellen These: «Das war sie nun endlich, jene Erfahrung, von der Lowry sein ganzes Leben lang wußte, daß es sie gab, die er jedoch nie hatte wahrnehmen können: was man über die Wirklichkeit zu wissen braucht, ist lediglich, daß sie wirklich ist. Hier sind ... *Dinge*, die in ihrer existentiellen *Dingheit* vollständig verwirklicht sind; hier gibt es endlich keine leeren Abstraktionen mehr, kein panisches Bedürfnis nach Symbolisierungen, kein Strudel des zerebralen Chaos. Hier ist einzig und allein eine ruhige, grüne Welt am Rande des lebenspendenden Meeres, wo der Lowrysche Mensch sein zerbrechliches Selbst schützen, seine Frau lieben und ehrerbietig, vielleicht auch mit ein wenig Humor, mit den *Dingen* umgehen kann, die ihn umgeben.»

Von Schizophrenen sagt man, sie hätten «keine Verbindung mit der Wirklichkeit». Day meint, das einfache Wildnisleben habe Lowry der Wirklichkeit nähergebracht, indem es sein Bedürfnis nach Symbolen, nach Filtern, nach Alkohol vermindert habe.

Conrad Knickerbocker, der Mann, der ursprünglich Malcolm Lowrys Biographie hätte schreiben sollen, beging 1966 Selbstmord. Zwei Jahre lang hatte er Notizen angelegt und Interviews geführt. Seine Aufzeichnungen wurden einem jungen amerikanischen Akademiker namens Douglas Day zugänglich gemacht. Lowrys zweite Frau, Margerie, zeigte sich zu rückhaltloser Zusammenarbeit mit Day bereit. Er erhielt ihre Erlaubnis, aus unveröffentlichten Briefen, Notizbüchern und Tagebüchern zu zitieren, und verbrachte natürlich viele Stunden mit Mrs. Lowry, um sich einen Überblick über Lowrys achtzehnjährige Ehe zu verschaffen. Logisch, daß er alles, was Lowry je geschrieben hatte, und alles, was über ihn geschrieben worden war, las und daß er haufenweise Freunde und Bekannte interviewte. Days vorzüglich geschriebene, mit Photos illustrierte Biographie *Malcolm Lowry: A Biography* (Oxford University Press, New York 1973) bildet das beste und umfassendste Werk, das zu diesem Thema erhältlich ist.

Eine viel kleinere, jedoch mit Charme und Einfühlungsvermögen verfaßte Biographie ist *Malcolm Lowry: His Art and Early Life* von M. C. Bradbrook, die Lehrerin am Girton College und Englisch-Professorin an der Cambridge University war, wo ihr Buch 1974 veröffentlicht wurde. Sie war gleich alt wie Lowry, in derselben Stadt geboren und aufgewachsen, und sie war auch in Cambridge, als Lowry dort studierte. Sie läßt ihre Kenntnisse von Wirral, Cheshire, wo Lowry und sie als Kinder wohnten, ebenso in das Buch einfließen wie die intellektuelle Gärung im Cambridge der späten zwanziger und frühen dreißiger Jahre, als gescheite junge Männer, aus denen später Dichter, Romanciers, Politiker – und Kommunisten – wurden, auf dem Rasen von J. B. S. Haldane[13] Picknicks veranstalteten.

Als John Hustons Film *Under the Volcano* 1984 in die Kinos kam, erschien eine neue Taschenbuchausgabe des Romans (American Library, New York 1984) mit einem ausgezeichneten Vorwort von Stephen Spender. Auch die Einleitung von Douglas Day zu *Dunkel wie die Gruft, in der mein Freund begraben liegt (Dark as the Grave Wherein My Friend Is laid)* – jenem unvollendeten Roman, den er in den Archiven der University of British Columbia fand – ist ebenfalls vorzüglich (New American Library, New York 1968). In der postum unter dem Titel *Hör uns, O Herr, der Du im Himmel wohnst (Hear Us O Lord from Heaven Thy Dwelling Place)* veröffentlichten Sammlung von Lowry-Kurzgeschichten befinden sich beispielsweise *Durch den*

Panamakanal und *Der Waldpfad zur Quelle* (Lippincott, New York 1961).

Die seit vielen Jahren von George Woodstock redigierte Zeitschrift *Canadian Literature* hat viele, zum Teil erstklassige Artikel über Lowry veröffentlicht. Dort erschienen auch Bibliographien und Supplemente, die von Lowrys Freund Earl Birney sowie von Mrs. Lowry zusammengestellt wurden. Die Ausgabe vom Herbst 1974 enthält einen klugen und scharfsinnigen Artikel von Art Hill über Lowrys Alkoholismus.

In der Juni-Ausgabe 1970 der Zeitschrift *Atlantic* erzählt Clarissa Lorenz davon, daß Lowry glaubte, Conrad Aikens Roman *Blue Voyage* sei ihm gewidmet gewesen, was – wenn das wirklich stimmt – nur als Wahnvorstellung gewertet werden kann. Da in anderen Werken über Lowry nichts dergleichen erwähnt wird, darf man in bezug auf den Wahrheitsgehalt dieses Zeugnisses durchaus skeptisch bleiben.

Zu den ebenfalls verwendeten Quellen zählen: Thomas B. Gilmore, «The Place of Hallucinations in *Under the Volcano*», *Contemporary Literature 23* (1982); Richard K. Cross, *Malcolm Lowry: A Preface to His Fiction*, University of Chicago Press, Chicago 1980; Anne Smith (Hg.), *The Art of Malcolm Lowry*, Vision Press, New York 1978; David Markson, *Malcolm Lowry's Volcano: Myth, Symbol, Meaning*, Times Books, New York 1978; Christopher Dorosz, *Malcolm Lowry's Infernal Paradise*, Uppsala 1976).

Lowrys Symbolgier macht sein Werk zu einem gefundenen Fressen für die Verfasser von Diplomarbeiten, und unter den in diesem Rahmen veröffentlichten Texten befinden sich Arbeiten, welche die Parallelen des Romans zu Homer, zu den Theorien von Jung, Spengler, Freud, Frazer, Spinoza und Shelley, zu östlicher Metaphysik, zum philosophischen Idealismus von George Berkeley untersuchen, ganz zu schweigen von Verweisen auf Lowrys Mentor Aiken, James Joyce, Dante, aztekische Mythologie, elisabethanische Dichtung, Swedenborg und expressionistische Filme aus Deutschland.

Diese Liste ist nicht vollständig. Auch wenn dies kaum jemandem möglich ist, sollte der Leser im Idealfall mit allen Symbolen und jeglicher Esoterik vertraut sein, um Malcolm Lowrys Werke ganz zu verstehen. Glücklicherweise ist dies jedoch völlig überflüssig, um sein Werk zu *genießen.*

---

[1] Privatschule für Zöglinge aus der Oberschicht.

[2] Mariana Dorothy McNulty (geb. 1908), verheiratete Singleton, Schauspielerin in vorwiegend komischen Rollen, die Hauptrolle im Serien-Dauerbrenner «Blondie» war im Film und im Radio von 1938 bis 1950 ihre «Lebensrolle».

[3] Lowry wählte den Namen nach dem Sternbild Eridanos, das dem Unterweltsfluß Styx entspreche und zugleich Tod und Jugend symbolisiere.

[4] «Malcolm Lowry/ Früher wohnhaft an der Bowery/ Seine Prosa war blühend/ Und oft glühend/ Er lebte nachts, tags trank er/ Und er starb beim Ukulele-Spielen.»

[5] Operative Durchtrennung der Stirnhirn-Thalamus-Verbindung (heute kaum mehr praktiziert).

[6] Stephen Spender (1909–1995), englischer Dichter und Literaturkritiker.

[7] Screen Actors Guild: in den dreißiger Jahren gegründete wichtigste Schauspielergewerkschaft.

[8] Dana Andrews (1909–1992), Ministersohn und Hollywoodschauspieler in B-Filmen und Fernsehserien.

[9] William Holden (1918–1981), Hauptdarsteller v.a. in Western-Filmen und Action-Streifen, aber auch in Billy Wilders *Sunset Boulevard* (1950) und George Cukors Komödie *Born Yesterday* (1951).

[10] Bei Schizophrenen häufiger, stupor-ähnlicher Erregungszustand, der sich in völliger Erstarrung oder stereotypen Bewegungen äußert.

[11] John Davenport (1905–1987), Journalist, Dichter und Verlagslektor.

[12] «Esemplastic» ist eine Wortbildung des Romantikers Coleridge und bedeutet in etwa «ineinsbildend».

[13] John Burdon Sanderson Haldane (1892–1964), britischer Genetiker, der durch seine mathematischen Analysen von Genetik und Evolution berühmt wurde.

Anmerkungen zu einer Epidemie

Trinken ist das Laster des Schriftstellers.
(F. Scott Fitzgerald)

Alkoholismus tritt in verschiedenen sozialen Gruppen unterschiedlich stark auf. Männer neigen mehr zu Alkoholismus als Frauen, Iren mehr als Juden, Barkeeper mehr als Bischöfe. Die Gruppierung mit dem höchsten Prozentsatz an Alkoholikern bilden indessen die berühmten amerikanischen Schriftsteller.

Ob Hemingways Behauptung, die meisten guten Schriftsteller seien Trinker, stimmt, bleibe dahingestellt; ganz offensichtlich aber trifft dies für einen beträchtlichen Teil von ihnen zu. Man stelle eine Liste bekannter amerikanischer Autoren dieses Jahrhunderts zusammen – mit einiger Wahrscheinlichkeit wird ein Drittel bis die Hälfte davon als alkoholsüchtig beurteilt werden müssen.

Bereits in der Einleitung habe ich zur Beschreibung des Problems den Begriff Epidemie verwendet, denn dieses Wort scheint den Sachverhalt zu treffen. Zu Beginn können wir fünf Fragen stellen:

1. Betraf die Epidemie hauptsächlich amerikanische Schriftsteller?
2. Grassierte sie in erster Linie in der ersten Hälfte des zwanzigsten Jahrhunderts? Wie steht es mit der zweiten Hälfte?
3. Erfaßte die Epidemie auch schöpferisch tätige Menschen in anderen Bereichen der Kunst?
4. Waren bekannte Autoren häufiger davon betroffen als unbekannte?
5. Ging es spezifisch um Alkohol, oder kommen auch andere Formen von Drogenmißbrauch vor?

Nach dem Versuch, diese Fragen zu beantworten, sieht man sich abschließend mit der Frage des Warum konfrontiert.

1. Betraf die Epidemie hauptsächlich amerikanische Schriftsteller?
Es steht sehr wenig systematisch erfaßtes Beweismaterial zur Verfügung. Im Jahre 1906 wurde 150 deutschen Dichtern und Schriftstellern ein Fragebogen zugeschickt, mit dem in Erfahrung gebracht werden sollte, ob sie vor dem Schreiben jeweils alkoholhaltige Getränke zu sich nähmen. Von den 115 Schriftstellern, die darauf antworteten, tranken deren sieben um der Arbeit willen, und immerhin zwölf beschrieben die positiven Einflüsse von Alkohol auf die Phantasie. Eine ähnliche Studie nahm man auch in Schweden in Angriff, aber die meisten Autoren verweigerten die Mitarbeit.
In der Einleitung habe ich achtundvierzig bekannte amerikanische Schriftsteller aufgezählt, die sich ihren Ruf, dem Alkohol verfallen zu sein, hauptsächlich in der ersten Jahrhunderthälfte erwarben. Man könnte in einer halben Stunde auch eine entsprechende Liste nicht-amerikanischer Schriftsteller zustande bringen.
Ich habe mich bei meiner Liste auf bereits gestorbene Autoren beschränkt und komme dabei auf achtundzwanzig Alkoholiker aus sechs Ländern und zwei Jahrhunderten:
Robert Burns, Algernon Swinburne, Lionel Johnson, Malcolm Lowry, Ernest Dowson, Paul Verlaine, Dylan Thomas, Brendan Behan, Evelyn Waugh, Sergej Jessenin, W. H. Auden, James Boswell, Samuel Johnson, Albert Camus, G. K. Chesterton, Samuel Coleridge, E. T. A. Hoffmann, James Joyce, Alfred de Musset, Guy de Maupassant, Flann O'Brien, Arthur Rimbaud, Charles Baudelaire, Jean Rhys, Friedrich von Schiller, Oscar Wilde, Louis MacNeice und Itzik Manger (der einzige jüdische Autor auf dieser Liste). Vierzehn von ihnen schrieben im zwanzigsten Jahrhundert. Zweifellos gibt es noch viel mehr, aber es ist wenig wahrscheinlich, daß irgendein Land einen so hohen Prozentsatz an alkoholsüchtigen Literaten vorweisen kann, wie ihn Amerika in ungefähr einem halben Jahrhundert hervorgebracht hat.
Die College-Studenten in Cambridge und Oxford nach dem Ersten Weltkrieg waren tüchtige Trinker, und an deutschen Universitäten wurde damals ebenfalls viel Bier getrunken. Die

Literaturszene in den englischen Pubs war in den Jahren nach dem Zweiten Weltkrieg ein prosperierender Wirtschaftszweig. Amerika hält in jener Zeit aber zweifellos sämtliche Rekorde.
Bei solchen Vergleichen stellt sich oft die Frage nach der Verläßlichkeit der Daten. Darf man Autoren glauben, die behaupten, nur wenig zu trinken? Zu den wichtigsten Symptomen des Alkoholismus zählen schließlich auch Leugnung und Rationalisierung – Psychologen-Slang für schlichtes Schwindeln. Vielleicht lügen die deutschen und englischen Schriftsteller, sobald es um Alkohol geht, einfach mehr als ihre amerikanischen Kollegen.
Eine von *Writer's Digest* durchgeführte Umfrage berücksichtigt genau diesen Punkt. Vor einigen Jahren schickte die Zeitschrift vielen bekannten amerikanischen Autoren einen Fragebogen über Alkoholgewohnheiten. Vierzig von ihnen antworteten. (E. B. White[1] meinte, er habe keine Zeit, weil er fleißig mit Trinken und Schreiben beschäftigt sei.)
Von diesen vierzig gaben nur gerade drei zu, an einem Alkoholproblem zu leiden. John Ciardi[2] schrieb, daß er jede Nacht eine Flasche brauche, um überhaupt schlafen zu können. Einer erzählte, daß er früher viel getrunken, dann aber auf Haschisch umgestiegen sei. Ein dritter beschrieb seine Trinkgewohnheiten als «legendär». Ein paar gaben ausweichende Antworten. Norman Mailer beschrieb sich selber als «maßvollen» Trinker. Vielleicht ist er das heute, aber in einem Interview im *Time Magazine* sagte er einmal, sein halbes Gehirn sei vom Alkohol zerfressen. Der Kommentar von Barnaby Conrad dazu: «Wenn Norman Mailer, von dem man weiß, daß er unter Alkoholeinfluß einige ziemlich extreme, beinahe tödliche Dinge getan hat, seinen Alkoholkonsum bescheiden als «maßvoll» charakterisiert, dann kann man dieses Understatement mit einer Äußerung von Alexander Woollcott[3] vergleichen, der über Lizzie Borden[4] schrieb, sie hätte ihren Eltern gegenüber «den gebührenden Respekt vermissen lassen».
Einer der Autoren zog es vor, den Fragebogen mit einem im *New Yorker* veröffentlichten Text zu beantworten. Als er erfuhr, daß *Writer's Digest* eine Titelgeschichte über Literatur und Alkohol

plante und ihn dabei berücksichtigen wollte, fiel seine «empörte» Reaktion wie folgt aus: *«Wie haben sie es bloß herausgefunden?* Ich meine, ab und zu gieße ich mir ja gerne einen hinter die Binde. In Tat und Wahrheit bezeichnete mein Arzt, ein Ausbund an Taktgefühl, meinen Alkoholkonsum sogar als ‹leicht unvorsichtig›. Aber wie zum Teufel ist mir der *Writer's Digest* auf die Spur gekommen? Weiß es denn schon die *ganze Stadt?*»

Übrigens veröffentlicht der *New Yorker* jede Woche ungefähr zwanzig Cartoons. Wenn man einen ganzen Jahrgang untersucht, zeigt ein Viertel aller Cartoons eine Person mit einem alkoholischen Getränk in der Hand. Ein Sechstel davon zeigt einen Betrunkenen. Offenbar hält die Redaktion Alkohol für ein witziges Thema. Das tun auch viele andere Amerikaner. Den acht in diesem Buch porträtierten Schriftstellern entglitten die witzigen Aspekte des Trinkens gegen Ende ihres Lebens wohl eher ein wenig.

Die Umfrage von *Writer's Digest* ist für epidemiologische Zwecke wenig hilfreich. Offenkundig gibt es eine Tendenz auszuweichen, die sich oft in ein humoristisches Mäntelchen hüllt. Warum finden die Amerikaner das Trinken so lustig? Nach Freud ist Humor ein Abwehrmechanismus, der oft mobilisiert wird, um Zorn zu übertünchen.

Wenn ein Arzt einen Patienten des Trinkens verdächtigt, ordnet er manchmal den ELSA-Test an. Er besteht aus vier Fragen:

- Haben Sie schon das Bedürfnis verspürt, ihren Alkoholkonsum **E**inzudämmen?

-Ist Ihnen Kritik an ihrem Trinkverhalten schon einmal **L**ästig geworden?

-Haben Sie schon einmal wegen des Trinkens **S**chuldgefühle gehabt?

-Haben Sie sich morgens auch schon einen **A**ugenöffner genehmigt?

Patienten, die alle vier Fragen bejahen, sind Alkoholiker. Kritik empfanden eindeutig alle Teilnehmer an der Umfrage als lästig. Also waren sie zumindest zu 25 Prozent Alkoholiker! Es ist interessant, daß Alkoholiker-Witze in den Vereinigten Staaten beliebter sind als anderswo. Wenn amerikanische Schriftsteller auf

Fragen über ihren Alkoholkonsum mit Witzeleien oder Verärgerung antworten, heißt das vielleicht, daß Amerikaner auf ihre Weise *mindestens* gleich viele Lügen über Alkohol erzählen wie andere Leute. Das beantwortet vielleicht nicht die Frage nach der «Zuverlässigkeit», aber bis der Gegenbeweis erbracht ist, bleibt die Epidemie ein hauptsächlich amerikanisches Phänomen.

2. *Grassierte die Epidemie in erster Linie in der ersten Hälfte des zwanzigsten Jahrhunderts? Wie steht es mit der zweiten Hälfte?*
Von Poe einmal abgesehen, kommt einem kaum ein amerikanischer Schriftsteller aus dem achtzehnten und neunzehnten Jahrhundert in den Sinn, der Alkoholiker war. Bret Harte[5] vielleicht. Mark Twain trank ganz gerne, und es gibt eine Anekdote, wie er und Artemous Ward[6] nach einer wilden durchzechten Nacht über die Dächer von Virginia City kletterten. Er schien sich aber des Trinkens zu schämen. In den sechziger Jahren des letzten Jahrhunderts schrieb er einem Freund, daß er sich lediglich alle drei Monate einmal betrinke: «Es raubt einem Mann die Wertschätzung jener Leute, deren Meinung ihm noch etwas gilt.» Seinen eigenen Worten zufolge mochte er Alkohol, wollte aber nicht zu Besäufnissen ermuntern, «indem ich immer nur die lustige Seite davon hervorkehre». Einmal kam er wegen Trunkenheit ins Gefängnis. Ein Biograph schreibt folgendes: «Einmal vermischte sich seine Liebe zum Alkohol mit seinem Gesundheitstick, und er setzte es sich in den Kopf, daß er Scotch, Champagner, Ale oder normales Bier – das Rezept wechselte von Zeit zu Zeit – benötige, um einschlafen zu können. In einem zur Veröffentlichung bestimmten Brief aus dem Jahre 1883 stritt er ab, ein Experte zu sein, wenn es darum ging, die Auswirkungen von Alkohol auf das Denken und Schreiben zu beurteilen, aber er fügte hinzu, er finde, zwei Gläser Champagner seien wohl ‹die glückhafteste Inspirationsquelle für eine Tischrede›, aber er könne sich aber des Eindrucks nicht erwehren, Wein sei ‹keine Inspiration, sondern führe zu einer verstopften Feder›; jedenfalls könne er nichts schreiben, wenn er auch nur ein Glas getrunken habe».
Twain war kein Alkoholiker.

Die lange Liste amerikanischer Schriftsteller, die dem Alkohol verfallen sind, besteht hauptsächlich aus solchen, die den größten Teil ihres Werkes in der ersten Hälfte des zwanzigsten Jahrhunderts verfaßt haben. Tennessee Williams, John Cheever[7], Truman Capote und ein paar andere schrieben auch noch in der zweiten Hälfte des Jahrhunderts gute Bücher, aber einen Namen hatten sie sich bereits in den vierziger Jahren gemacht.

Die Epidemie hat sich in der zweiten Jahrhunderthälfte wohl ein wenig abgekühlt. Es gibt vielleicht immer noch gleich viele alkoholsüchtige Autoren, aber sie fallen weniger auf. Die meisten Schriftsteller, die in den fünfziger Jahren zu publizieren begannen, sind immer noch am Leben – deshalb liegen noch nicht viele Biographien über sie vor. Ein paar Autoren sind Millionäre geworden, aber die meisten können sich knapp ihren Lebensunterhalt verdienen. Es scheint heute weniger bekannte Schriftsteller zu geben als noch vor dreißig, vierzig Jahren. Ganz sicher werden sie weniger zu Helden stilisiert. Viele sind beim Fernsehen gelandet, das wahrscheinlich denselben schädigenden Effekt auf die Begabung hat wie früher die Filmindustrie. Einige zeitgenössische Autoren – wie etwa Elmore Leonard[8], James Dickey[9], Jill Robinson[10], Raymond Carver[11], Lawrence Block[12] – geben ehrlich zu, daß sie ein Alkoholproblem hatten, aber sie stellen eine verschwindende Minderheit unter den heute arbeitenden Schriftstellern dar. Kurz vor seinem Tod im Jahre 1984 sagte Truman Capote, jeder Schriftsteller, den er kennengelernt habe, sei Alkoholiker gewesen, doch dieser Befund mag durch sein eigenes schweres Alkoholproblem verzerrt worden sein.

In der zweiten Jahrhunderthälfte geschah noch etwas anderes: es kam zu einer Drogenepidemie. Unter den Opfern befanden sich (vornehmlich) Rock- und Filmstars. Sie tranken zwar auch, aber sie scheiterten letztlich an den Drogen: Heroin, Kokain, Speed und die neuen, von Amateurchemikern in Kellerräumen synthetisierten «Designerdrogen». Auf der Liste der Toten figurieren Jimi Hendrix, Jim Morrison, Janis Joplin, Judy Garland, Marilyn Monroe und John Belushi. Sie starben alle an einer Überdosis Drogen (auch wenn man zu diesen Drogen auch ältere Substanzen wie Barbiturate und Beruhigungsmittel zählen müßte). Zweifellos starb nur eine verschwindende Minderheit der Drogensüchtigen auch wirklich an Drogen. Einige – wie etwa John Lennon – wiesen oft Symptome von Verfolgungswahn auf. Andere ließen sich in die Betty–Ford-Klinik einliefern, was manchmal als Gelegenheit zu einer Pressekonferenz genutzt wurde.

Eine Weile lang schien man die alkoholsüchtigen Schriftsteller ein wenig vergessen zu haben. *Newsweek* brachte einmal eine Titelgeschichte über den brillanten Krimi-Autor Elmore Leonard und erwähnte auch, daß er seit seinem Beitritt zu den Anonymen Alkoholikern besser schreibe, aber im großen und ganzen wurde das Thema eher totgeschwiegen.

Vielleicht sind die trinkenden Schriftsteller tatsächlich eine aussterbende Rasse. Wie will man dies entscheiden, wenn sie nicht darüber sprechen und niemand mehr darüber schreibt? Jedenfalls wurde Sinclair Lewis› Frage aus den fünfziger Jahren in den siebziger und achtziger Jahren nur noch selten gestellt: «Können Sie mir fünf amerikanische Schriftsteller seit Poe nennen, die *nicht* an Alkoholismus gestorben sind?» In der ersten Jahrhunderthälfte war jeweils allen klar, wer woran gestorben war, und es waren meistens keine Drogen (es sei denn, man betrachte Alkohol als Droge, was er auch ist).

Bevor wir zum nächsten Thema übergehen, muß noch eine Frage behandelt werden: Weshalb dieser Wandel? War Alkohol etwa in der ersten Hälfte des Jahrhunderts leichter zugänglich, Drogen aber in der zweiten? Hat sich die Einstellung gegenüber Alkohol verändert? Alkohol war in beiden Hälften des Jahrhunderts gleich gut zugänglich. Bis zum Harrison-Gesetz von 1914 waren Drogen extrem leicht erhältlich. Opiate, Marihuana-Produkte, Chloralhydrate und Wundermittelchen in Hülle und Fülle konnten in der Drogerie ohne Rezept gekauft werden. Millionen kauften sie, und Millionen wurden süchtig. Die genaue Zahl kennt niemand, da keine Statistiken gemacht wurden. Der Katalog des größten amerikanischen Versandwarenhauses Sears Roebuck aus dem Jahre 1901 hat gleich viele Seiten mit Arzneien gegen Morphiumsucht wie Seiten, welche die Behandlung von Alkoholismus betreffen, was darauf hindeutet, daß beide Problem gleichermaßen virulent waren.

Nach 1914 wurde es in den Vereinigten Staaten immer schwieriger, an Drogen heranzukommen, aber noch konnte jeder weiterhin Chloralhydrate und Paraldehyd kaufen, die beide zu den Suchtmitteln gehören. In der Jazz-Ära war Kokain nicht nur leicht erhältlich, sondern erfreute sich großer Beliebtheit, auch wenn beispielsweise Cole Porter «keinen Spaß an Kokain hatte». Nichtsdestoweniger blieb Alkohol bis in die sechziger Jahre mit ihren «Blumenkindern» bei weitem die Lieblingsdroge der Amerikaner. Sank der Alkoholkonsum wegen der «Straßendrogen», die dann aufkamen? Die Antwort lautet «nein». Die Verkaufszahlen von Alkohol stiegen von 1950 bis 1980 kontinuierlich und gingen erst in den achtziger Jahren leicht zurück. (Auch Marihuana wurde in den achtziger Jahren etwas weniger konsumiert.)

Der leichte Zugang mag wenigstens teilweise den Wechsel zu den Rauschgiften erklären (wenn auch nicht ausreichend). Bei den Schriftstellern kam es wohl zu keinem solchen Wechsel. Weiter hinten in diesem Kapitel wird die Ansicht vertreten, daß Alkoholiker Einzelgänger sind und daß Alkohol eine typische Einzelgängerdroge ist. Stimulanzien wie Amphetamine und Kokain führen rasch zu Hochgefühlen, die Rockstars (aber auch Sportlern und Schauspielern) dabei helfen, für einen Auftritt «in Schwung zu kommen», und die Wirkung fällt sicher noch weit besser aus, wenn auch das Publikum bereits «in Schwung gekommen» ist. Schreiben hingegen erfordert dauerhafte Konzentration: da sind kurzlebige Hochgefühle nicht gefragt.

Auf die Frage «Trinken die Schriftsteller heute weniger?» muß die Antwort also «Wahrscheinlich ja» lauten. Auf die Frage «Ist der trinkende Schriftsteller immer noch so berühmt, wie er es einst war?» ist mit einem kategorischen «nein» zu antworten.

3. *Erfaßte die Epidemie auch schöpferisch tätige Menschen in anderen Bereichen der Kunst?*

Bis zu einem gewissen Grad wahrscheinlich schon. Man könnte eine ziemlich beeindruckende Liste von Hollywood-Stars zusammenstellen, die Alkoholiker waren oder denen man es zumindest nachsagte (zum Beispiel W. C. Fields, Buster Keaton, Bing Crosby, John Barrymore, Humphrey Bogart, Spencer Tracy, Ava

Gardner), und auch viele Regisseure und andere Personen aus dem Filmgeschäft hatten Alkoholprobleme. Auf einer Liste aller Hollywood-Stars wären jedoch wohl höchstens 10 Prozent Alkoholiker.

Eine andere für Alkohol empfängliche Gruppe wären die Jazzmusiker. Interpreten klassischer Musik dagegen neigen kaum zu Trunksucht – mit ein Grund dafür könnte der Umstand sein, daß es zum Beispiel die technischen Schwierigkeiten des Fingerspiels auf einer Violine nicht zulassen, sich auch nur zwei oder drei Drinks zu genehmigen. Roger Kahn[13] macht Alkoholeinflüsse auf die englische Musik schon in der elisabethanischen Epoche aus, aber die biographischen Informationen über Musiker aus dieser frühen Zeit sind doch zu kärglich, als daß man zu einem Urteil gelangen könnte.

Von Malern sagt man, sie seien schwere Trinker. Auch hier gibt es kaum empirische Daten. Am ehesten noch brauchbar ist eine Studie von Ann Roe aus den vierziger Jahren. Sie interviewte zwanzig herausragende Maler und stellte fest, daß sie alle tranken, jedoch keiner von ihnen ein echter Alkoholiker war.

4. *Waren bekannte Autoren häufiger davon betroffen als unbekannte?*

Als ich diese Frage in einem Zeitschriftenartikel aufwarf, erhielt ich einen Brief von einem in der Werbung tätigen Leser, der mir folgendes schrieb: «Ich möchte ausdrücklich festhalten, daß Alkoholismus auch den unbekannten und/oder mittelmäßigen Schriftsteller heimsucht. Ich muß es wissen. Ich gehöre zu beiden Kategorien.»

Das sind die einzigen «harten Fakten», die mir zu diesem Thema zur Verfügung stehen, einmal abgesehen von Geschichten über wenig berühmte Zeitungsleute, die dem Alkohol verfallen waren. In der Untersuchung des *Writer's Digest* schrieb John Jakes, daß er die schlimmsten Alkoholiker bei den Werbetextern kennengelernt habe. Ob wohl ein Drittel aller Werbetexter Alkoholiker sind? Hierüber liegen keine Studien vor.

Zweifellos sind gewisse Schriftsteller besser für ihre Saufereien bekannt als für ihre Literatur, vor allem die «schwierigen» Dichter wie Dylan Thomas[14] und John Berryman[15]. Viele Leute, die

weder vom einen noch vom anderen je eine einzige Zeile gelesen haben, wissen dennoch, daß sie als Trunkenbolde gelten. Berryman war ein ziemlich unwichtiger Dichter mit einer mikroskopisch kleinen Leserschaft, bis *Life* eine Titelgeschichte über ihn machte und ihn bei einer Kneipentour von einem Reporter begleiten ließ. Der Karikaturist David Levine porträtierte Berryman mit einer überdimensionierten Flasche auf dem Rücken. Nachdem er auf diese Weise berühmt geworden war, lasen ihn vielleicht etwas mehr (aber nicht wesentlich mehr) Leute. Seine endgültige Mythologisierung und Heiligsprechung als tragischer Alkoholiker der Literatur erfolgte, als er Selbstmord beging, indem er von einer Brücke in Minneapolis auf den zugefrorenen Mississippi River sprang.
Es gibt weitere Beispiele für Schriftsteller, die ihre Berühmtheit eher ihrem Schnapskonsum verdankten als der Größe ihrer Leserschaft. «Ich nehme an, Hunderte von Leuten haben während drei Jahrzehnten Sinclair Lewis in betrunkenem Zustand gesehen – zweifellos machte er sich selber zu einem enormen Schauspiel für die Öffentlichkeit», schrieb Lewis› zeitweiliger Sekretär, Barnaby Conrad, und dasselbe könnte man auch über Fitzgerald, Thomas Wolfe und andere sagen. Scott und seine Frau «fuhren auf dem Dach eines Taxis, überschwemmten ihr Hotelzimmer, indem sie den Wasserhahn der Badewanne nicht abstellten, nahmen mitternächtliche Nacktbäder im Brunnen des Plaza Hotels oder machten sich in einem Restaurant ein Omelett im Hut eines Fremden, ad nauseam, ad delirum tremens, ad mortis» (eine denkwürdige Zeile im Text von Conrad). Als Fitzgerald und Wolfe eines Abends miteinander stritten, gestikulierte Wolfe derart wild, daß er das Gehäuse einer Stromleitung zertrümmerte, dabei das Kabel kappte und die ganze Gemeinde in Finsternis tauchte. Wolfe war über zwei Meter groß. Er starb 1938 an einer Hirn-Tuberkulose, aber Conrad zufolge «war dieser Goliathskörper seit seiner Studienzeit der Wucht schrecklicher alkoholischer Überfälle und Attacken ausgesetzt gewesen. Es ist erstaunlich, daß er – von Alkohol umgeben und durchtränkt – einen derartigen Ausstoß an Literatur zustande brachte.» Lewis erfreute sich einer breiten

Leserschaft, war aber eigentlich kein besonders guter Autor; Wolfe hatte ein kleines Publikum, war aber ein Genie; Fitzgerald wurde zuerst von sehr vielen, gegen Ende seines Lebens nur noch von wenigen gelesen. Alkohol war ein unverzichtbares Moment ihres Ruhms; dafür sorgten die Medien.

(Zur Beantwortung der Frage: Man kann unmöglich wissen, ob unbekannte Schriftsteller mit derselben Häufigkeit Alkoholiker werden wie bekannte Schriftsteller, ganz einfach aus dem naheliegenden Grund, daß bekannte Schriftsteller bekannt und unbekannte Schriftsteller unbekannt sind.)

5. *Ging es spezifisch um Alkohol, oder kommen auch andere Formen von Drogenmißbrauch vor?*

Im England des neunzehnten Jahrhunderts wurden Opium und Opium-Derivate von Schriftstellern und Dichtern ausgiebig konsumiert, manchmal auch im Übermaß. Laudanum (Opium-Tinktur) war frei erhältlich und wurde damals von zierlichen, hübschen Damen genommen. Auch in den Vereinigten Staaten war diese Droge frei zugänglich, aber – mit der möglichen Ausnahme von Poe – wurde sie von amerikanischen Autoren kaum verwendet (oder dann schrieben sie nichts darüber).

Cannabis-Produkte, hauptsächlich Haschisch, waren bei den französischen Symbolisten im Baudelaireschen Frankreich des neunzehnten Jahrhunderts im Gebrauch, aber wie Opium wurden sie im zwanzigsten Jahrhundert gesetzlich verboten, und in der Folge verringerte sich ihre Bedeutung für das literarische Leben.

Amerikanische Autoren des zwanzigsten Jahrhunderts haben sehr wohl auch andere Drogen als Alkohol konsumiert. Alle acht in diesem Buch behandelten Schriftsteller haben Barbiturate oder andere Beruhigungsmittel genommen, für gewöhnlich, um nüchtern zu bleiben oder Schlaflosigkeit zu bekämpfen. Ein kleiner Teil von ihnen – Dorothy Parker, Tennessee Williams und Truman Capote fallen mir auf Anhieb ein – trieben mit Barbituraten und Tranquilizern ebensosehr Mißbrauch wie mit Alkohol. Für die meisten alkoholsüchtigen Schriftsteller der ersten Hälfte des zwanzigsten Jahrhunderts war jedoch Alkohol die «Droge ihrer Wahl».

Ob dies in der zweiten Jahrhunderthälfte anders war, ist nicht ganz klar. In der Untersuchung des *Writer's Digest* scheinen vier Autoren davon auszugehen, daß Alkohol seine Führungsposition an Marihuana, Amphetamine und Kokain abtreten mußte, aber dafür hatten sie keine Beweise. Stephen King sagt, unter dem Einfluß von Haschisch oder Halluzinogenen habe er nie etwas geschrieben, was auch nur «einen Pfifferling wert» sei, Alkohol hingegen hält er für ein «überaus gutartiges Gift». Der verstorbene Thomas Thompson[16] behauptet, Marihuana sei zur Überwindung von Schreibblockaden besser geeignet als Alkohol. Michael Crichton schreibt, er kenne viele Autoren, die zum Arbeiten Amphetamine schluckten und mit den Wirkungen sehr zufrieden seien. Crichton selber hält dieses Vorgehen allerdings für verfehlt. Amphetamine, Ritalin oder große Mengen Kaffee sind seiner Meinung nach «genau die falschen Substanzen, denn sie verleiten dazu, sich auf ein Thema zu versteifen, so daß man gar nicht mehr davon loskommt, und sie können auch paranoide Tendenzen verstärken». Crichton ist, was den Zusammenhang zwischen Literatur und Alkohol betrifft, ein Anhänger der «oralen» Theorie: für jene Autoren, die Pillen nehmen oder trinken, sei der Moment der Einnahme der Pille oder des Trinkens wichtiger als die Frage, was für einen Stoff sie überhaupt konsumierten.

Wie schon früher angetönt, trifft dies vielleicht gar nicht zu. Alkohol hat spezifische heilsame Eigenschaften, welche zu den Bedürfnissen eines Schriftstellers passen. Alkohol stimuliert (wie auch andere Drogen) die Phantasie, fördert aber auch die Geselligkeit (was auf andere Drogen in der Regel nicht zutrifft). Man kann Alkohol über längere Zeit hinweg «wohlbemessen» zu sich nehmen und so das heikle Gleichgewicht zwischen Trunkenheit und gelassener Heiterkeit aufrechterhalten (auch wenn wenig Trinker dazu imstande sind, dieses Gleichgewicht während längerer Zeit zu wahren). Schriftsteller können zur selben Zeit schreiben und trinken (obwohl die meisten hinterher wünschten, sie hätten es nicht getan), aber bei anderen Drogen ist dies viel weniger gut möglich (wer wird schon einen Romanplot entwerfen, während er sich gerade auf einem Kokain-Trip befindet?) Ein weiterer Punkt wurde bereits erwähnt und wird auch im folgenden eine zentrale Rolle spielen: Schriftsteller sind Einzelgänger, und der Alkoholismus ist eine Einzelgänger-Krankheit.

In der ersten Hälfte des zwanzigsten Jahrhunderts scheint unter den amerikanischen Schriftstellern eine Epidemie grassiert zu haben. Diese Epidemie hatte offenbar mehr mit Alkohol zu tun als mit anderen Drogen. Ob die Epidemie hauptsächlich bekannte Schriftsteller traf, kann nicht gesagt werden, aber die Kombination aus Ruhm und Alkohol trieb manche Autoren dazu, irrwitzige Dinge zu tun, und ihre Berühmtheit mag ebensosehr darauf zurückzuführen sein wie auf ihre literarischen Werke. Vielleicht handelt es sich auch eher um eine Verbindung zwischen Exhibitionismus und Literatur als zwischen Alkohol und Literatur ...

Auf der Grundlage dieser Behauptungen stellen wir die Frage: Was steckt hinter der Epidemie?

Ursachen

Auf die Frage, ob Trinken und Schreiben gemeinsame Wurzeln hätten, antworten die meisten Autoren, die von *Writer's Digest* angeschrieben wurden, mit Achselzucken. Michael Crichton, der ziemlich ernsthaft auf die Frage eingeht, weist darauf hin, daß sich verschiedene Individuen aus unterschiedlichen Gründen zu denselben Dingen hingezogen fühlen mögen und daß sich auch für einen einzelnen Menschen die Bedeutung einer Sucht wandeln kann.

«Mit anderen Worten», so Crichton, «ich glaube nicht, daß Hemingway und Lowry unbedingt aus ein und demselben Grund tranken – und ich glaube nicht, daß für den jungen Hemingway seine Trinkgewohnheiten damals dieselbe Bedeutung hatten wie später in seinem Leben.»

Alfred Kazin vertritt eine ähnliche Ansicht: «Menschen trinken, um sich zu ernähren, aus gesellschaftlichen Gründen oder, weil sie die Neigung zum Alkohol geerbt haben. Sie trinken, weil sie sich langweilen, weil sie müde sind oder weil sie keine Ruhe finden können. Für das Trinken gibt es gleich viele Gründe wie für den Wunsch, ‹sich besser zu fühlen›.»

Die Neugier bleibt unbefriedigt, solange man sich auf die Feststellung beschränkt, daß eben viele Schriftsteller tranken, wer hätte das gedacht? Der Rest dieses Kapitels soll Gründe dafür anführen, weshalb Schriftsteller mehr trinken als Klempner oder auch Filmschauspieler, und schließt mit einigen Überlegungen zur Frage, weshalb dieser Epidemie vor allem amerikanische Schriftsteller zum Opfer fielen.

1. Die Arbeitszeiten

Vor ein paar Jahren veranstaltete der *National Council on Alcoholism* ein Podiumsgespräch, bei dem vier Autoren über Literatur und Alkohol diskutierten (alle vier hatten in beiden Bereichen einschlägige Erfahrungen gesammelt). Dabei wurde auch der Umstand betont, daß Schriftsteller keine Karte in die Stempeluhr stecken müssen.

Ring Lardner Jr. deutete an, daß Autoren auch deshalb viel tränken, weil die Schriftstellerei ein Beruf sei, der keine festen Arbeitszeiten kenne. «Der Alkoholismus kann viel leichter Wurzeln schlagen, wenn man mehrere Tage mit der Arbeit aussetzen und seinen Stundenplan selber festlegen kann.» Roger Kahn meinte, dies sei vielleicht mit ein Grund dafür, überhaupt Schriftsteller zu werden: Niemand kontrolliert die Präsenzzeiten. «Es ist nicht wie bei einem Psychiater», führte er aus, «wo jede Stunde ein Patient erscheint.» Er hatte den Eindruck, daß Psychiater zwar ein ungesundes Leben führten, aber daß sie immer noch besser dran seien als jene Menschen, die sich in einem Zimmer einschlössen und sich Gespräche ausdächten, die nie stattgefunden hätten.

Kahn setzte hinzu, daß «niemand wissen könne, welche Kunstgriffe alkoholsüchtige Autoren anwenden, um ein gewisses Quantum Arbeit rechtzeitig zu erledigen. Wenn die Gattin oder sonst jemand hereinkommt, ist er vielleicht schon einigermaßen angesäuselt und hat seine Zähne geputzt, aber vielleicht hat er nur wenig gearbeitet, was niemand wissen kann. Insofern sind die

Arbeitsbedingungen des Schriftstellers wohl einzigartig. Erst nach eineinhalb Jahren – wenn das Buch nicht fertig ist –, wird es jemandem auffallen, vielleicht auch erst nach fünf Jahren, wenn die Karriere immer noch nicht recht in Gang gekommen ist. Was den Schriftsteller auszeichnet, ist seine Privatsphäre; die Möglichkeit, von neun Uhr morgens bis fünf Uhr abends zu trinken» und dabei Arbeit vorzutäuschen.

Lardner stimmte dem zu: «Wenn man sich schwach fühlt oder zu starke Kopfschmerzen hat, um sich an die Schreibmaschine zu setzen, kann man seiner Frau und seinen Kindern sagen, man sei gerade mit Nachdenken beschäftigt, und man kann einen ganzen Tag verstreichen lassen, ohne auch nur eine einzige Zeile zustande zu bringen.» Sogar für Alkohol haben die Leute manchmal wenigstens vorübergehend Verständnis: «Du mußt begreifen, unter welchem Druck ich stehe, wenn ich schöpferisch tätig bin», ist das – für gewöhnlich unausgesprochen bleibende – Motto des trinkenden Schriftstellers.

Man kann kaum davon ausgehen, daß eine bestimmte berufliche Tätigkeit unmittelbar zu einem Alkoholproblem führt. Die höchste Alkoholikerquote weisen Barkeeper auf, vielleicht nicht unbedingt, weil sie als Barkeeper arbeiten, sondern wohl eher, weil mancher Barkeeper geworden ist, um leichter an Schnaps heranzukommen. Postbeamte weisen – jedenfalls lassen dies die Fälle von Leberzirrhose vermuten – den niedrigsten Prozentsatz auf. Der Briefträger muß bei Morgengrauen aufstehen, schleppt sich meilenweit auf Schusters Rappen (mindestens früher war es so) und trägt dabei einen fünfunddreißig Kilo schweren Sack auf dem Rücken. Wenn er allzu oft nicht zur Arbeit erscheint, wird sein Lohn gekürzt. Briefe auszutragen, ist nicht gerade der Job, für den sich ein Mann entscheiden würde, der öfter mal mit einem Kater aufwacht.

Die Menschen wählen sich ihre Berufe, und die Berufe wählen sich ihre Menschen.

Es wurde auch ziemlich viel über die Einsamkeit des literarischen Schreibens gesprochen. Jill Robinson vertrat die Meinung, daß man bei Schriftstellern und Trinkern ähnliche Wesenszüge feststellen könne: «Bei beiden findet man bezüglich Einsamkeit eine paradoxe Gleichzeitigkeit von Faszination und Angst, außerdem eine gewisse Zurückgezogenheit, einen Drang, Gefühle auf jede mögliche Art und Weise zum Ausdruck zu bringen, und sich möglichst schnell aus dem Staub zu machen, wenn man damit Aufmerksamkeit erregt hat. Ich bin überzeugt, daß der Alkoholismus vor dem Schreiben anzusiedeln ist – oft lauert er im begabten Kind.»

Andere sehen überhaupt nicht ein, weshalb Schreiben ein einsames Geschäft sein soll: Schriftsteller verlieren sich in ihrer schöpferischen Tätigkeit und haben so viele Kameraden, wie sie nur wollen, ganz einfach, indem sie sie sich ausdenken.

2. Die Erwartungshaltung

Menschen tun das, was man von ihnen erwartet. Im frühen zwanzigsten Jahrhundert erwartete man von amerikanischen Schriftstellern und Dichtern, daß sie tragisch, einsam und dem Tode geweiht seien. Alkoholexzesse sind eine Umsetzung dieses Schemas. Eine Umsetzung, die den eigenen Erwartungen und denen der Gesellschaft gerecht wird.

Poe importierte die romantische Tradition in die amerikanische Literatur. Sie setzte sich zusammen aus einem Teil Byron, einem Teil Mary Shelley, einem Teil Baudelaire und einem Teil Gruselgeschichten aus dem achtzehnten Jahrhundert. Leidenschaftliche Liebe, Ausschweifung und früher Tod gehörten zu dieser Tradition. Baudelaire glaubte, daß die Berauschung einen wesentlichen Teil der Kunst ausmache, wobei es ihm nicht so wichtig schien, womit man sich berauschte: «Man muß sich immer in einem Rausch befinden. Das ist die Hauptsache: das einzige, worauf es ankommt. Um die schreckliche Bürde der Zeit zu erleben, welche die Schultern zerschmettert und einen zu Boden drückt, muß man sich unaufhörlich berauschen. Doch womit? Mit Wein, Poesie oder Tugend, ganz nach Belieben.»

Nietzsche dachte ebenso. In seiner *Götzen-Dämmerung* schreibt er: «Damit es Kunst gibt, damit es irgend ein ästhetisches Thun und Schauen gibt, dazu ist eine physiologische Vorbedingung unumgänglich: der Rausch.» Jedes Rauschmittel ist ihm dazu recht: Sex, das Wetter, Narkotika. «Man bereichert in diesem

Zustande Alles aus seiner eigenen Fülle, was man sieht, was man will, man sieht es geschwellt, gedrängt, stark, überladen mit Kraft.»

Fünfzig Jahre nach Poes Tod betrat ein weiterer großäugiger Romantiker die amerikanische Literaturszene: Jack London. Wie Poe suchte er den Rausch am liebsten in der Flasche. Über seine Trunksucht schrieb er ein bemerkenswertes Buch mit dem Titel *König Alkohol (John Barleycorn)*. Kurz bevor er mit vierzig Jahren an einer Überdosis Morphium starb (auch Poe starb mit vierzig), berichtet London, was die Flasche wirklich enthielt:

«König Alkohol führt zum Tode ... es ist eine schreckliche Feuerprobe für einen Mann, aufrecht und sicher auf den Beinen zu stehen und festzustellen, daß es auf der ganzen Welt nur eine Möglichkeit gibt, die Freiheit zu gewinnen – nämlich dem eigenen Todestage vorzugreifen. Dann hat dieser Mann die Stunde der weißen Logik erreicht ... Natürlich ist alles das nur Seelenkrankheit, Lebenskrankheit. Das ist die Buße, die ein Mann mit Einbildungskraft für seine Freundschaft mit König Alkohol zu erlegen hat ... dem Mann mit Einbildungskraft schickt König Alkohol die unerbittlichen visionären Folgerungen der weißen Logik ... Er sieht; er weiß. Und er erkennt, wie er frei werden kann: er muß dem Tode vorgreifen. ... König Alkohol spricht die Wahrheit, aber seine Wahrheit ist nicht die alltägliche. ... König Alkohol kommt mit seinem Fluch, den er dem auferlegt, der Einbildungskraft besitzt, der das Leben liebt und leben will. König Alkohol schickt seine Weiße Logik, den silbernen Booten der Wahrheit, den Widerpart des Lebens, grausam und öde wie ein sternenloser Raum, regungslos und eisig wie der absolute Nullpunkt, blendend durch die Kälte unentrinnbarer Folgerichtigkeit und unvergeßlicher Tatsachen.»

London starb 1916. Danach breitete sich die Epidemie mit der Wucht einer Flutwelle aus. Man erwartete von Schriftstellern, daß sie der romantischen Tradition nachlebten, und viele von ihnen gaben sich alle erdenkliche Mühe, diese Erwartungen zu erfüllen.

«Wenn Sie Künstler sind», schrieb John Cheever, «dann erwartet man von Ihnen Selbstzerstörung. Der Kitzel des Blickes in den

Abgrund ist so lange aufregend, bis er – wie in meinem Falle – nur noch schmachvoll ist.» Auf dem Tiefpunkt dieser Entwicklung kam Cheever wegen Trunkenheit fast ins Gefängnis: «Da saß ein Landstreicher, der aus einer braunen Papiertüte trank, also setzte ich mich neben ihn. Es war genau das, was meine Eltern mir immer verboten hatten. Wir tranken beide aus der braunen Tüte – es war eine Art Wein mit erhöhtem Alkoholgehalt –, und ein Polizist tauchte auf und drohte uns mit Verhaftung.»

Im Laufe des zwanzigsten Jahrhunderts erwartete die ganze Gesellschaft von ihren berühmten Schriftstellern mehr und mehr, daß sie sich betranken. Leslie Fiedler zufolge verlangte jedes Zeitalter von seinen genialen Geistern einen verderblichen «charismatischen Defekt»: Blindheit in der Homerischen Epoche, Inzest zu Byrons Zeit, Homosexualität im *fin de siècle* und im Amerika des zwanzigsten Jahrhunderts nun eben Trunkenheit.

So oft auch von Betrunkenen behauptet wird, sie seien furchtbar langweilig, so können sie doch auch eine fatale Faszination ausstrahlen. Albert Finney, der im ganzen Film *Unter dem Vulkan* «betrunken» ist, konnte die gleichsam weltentrückte Würde des Alkoholikers wahren, der «sich nüchtern trinkt». Offenbar sah auch Ring Lardner oft so aus. In *Zärtlich ist die Nacht* formte Fitzgerald seine Figur Abe nach dem Vorbild seines früheren Nachbarn Lardner: «Resigniert schüttelte Abe Rosemary die Hand; er bekam sein Gesicht langsam in die Gewalt, hielt ihre Hand lange Zeit und bastelte an Sätzen, die er nicht herausbrachte. … Sie lachte auf wohlerzogene Art, als wäre es gar nichts Ungewöhnliches für sie, einem Mann zuzusehen, der in einem langsamen Traum dahinwandelte. Oft legen Menschen vor einem Betrunkenen eine merkwürdige Ehrfurcht an den Tag, fast wie primitive Völker vor Geisteskranken. Mehr Ehrfurcht als Furcht. Es ist etwas Ehrfurchtgebietendes in einem Menschen, der alle Hemmungen verloren hat, der zu allem bereit ist. Später lassen wir ihn natürlich für diesen Augenblick der Überlegenheit bezahlen, für diesen eindrucksvollen Moment.»

Die Moral von der Geschicht: wie bei den einzelnen Menschen entwickelten sich auch in Gesellschaften jene Trinkgewohnheiten, die zugelassen werden. Ein Buch mit dem Titel *Drunken*

Comportment (Trinkverhalten) betont dies nachdrücklich mit der folgenden Anekdote aus dem England der frühen sechziger Jahre des siebzehnten Jahrhunderts:

«Es geht die Sage, daß ein gewisser englischer Adelsherr, kurz nachdem James I. den Thron bestiegen hatte, ein großes Festmahl veranstaltete, zu dem er eine große Zahl von Würdenträgern lud. Als die Kelche mehrmals nachgefüllt worden waren und der Schnaps seine Wirkung zu zeitigen begann, erhob sich ein englischer General namens Somerset von seinem Stuhl und verkündete: ‹Gentlemen, wenn ich beschwipst bin und der Wein in seiner Großzügigkeit mein Blut zu wärmen beginnt, dann pflege ich die aberwitzige Sitte, über das schottische Volk herzuziehen. Ich bin mir dieser meiner Schwäche bewußt und hoffe, daß es mir von den edlen Herren in dieser Gesellschaft niemand übelnehmen wird.›

Nachdem er sich auf diese Weise erklärt hatte, nahm er wieder Platz, und ein Anführer aus dem schottischen Hochland, ein gewisser Sir Robert Blackie of Blair-Antholl, stand auf und wandte sich mit einzigartiger Gelassenheit an die Festgemeinschaft: ‹Gentlemen, wenn *ich* beschwipst bin, wenn der Wein in seiner Großzügigkeit mein Blut zu wärmen beginnt und ich jemanden über das schottische Volk herziehen höre, dann pflege ich die aberwitzige Sitte, ihn alsogleich aus der Festgesellschaft hinauszuprügeln und ihm dabei oft auch gleich ein paar Knochen zu brechen. Ich bin mir dieser meiner Schwäche bewußt und hoffe, daß es mir von den edlen Herren in dieser Gesellschaft niemand übelnehmen wird.›

Wir brauchen wohl kaum hinzuzufügen, daß uns das Ende der Geschichte mitteilt, General Somerset sei an diesem Abend nicht seiner Gewohnheit gefolgt, das schottische Volk zu verspotten.»

In den siebziger Jahren war das Klischee vom betrunkenen Schriftsteller in Amerika bereits so weit verbreitet, daß ein irischstämmiger Autor aus Boston namens Ralph Maloney seine Krankheit als einen Beruf wie jeden anderen auffassen und ihn gleichzeitig mit jener romantischen Verzweiflung schmücken konnte, welche das Markenzeichen dieser Tradition bildet:

«Jede Haltung ist eine Pose, jeder Gesichtsausdruck eine Maske.

Wir alle sind Opfer des Spiegels und der Hoffnungen unserer Mütter. Alledem liegt keinerlei Absicht, kein großes Ziel zugrunde. Wie die Buchhalterei oder die Medizin, wie das Priestertum, das Militär oder das Gesetz ist der Alkoholismus eine Art, das Leben zu bestreiten. Wenn es vorbei ist, besucht uns alle der Sensemann. Der Tod ist das Ende einer jeden Straße, ganz gleich, wie man ausweicht oder davonkrabbelt, und die größten Anstrengungen werden auf dieselbe Weise belohnt wie die geringsten: mit einer Ladung Kies ins Gesicht. Es gibt keine Rückkehr, machen Sie sich nichts vor. Auch ich werde nicht zurückkehren. Die Welt wird ohne uns nicht weniger schönt, nicht weniger häßlich sein. Unser Leben dauert nur so lange wie das süße, aufreizende Augenzwinkern eines hübschen Mädchens; nehmen wir uns das zu Herzen, und seien wir so, daß wir uns mögen. Tun wir unsere Arbeit um des Vergnügens willen. Heiraten wir einen Freund.»

Maloney starb mit vierzig.

3. Das Bedürfnis nach Inspiration

Schriftsteller haben manchmal Mühe zu schreiben, weil sie unter dem leiden, was Simenon «Lampenfieber» nennt: sie sind nicht sicher, ob und wie gut sie es schaffen.

Wie ein Baseball-Spieler, der in der einen Woche alles und in der nächsten Woche überhaupt nichts trifft, sehen sich Schriftsteller auf Gedeih und Verderb einer Kraft ausgeliefert, die sich ihrer Kontrolle entzieht. Das Ansehen, das Einkommen und die berufliche Zukunft des Ballschlägers im Baseball hängen voll und ganz von Reflexen ab, auf die er wenig Einfluß hat; beim Schriftsteller kommt es auf die sogenannte Inspiration an, die mindestens ebenso launenhaft ist. An manchen Tagen trifft man den Ball, an anderen nicht. Aus diesem Grund war allzu früher Erfolg für gewisse Schriftsteller eine Katastrophe. Wie kann man etwas wiederholen, wenn man keine Ahnung hat, wie man es beim ersten Mal geschafft hat?

Zur Frage, ob Alkohol auf Schriftsteller inspirierend wirke, gibt es drei unterschiedliche Ansichten: «keinesfalls», «manchmal» und «unbedingt».

Der ersten Ansicht zufolge erschaffen alkoholsüchtige Schriftsteller ihre eigenen Meisterwerke nicht *wegen*, sondern *trotz* des Alkohols. Dennoch glaubten Fitzgerald und Simenon (und andere) fest daran, daß sie trinken müßten, um arbeiten zu können. (Fitzgerald meinte, seine «schöpferische Lebenskraft müsse stimuliert werden».)

Eine recht ansehnliche Zahl von trinkenden Schriftstellern glaubt, Alkohol könne *manchmal* hilfreich sein. «Alkohol verschafft mir ein Hochgefühl», sagte Fitzgerald zu einem Freund. «Wenn ich trinke, werden meine Gefühle intensiver, und ich lasse sie in die Geschichte einfließen. ... Meine in nüchternem Zustand geschriebenen Geschichten sind blöd ... ganz artig ausgedacht, aber nicht empfunden.» «Ein Schriftsteller, der mit aller gebotenen Vorsicht trinkt, ist wahrscheinlich ein besserer Schriftsteller», sagt auch Stephen King, «die wesentliche Wirkung von Getreide oder Rebe auf die schöpferisch tätige Persönlichkeit besteht darin, ihr den unverzichtbaren Sinn für Neues und Unverbrauchtes zu verleihen, ohne den literarisches Schreiben gar nicht stattfinden kann.» Die Überlegung ist die folgende:

Als Kind war der Schriftsteller fähig, stundenlang in seiner Phantasiewelt zu verweilen, aber als Erwachsener wird er möglicherweise die Erfahrung machen, daß er den entsprechenden Kniff verlernt hat. Tagträumereien sind vielleicht eskapistisch, aber auch notwendig für seine Arbeit, und Alkohol erleichtert das Ganze ein wenig. Cheever stellte fest, daß mit zunehmendem Alter eine Abstumpfung der Sinne stattfinde: «... es gibt eine feine Distanz zwischen mir und dem Geruch eines Feuerchens». Alkohol ermöglicht es dem Schriftsteller, die Dinge in einem neuen Licht zu sehen. Seine berauschende Wirkung auf das Hirn kann dafür sorgen, daß man die Welt wieder mit jenem staunenden Kinderblick betrachtet, der für die Motivation zum Schreiben derart wesentlich ist.

Alkohol verursacht in der Tat eine Art chemischen Trancezustand, im einschlägigen Jargon eine «Bewußtseinserweiterung». Wenn Alkohol den Schriftstellern wirklich beim Schreiben hilft, dann wohl genau aus diesem Grund. «Genie», schrieb William James, «besteht vor allem in der Fähigkeit, auf ungewöhnliche Weise wahrnehmen zu können.» Auch Leute, die keine Genies sind, sehen im berauschten Zustand die Welt auf ungewöhnliche Weise. Alkohol macht Ereignisse und Gedanken bedeutsam und wichtig. «Manchmal», schreibt Arnold Ludwig und hat dabei Trancezustände im allgemeinen im Auge, «macht es den Anschein, als erlebe die betreffende Person eine Art abgeschwächtes ‹Heureka-Gefühl›, das oft mit der Empfindung tiefer Einsicht, Erleuchtung und Wahrheit einhergeht.» Ludwig kommt zum Schluß, daß dieses «Gefühl von erhöhter Bedeutsamkeit» wenig mit Wahrheit zu tun habe. Aber dem Schriftsteller geht es ja gar nicht darum. Ihm müssen Leute, Ereignisse und Gedanken einfach besonders bedeutsam *vorkommen*. Warum sollte man all diese Schmerzen durchmachen, um über sie zu schreiben? Angus Wilson[17] sagt, bevor er seine Leser von der Wahrheit dessen, was er schreibt, überzeugen könne, müsse er zuerst sich selber überzeugen. Und einer der «Reize der Trunkenheit» liegt, wie William James meinte, «fraglos darin, daß dabei ein verschärfter Sinn für Wirklichkeit und Wahrheit gewonnen wird. In welchem Licht die Dinge uns alsdann auch erscheinen mögen, sie sind ausdrücklicher das, was sie sind, sie werden ‹ausdrücklicher ausgedrückt›, als wenn wir nüchtern sind.»

In *Unter dem Vulkan* sagt der betrunkene Konsul, nachdem er sich einen Tag und eine Nacht lang hat vollaufen lassen, zu seiner Frau: «Wie kannst du hoffen, die Schönheit einer alten Frau aus Tarasco, die um sieben Uhr morgens Domino spielt, zu begreifen, wenn du nicht so trinkst wie ich? Alle Geheimnisse, alle Hoffnung, alle Enttäuschung, ja, alles Unheil ist hinter diesen Schwingtüren.» – für den Trinker zumindest. Art Hills Kommentar: «Diese Fähigkeit, das Gewöhnliche oder Häßliche mit einer (überaus realen, wenn auch flüchtigen) Aura der Schönheit zu versehen, ist die einzige positive Rechtfertigung die für die Alkoholsucht angeführt werden kann. Alle anderen Punkte sind defensiver Natur, das heißt im Grunde bloße Ausreden.»

In diesem Sinne machen sich trinkende Schriftsteller zuweilen über ihre dem Alkohol abgeneigten Kollegen lustig. In *South Wind* fragt Norman Douglas[18]: «Haben Sie je von einem radikalen Abstinenzler gehört, der durch seine Herzensgüte aufgefallen wäre oder sich in irgendeiner Lebenslage intellektuell hervorgetan hätte? Es würde mich entzücken, seinen Namen zu erfahren. Eine traurige Gesellschaft! Nicht weil sie Wasser trinken, sondern weil die Geisteshaltung, aus der heraus sie den Alkohol fürchten, ungeeignet ist, irgendwelche großzügigen Gedanken zu entfalten.» Sogar Bernard Shaw, ein hundertprozentiger Abstinenzler, erkannte die mythische Macht des Trinkens an. «Nicht jedermann», schrieb er, «ist stark genug, um das Leben ohne Betäubung auszuhalten», und er kam zum Schluß, daß «der Alkohol wahrscheinlich mehr brutale Verbrechen verhindert als verursacht».

Nichtsdestoweniger kam es auch vor, daß Schriftsteller es bereuten, im Hinblick auf ihre Inspiration allein auf Alkohol gebaut zu haben. Simenon fand heraus, daß er ohne Alkohol genauso gut oder sogar besser schrieb. Fitzgerald bereute sein Leben lang, daß er die zweite Hälfte von *Zärtlich ist die Nacht* unter Alkoholeinfluß geschrieben hatte. Sein letztes, unvollständig gebliebenes Werk schrieb er nüchtern, und es war vielleicht sein bestes.

Außerdem kann jenen Erleuchtungen, die mit Hilfe von Alkohol zustande kommen, nicht immer getraut werden. Das gleiche gilt auch ganz allgemein für Erleuchtungen, die unter Einfluß von Chemikalien erfahren werden. William James versuchte Lachgas, schrieb sich eine kosmische Entdeckung auf und las am nächsten Tag, daß seine kosmische Entdeckung in den Worten bestand: «Higidam, hogidam, Frauen sind monogam, hogidam, higidam, Männer sind polygam.» Auf einem LSD-Trip wurde einem Psychologen einmal das Urrätsel des Universums offenbart: «Nach Gebrauch bitte spülen.»

Hilft Alkohol – von den Inspirationen einmal abgesehen – dem Schriftsteller auch noch auf andere Weise? Wenn ja – ein großes «wenn» –, dann vielleicht auf zweierlei Weise: Er hilft ihm anzufangen, und er hilft ihm aufzuhören.

Für die meisten Schriftsteller ist der schwierigste Teil der Schreibarbeit der Anfang. Viele verlassen sich auf ihre Rituale. Hemingway spitzte zwanzig Bleistifte. Willa Cather[19] las einen

Abschnitt aus der Bibel. Thomas Wolfe streifte durch die Straßen. Ein anderer Romancier – ein Agnostiker – sank auf die Knie und begann seinen Arbeitstag mit einem Gebet.
Andere trinken. A. E. Housman[20] zum Beispiel: «Nachdem ich zum Mittagessen einen halben Liter Bier getrunken hatte», schreibt er, «ging ich jeweils spazieren. Während ich so dahinschlenderte, flottierten in meinem Kopf manchmal, in plötzlichen und unberechenbaren Regungen, ein oder zwei Verszeilen, manchmal eine ganze Strophe ...»
«Bevor ich mit dem Schreiben beginne, gönne ich mir einen hübschen kleinen Dry Martini», sagt E. B. White, «nur einen einzigen, um mir für den Anfang Mut zu machen. Danach muß ich es alleine schaffen.»
Schriftsteller brauchen Mut. «Ein Schriftsteller», so Tolstoi, «muß stets zwei Leute umfassen – den *Schriftsteller* und den *Kritiker.*» Alkohol stopft dem Kritiker den Mund.
Wenn der kreative Prozess einmal in Gang gekommen ist, haben die Autoren ironischerweise oft Mühe, ihn wieder zu bremsen, und auch hier mag Alkohol gute Dienste leisten. Dies war zum Beispiel bei Truman Capote der Fall. In einem Interview sagte er einmal, daß sein Geist, nachdem er «mit ehrfürchtigem Ernst» zu schreiben begonnen habe, «jede Nacht, die ganze Nacht lang hellwach war, und ich glaube, ich habe jahrelang gar nicht richtig geschlafen. Bis ich entdeckte, daß ich mich mit Hilfe von Whiskey entspannen konnte. Ich war erst fünfzehn, also noch zu jung, um mir selber welchen kaufen zu können, aber ich hatte ein paar ältere Freunde, welche sich in dieser Hinsicht als äußerst hilfsbereit erweisen, und bald hatte ich einen ganzen Koffer voller Flaschen zusammen – von Heidelbeerbranntwein bis Bourbon war alles da. Den Koffer versteckte ich in einem Schrank. Meistens trank ich am späten Nachmittag; dann kaute ich eine Handvoll Sen Sen und begab mich zum Abendessen nach unten, wo mein Verhalten, mein glasiges Schweigen zusehends zu einem Anlaß allgemeiner Bestürzung wurde. Einer meiner Verwandten pflegte zu sagen: ‹Wenn ich es nicht besser wüßte, würde ich wirklich schwören, er sei sturzbetrunken.›»

Auch James Thurber[21] fand, daß Alkohol eine Hilfe sei, um mit dem Schreiben aufzuhören. Dies benötigte er oft: Manchmal kam seine Frau während einer Abendeinladung zu ihm herauf und sagte: «Verdammt, Thurber, hör endlich mit der Schreiberei auf.» «Meistens erwischt sie mich mitten in einem Abschnitt», kommentierte Thurber. Einmal fragte seine Tochter abends bei Tisch: «Ist er eigentlich krank?» – «Nein», gab Thurbers Frau zur Antwort, «er schreibt.»

Thurber war ein triebhafter, ein besessener Schriftsteller. Er schrieb alles immer wieder um. Bei einer Geschichte behauptete er, daß er in allen Manuskriptfassungen zusammen wohl zweihundertvierzigtausend Wörter geschrieben und dafür zweitausend Stunden aufgewendet habe. Die fertige Erzählung umfaßte jedoch weniger als zweitausend Wörter.

Noch auf eine dritte Art kann Alkohol das kreative Denken erleichtern. Manche Menschen glauben, daß sie am besten schreiben, wenn sie sich schlecht fühlen. T. S. Eliot schrieb seiner eigenen Aussage zufolge immer dann am besten, wenn er unter Blutarmut litt. Turgenjew behauptete, er könne nur schreiben, wenn er unglücklich verliebt sei: «Jetzt bin ich alt und kann mich nicht mehr verlieben, und aus diesem Grund habe ich das Schreiben aufgegeben.» Bei Freud war es das Gedärm. Seine besten Texte schrieb er nach längeren Darmreizungen. Auch ein kleiner Kater kann vielleicht der Muse ein wenig auf die Sprünge helfen.

Auf jeden Fall ist Schreiben harte Arbeit. In Anthony Burgess'[22] Worten handelt es sich um eine «körperliche Qual: es führt zu Tabaksucht, zu übermäßigem Bedarf an Koffein und Dexamin, zu Hämorrhoiden, Verdauungsstörungen, chronischen Angstzuständen, sexueller Impotenz». Es ist mir ein Rätsel, wie ihm bei dieser Aufzählung die Alkoholsucht entgehen konnte.

Von Simenon stammt die Empfehlung, niemand solle schreiben, wenn er nicht dazu gezwungen sei: «Ich glaube, jeder, der nicht unbedingt Schriftsteller werden *muß*, der sich vorstellen kann, auch etwas anderes zu tun, sollte in der Tat etwas anderes tun. Die Schriftstellerei ist kein Beruf, sondern die Berufung zum Unglück. Ich glaube nicht, daß ein Künstler jemals glücklich werden kann.»

Warum schreibt denn ein Schriftsteller überhaupt? «Ich glaube», so Simenon, «wenn ein Mann den Drang verspürt, ein Künstler zu sein, dann weil er sich selber finden muß. Jeder Schriftsteller versucht sich in seinen Figuren zu finden.»

Die Einzelgänger-Theorie

Was für ein «Ich» suchen die Schriftsteller? Unterscheiden sich Literaten von anderen Leuten? Ist es für sie schwieriger, ihr «Ich» zu finden? Hilft ihnen Alkohol bei dieser Suche?
Der Historiker Gilman Ostrander hat diesbezüglich eine interessante Theorie. Hier ein Auszug aus einem Brief, den Dr. Ostrander über seine Theorie geschrieben hat: «Alkoholismus ist grundsätzlich eine Krankheit von Individualisten. Sie betrifft Menschen, die seit frühester Kindheit das intensive Gefühl seelischer Einsamkeit entwickeln und überzeugt sind, in der Welt auf sich allein gestellt zu sein. Diese einsiedlerische Haltung verhindert, daß sie durch Kontakt mit anderen Menschen jene emotionale Erleichterung verspüren, die sie im Alkohol finden. Also werden sie in gleicher Weise abhängig von Alkohol, wie andere Menschen von ihren zwischenmenschlichen Beziehungen, von ihren Freunden und Verwandten.»
Auch Schriftsteller, so glaubt Ostrander, sind Einzelgänger, und dies ist zugleich der Grund, weshalb sie überhaupt schreiben: «Es geht hier um einen Beruf, der es dem einzelnen Menschen erlaubt, ganz alleine mit sich unheimlich gesellig zu sein … Schreiben und Trinken sind zwei Arten, nicht allein sein zu müssen.»
Diese Theorie ist schwer zu beweisen. Ob nun die meisten Alkoholiker Einzelgänger sind oder nicht – die meisten Schriftsteller sind es oder glauben wenigstens, es zu sein. In den Biographien berühmter Schriftsteller taucht kaum ein Leitmotiv so häufig auf wie Einsamkeit, Schüchternheit und Isolation. Simenon erklärte beispielsweise, daß ihn das Problem der Verständigung quäle: «Damit meine ich die Verständigung zwischen zwei Menschen. Den Umstand, daß wir Gott weiß wie viele Millionen von Menschen sind, jedoch Verständigung –

umfassende Verständigung – zwischen lediglich zwei Menschen ein Ding der Unmöglichkeit ist, halte ich für eines der größten tragischen Themen dieser Welt. Als ich klein war, jagte mir dies Angst ein. Es brachte mich fast zum Schreien und erfüllte mich mit einem Gefühl von Einsamkeit und Vereinzelung.»
Dies mag ein Grund dafür sein, weshalb Schriftsteller schreiben. Sie können sich mit ihren Figuren verständigen. Vielleicht können sie deshalb überhaupt schreiben. Distanz schafft Perspektiven. Außerdem könnte es – wenn Ostrander recht hat – eine Erklärung dafür sein, weshalb man trinkt.
Sowohl Schreiben als auch Trinken weisen gewisse Ähnlichkeiten mit Trancezuständen auf. Der Psychiater Arnold Ludwig betont, daß man in einer Trance «dazu neigt, den Unterschied zwischen dem eigenen Ich und anderen weniger stark zu empfinden», und daß «deshalb … die sozialen Kontakte erleichtert werden …». Beim Schreiben befand sich Simenon fast buchstäblich in Trance. Er wollte niemanden sehen, mit niemandem sprechen: «Ich lebe wie ein Mönch. Den ganzen Tag lang bin ich eine meiner Figuren. Ich fühle genau, wie sie fühlt.» Elf Tage lang – er schrieb jeden Tag ein Kapitel – konnte er in der «Haut der literarischen Figur» stecken. Das ist ein Grund für die Kürze seiner Romane. Nach elf Tagen ist er völlig ausgelaugt. Und wenn er einen Roman fertiggeschrieben hat, kann er sich gar nicht mehr erinnern, worum es darin ging. (Wenn man mit ihm über eines seiner Bücher sprechen will, schaut er einen ganz verdutzt an, als höre er zum ersten Mal davon.) Trancen enden, Ludwig zufolge, häufig mit Gedächtnisverlust; bei Simenon galt dies auch für das Schreiben von Romanen.
Auch Faulkner glotzte die Leute jeweils verständnislos an, wenn sie ihn über etwas befragten, was er selber geschrieben hatte: «Zum Teufel, woher soll ich denn wissen, was es zu bedeuten hat? Ich war doch betrunken, als ich es schrieb.»

Die Einzelgänger-Theorie erklärt einiges. Zum Beispiel:
1. Schreiben und Alkohol führen beide zu tranceartigen Zuständen. Die Begabung zum literarischen Schreiben hat vielleicht mit einer angeborenen Fähigkeit zu tun, sich in trance-

artige Zustände zu versetzen. Wenn man ein Einzelgänger, das heißt schüchtern, in sich gekehrt, ohne festere zwischenmenschliche Bindungen, ist, dann hat man es möglicherweise leichter, sich in einen tranceartigen Zustand zu versetzen, um zu schreiben; und man greift wohl auch schneller zur Flasche, um seine Schüchternheit und Isolation zu überwinden, wenn es Zeit ist, sich wieder etwas zu entspannen.

2. Literarisches Schreiben erfordert eine blühende Phantasie; Einzelgänger haben eine blühende Phantasie – der Extremfall des Einzelgängers ist der Schizophrene, der im Gefängnis der Phantasie lebt. Alkohol stimuliert die Phantasie.

3. Menschen mit sogenannten multiplen Persönlichkeiten sind angeblich in jeder Persönlichkeit, die sie annehmen können, Einzelgänger. Alle in diesem Buch vorgestellten Schriftsteller könnte man als multiple Persönlichkeiten bezeichnen: sie waren Chamäleons, stets in Verwandlung begriffen, vor allem in betrunkenem Zustand. Sie waren ausnahmslos schüchtern – sogar Hemingway – und wurden erst gesellig, wenn sie sich betranken; dann aber benahmen sie sich wie Verrückte und wurden oft grausam.

Scotty Fitzgerald beschrieb ihren Vater als «eine völlig andere Person, wenn er betrunken war: nicht bloß ausgelassen oder angesäuselt, sondern brutal». «Nach ein paar Drinks», schrieb Scott Donaldson, «war Fitzgerald noch so rücksichtsvoll, in seine Hände zu blasen, um zu sehen, ob sein Atem schon scharf war. Ein paar Drinks später legte er es regelrecht darauf an, jedem seine Fahne ins Gesicht zu blasen.»

Ob betrunken oder nüchtern, je nach Gelegenheit wurden verschiedene Masken aufgesetzt. Die in diesem Buch porträtierten Autoren konnten die liebenswürdigsten, aber auch die herzlosesten Menschen sein. (Ring Lardner, der hier nicht vorkommt, bildete im Kreise der alkoholsüchtigen Schriftsteller eine Ausnahme: er war immer liebenswürdig.)

Weil sie nicht an die Menschen herankamen, wurden sie Einzelgänger; also tranken sie, um den Menschen näherzukommen, und wenn sie im Suff unflätig wurden, führten sie am nächsten Morgen den Alkohol als Ausrede an.

Alkohol kann zu markanten Persönlichkeitsveränderungen führen, oder vielleicht weniger zu Veränderungen als vielmehr zu Intensivierungen, wie es Stephen Longstreet bei Hemingway beschrieb: «Trotz seiner Lebenslust, seinem Wagemut und seinem Charme war er ein brutaler, grausamer Mann. Mit sieben hatte er von seinem Vater ein Gewehr bekommen und verbrachte dann einen großen Teil seines Lebens damit, Tausenden von Vögeln, Säugetieren und großen Fischen den Garaus zu machen, bis er schließlich seine größte Beute erlegte – sich selbst.»

John Cheever, der die Treffen der Anonymen Alkoholiker besuchte, um nüchtern zu bleiben, schrieb: «Ich schreibe, um meinem Leben einen Sinn zu geben.» Das Schreiben machte sein Leben weniger chaotisch und weniger depressiv. Wenn das überhaupt funktionierte, dann nur in sehr geringem Maße: «Diese Brücke aus Sprache, Metaphern, Anekdoten und Phantasie, die ich jeden Morgen baue, um die Unstimmigkeiten in meinem Leben zu überwinden, macht letztlich einen ziemlich zerbrechlichen Eindruck.» Jahrelang hatte der Alkohol die Unstimmigkeiten gelindert, aber er brachte ihn auch langsam um, und das Schreiben war alles, was ihm blieb. «Seine Einsamkeit», schrieb seine Tochter Susan, «war derart schmerzlich, daß sie manchmal einer Darmgrippe glich.»

Künstlerisch tätige Personen sind empfindlich. «Sehen Sie», sagte Truman Capote einmal, «ich war so anders als alle anderen, so viel intelligenter, sensibler und aufmerksamer. Ich nahm in einer einzigen Minute fünfzig Dinge wahr, während die anderen nicht über deren fünf hinauskamen. Ich hatte immer schon das Gefühl, niemand könne mich verstehen, niemand könne nachvollziehen, wie ich die Dinge erlebte. Das ist wohl der Grund, weshalb ich zu schreiben begann. Wenigstens dem Papier konnte ich meine Gedanken anvertrauen.»

Für den Autor und Redaktor William McIlwain war dies ebenfalls der Grund, weshalb Schriftsteller tranken: «Vielleicht kann ein Schriftsteller all die Dinge, die er so klar sieht, einfach nicht aushalten … und muß deshalb diese schmerzhaft blendende Klarheit trüben.»

Viele Autoren klagen über allzu große Klarheit. Lowry sagte, er fühle sich, als sei er ohne Haut zur Welt gekommen. Faulkner trank manchmal, weil nach der Spannung des Schreibens die große Erschöpfung einsetzte: «Ich habe das Gefühl, meine Nervenenden liegen bloß.»

Ich erhielt einmal einen Brief von einem unbekannten Möchtegern-Literaten, der behauptete, er fühle sich wie Faulkner: «Ich bezweifle, daß man einen Schriftsteller finden wird, der seine Feder in die Gefühle, in Blut und Tränen anderer Leute taucht und der, wenn er ehrlich ist, nicht zugeben müßte, daß er, nachdem er Entsetzliches geschrieben hat, selber vom Entsetzen heimgesucht wird, und manchmal mag ihn etwas Trauriges dazu veranlassen, über den Tasten seiner Schreibmaschine in Schluchzen auszubrechen, weil er so unter den Emotionen leidet, die er zu Papier gebracht hat.» Und er fährt fort: «Diese extreme Sensibilität muß auf die Chemie des Gehirns gewisse Wirkungen ausüben. Auf der mikro-elektrischen Ebene funktionieren die Synapsen des Denkens mit erschreckender Geschwindigkeit, denn die Auswahl erfolgt ebenso schnell, wie sich Finger auf einer Schreibmaschine bewegen oder wie eine Feder Tinte auf Aktenpapier kritzelt. Eine kräftezehrende Arbeit. Das Gehirn ist überlastet, denn es muß mit voller Kraft voraus. Es gibt keinen Schalter, mit dem man den Stromkreis unterbrechen könnte. Alkohol entspricht dem Druck auf den Schalter. Ich frage mich, was dabei herauskommen würde, wenn man die Wellenbewegungen im Gehirn künstlerisch tätiger Menschen bei der Arbeit messen würde. Würde das Elektroenzephalogramm zeigen, daß sich der Stromkreis jenem Punkt nähert, der normalerweise bei Geistesgestörten erreicht wird? Ich glaube ja. Genie grenzt an Wahnsinn, wenn es nicht sogar eine Form von Wahnsinn ist ... Welcher von den vielen Schaltkreisen zwischen den kleinen grauen Zellen muß kurzgeschlossen werden, damit jemand über die Schwelle der Anstalt befördert wird?» Sein Fazit lautet: «Seit ich dem Alkohol abgeschworen habe, hat sich meine künstlerische Begabung verwässert ... eine Flasche Schnaps kann sie neu beleben, das habe ich schon erlebt.»

Malcolm Lowry glaubte bekanntlich, daß man sich mit Alkohol vor Nervenzusammenbrüchen schützen könne. Die Theorie von der Kreisbewegung der kleinen grauen Zellen hätte ihm sicher zugesagt.

Erzählerische Begabung schon im Kindesalter, eine gequälte Sensibilität, die Unfähigkeit, vollständig erwachsen zu werden, Unstimmigkeiten in der Persönlichkeit – all dies mag Ausdruck einer Unfähigkeit sein, sich unter Menschen zu Hause zu fühlen. Für Thomas Wolfe und die anderen bestand das Problem nicht bloß darin, nicht nach Hause zurückkehren zu können; auch wenn sie sich bemühten, wußten sie gar nicht, wo ihr Zuhause war. Kurz vor seinem Tod schrieb John Cheever: «Die Natur meines Kummers ist bestürzend. Ich suche eine Vertrautheit, die sich mir jedoch ständig entzieht. Ich will nach Hause und habe doch gar kein Zuhause.»

Die psychische Einsamkeit, welche diese Schriftsteller kennzeichnet, findet man auch bei klinischen Depressionen. Was können wir – abgesehen von den Alkoholexzessen – über die psychische Verfassung der dem Alkohol verfallenen amerikanischen Schriftsteller sagen?

Zunächst einmal ist es unmöglich, bei einem schweren Trinker eine psychische Krankheit eindeutig zu diagnostizieren. Ausgiebiger Alkoholkonsum führt zu Schlaflosigkeit, Depressionen, Angstanfällen, Wahnvorstellungen und Sinnestäuschungen. Nichtsdestoweniger setzten die in diesem Buch vorgestellten Schriftsteller und auch die meisten anderen alkoholsüchtigen Literaten, die dazu lange genug lebten, immer wieder für längere Zeit mit dem Trinken aus. Wiesen sie im nüchternen Zustand Ähnlichkeiten miteinander auf? Schüchternheit, Hypersensibilität und extreme Eigenbrötelei sind keine seelischen Störungen im technischen Sinne.

Malcolm Cowley, der zahlreiche alkoholsüchtige Autoren persönlich kannte, glaubte, daß viele von ihnen manisch-depressiv waren. Deprimiert waren sie alle von Zeit zu Zeit. Die meisten litten aber auch unter Depressionen, die behandelt werden mußten, doch es war nicht immer leicht, festzustellen, ob Alkohol dafür verantwortlich war oder nicht. Die Euphorie und Hyperaktivität, welche den manischen Teil charakterisieren, sind in den Biographien weniger oft zu finden. Als Cheever mit sechzig trocken wurde und herausfand, daß sein literarisches Talent unversehrt geblieben war, erlebte er «euphorische Ausbrüche», die man als manisch bezeichnen könnte, die vielleicht aber auch bloß Ausdruck seiner Freude über die neugewonnene Gesundheit waren. Robert Lowell[23] gehört zu den wenigen schwer alkoholsüchtigen Schriftstellern, die eindeutig an der manisch-depressiven Krankheit litten und auch klare manische Phasen aufwiesen.

Alle litten an Schlaflosigkeit. Alle versuchten mit Alkohol und Tabletten dagegen anzukämpfen. Alle hatten Schlafprobleme, sobald sie mit dem Trinken aufhörten. Wenn Alkoholismus das «Laster des Schriftstellers» ist (wie Fitzgerald meinte), so ist Schlaflosigkeit die Buße, die der Schriftsteller tun muß.

Alle waren sie Hypochonder.

Die meisten litten, wenn sie tranken, unter Anflügen von Verfolgungswahn, und Hemingway hatte paranoide Wahnvorstellungen, als er mit dem Trinken aufhörte. Tennessee Williams glaubte, jemand habe Glassplitter in seinen Wodka geschüttet.

Im Durchschnitt neigten sie zu Ängstlichkeit, und einige von ihnen litten unter klinischen Störungen, die je nachdem als «Angstneurose», «unspezifische Angstzustände» oder «schwere Gesellschaftsphobie» bezeichnet wurden. Etwa ein Drittel aller Alkoholiker leidet unter Angstzuständen (die ja vielleicht gerade zum Alkoholismus geführt haben!), und es fragt sich, ob alkoholsüchtige Schriftsteller für solche Störungen besonders anfällig sind.

Einige alkoholsüchtige Schriftsteller waren homosexuell, aber offenbar nicht der Großteil von ihnen.

Wahrscheinlich könnten alle im weitesten Sinne als «oral fixierte» Persönlichkeiten beschrieben werden. «Schriftsteller gehören», so glaubt Michael Crichton, «zu jener Kategorie von Leuten, die ihre Angst bekämpfen, indem sie sich etwas in den Mund stecken.» Der exzessiv alkoholsüchtige Schriftsteller aus den zwanziger und dreißiger Jahren ist (Crichton zufolge) vielleicht bis zu einem gewissen Grad durch den multiplen Drogenkonsumenten ersetzt worden, aber die orale Fixierung ist geblieben. Crichton

berichtet, er sei auf dem besten Weg zu «einer schweren Form von Alkoholismus» gewesen, als er herausgefunden habe, daß es ihm weniger um Alkohol als um den Akt des Schluckens ging. «Ich schaffte den Übergang vom zwanghaften Schnapstrinker zum zwanghaften Limonadentrinker ohne große Mühe, und heute konsumiere ich an einem harten Arbeitstag mehrere Liter Pepsi.»
Gab es unter den alkoholsüchtigen Schriftstellern auch Nichtraucher? Ja: Hemingway.
«Orale Fixierung» ist eine Verhaltensweise, keine Erklärung. Jene Psychoanalytiker, die den Begriff oft verwenden, haben wenig zum Verständnis des Zusammenhanges beigetragen, der zwischen Schreiben und Trinken besteht.
Das oben Ausgeführte stützt sich zu großen Teilen auf persönliche Eindrücke und Anekdoten. Schon die alten Griechen kannten die weit verbreitete Vorstellung, die im neunzehnten Jahrhundert von Cesare Lombroso[24] und im zwanzigsten von Edmund Wilson aufgegriffen wurde: daß Kreativität und Wahnsinn in einem Zusammenhang stünden, besser gesagt beide vererbt würden. Erstaunlicherweise wurde dies bis ins Jahr 1987 von keiner einzigen Studie mit wissenschaftlichem Anspruch dokumentiert – und auch diese erste Studie hatte gewisse Nachteile, darunter namentlich die Beschränkung auf eine kleine Zahl von Untersuchungspersonen (dreißig).
Nancy Andreasen, eine Psychiaterin mit einem Abschluß in englischer Literatur, leitete während fünfzehn Jahren eine Untersuchung, die sie im Rahmen ihrer Veranstaltung «Literarisches Schreiben» im Rahmen des Schriftsteller-Workshops an der University of Iowa durchführte. Folgendes fand sie heraus: Im Vergleich zu einer Kontrollgruppe von Nicht-Schriftstellern (deren Alter, Geschlecht, Erziehung und Intelligenz dem der Schriftsteller entsprachen) waren die Schriftsteller:
a) häufiger depressiv (+37 Prozent)
b) häufiger manisch (+43 Prozent)
c) häufiger alkoholsüchtig (+30 Prozent)
Alles in allem hatten vierundzwanzig von dreißig Autoren unter Depression oder Manie oder unter beidem gelitten – und zwei von ihnen begingen während der fünfzehnjährigen Studie

Selbstmord. (Man fragt sich, ob wohl John Berryman einer der Selbstmordfälle war, denn zu jener Zeit lebte er in Iowa.) Übrigens handelte es sich dabei nicht um persönliche Eindrücke von Geisteskrankheiten, sondern um Diagnosen, die auf medizinischen Kriterien basierten.

Wie erwähnt, ging es um die erste wissenschaftliche Studie, die eine Verbindung zwischen literarischer Kreativität und Geisteskrankheit aufzeigte. In der ganzen Gruppe gab es übrigens keinen einzigen Fall von Schizophrenie. Vor der Studie hätten die meisten Experten wahrscheinlich vermutet, daß die Schizophrenie mehr mit Kreativität zu tun habe als Depression und Manie, aber das Resultat belehrt uns eines Besseren.

Andreasen fand noch etwas anderes Interessantes heraus: Im Vergleich mit der Kontrollgruppe wiesen die Literaten einen hohen Prozentsatz an manisch-depressiven oder künstlerisch tätigen Verwandten auf. (Die Verwandten wurden als künstlerisch tätige Menschen klassifiziert, wenn sie auf einer «anerkannten Ebene künstlerische Leistungen erbrachten, beispielsweise als Romanautoren, Tänzer in einer größeren Tanztruppe, Konzertmusiker oder Mitglieder eines wichtigen Symphonie-Orchesters oder als Wissenschaftler, die einen bedeutsamen Beitrag, etwa eine Erfindung, vorweisen konnten».)

Während 30 Prozent der Literaten Alkoholiker waren, erwiesen sich lediglich 7 Prozent ihrer Verwandten als Alkoholiker. Das war eine Überraschung. Alkoholismus ist normalerweise eine Familienkrankheit, jedoch nicht immer. Es gibt Alkoholiker ohne «familiären Hintergrund», und zudem leiden sie oft unter anderen psychischen Erkrankungen als Alkoholismus, zum Beispiel sind sie manisch-depressiv. Vielleicht gibt es einen genetisch bedingten Zusammenhang zwischen Kreativität und Alkoholismus (eine «erbliche Belastung», wie Lombroso sagen würde), aber die Gene, die als Verbindungsglied fungieren, könnten die Gene sein, die nicht etwa Alkoholismus, sondern das manisch-depressive Syndrom bewirken. (Sowohl beim manisch-depressiven Syndrom als auch beim Alkoholismus wird eine partielle genetische Grundlage durch Studien belegt.) Dies ist eine verlockende Möglichkeit, die mit vielen der in diesem Kapitel referierten Anekdoten übereinstimmt. Über ihre Depressionen sprechen Schriftsteller ohnehin immer (was durchaus auf den vielen Alkohol und auf ihre unsichere Lebensführung zurückzuführen sein mag).

Andreasen kommt in ihrer Studie zum Schluß, daß es in den Familien von Schriftstellern «von Kreativität und Geisteskrankheit nur so wimmelte, während sowohl die Krankheit als auch die Kreativität in den Familien der Kontrollpersonen lediglich zufällig aufzutreten schienen».

Die Auswahl war leider überaus klein, auch wenn die Differenz zwischen den Schriftstellern und den Mitgliedern der Kontrollgruppe statistisch signifikant war. Nach jahrhundertelangen Spekulationen herrscht nun also die wissenschaftlich untermauerte Gewißheit, daß Alkoholismus, das manisch-depressive Syndrom und Kreativität in der Tat auf genetischer Ebene in einem Zusammenhang stehen. Natürlich braucht es noch mehr solche Studien, aber ihre Durchführung ist gar nicht so einfach. Man denke nur an den Fragebogen von *Writer's Digest*, der von fast allen Abonnenten ignoriert oder beanstandet wurde. Ein empfindliches Völkchen, diese Schriftsteller …

Fassen wir zusammen: Alkoholsüchtige Schriftsteller erwecken den Eindruck von traurigen Menschen, die vielleicht auch unter ernsthaften Depressionen leiden, welche auf ihren Alkoholismus zurückgehen. Scheinbar gibt es Erbfaktoren für Depression, für Alkoholismus und für literarisches Talent. Ob es sich dabei um ein und dieselben Faktoren handelt, bleibt trotz Andreasens bewundernswerter Studie eine offene Frage. Auch die Frage, weshalb Schriftsteller tendenziell Einzelgänger sind, bleibt unbeantwortet, aber ein möglicher Umstand ist eindeutig die chronische Depression, zumal Depressive zu sozialer Isolation neigen.

Warum Amerika?

Wenn Alkoholismus eine «Einzelgängerkrankheit» ist, dann ist es klar, daß Amerika, die Heimat aller «stolzen Einzelgänger», einen tüchtigen Anteil verdient hat. Wahrscheinlich gibt es in Amerika gar nicht mehr Alkoholiker als in Skandinavien, Osteuropa,

Frankreich und mehreren anderen europäischen Ländern. Aber es scheint in Amerika mehr alkoholsüchtige Schriftsteller zu geben.

Vielleicht heißt das Bindeglied wiederum «Einzelgänger». Wohl kein Land hat den Einzelgänger dermaßen kanonisiert wie Amerika. Wie Robert Wilshire sagte, «genießt der Einzelgänger, der in der Lage ist, kraft seiner eigenen Schlauheit, Intuition und Geschicklichkeit zu überleben, bei den Amerikanern hohes Ansehen. Der Cowboy, der Privatdetektiv, der Rebell gegen die Gesellschaft, alle sind sie in der Literatur ebenso romantisiert worden wie in der Wirklichkeit.» Jay Gatsby aus Fitzgeralds Roman war ein Einzelgänger. Ungeachtet seiner Sehnsucht nach Kontakt mit Menschen blieb er distanziert und unabhängig.

Mit der Distanziertheit geht eine gewisse Trauer einher. Leon Edel[25] zufolge transformieren Schriftsteller Trauer in Kunst. Die «Lebenstrauer» nennt er Tristimanie und meint damit die depressive Komponente der Kunst, «denn es gibt unter Schriftstellern kein chronischeres Leiden als die Trauer». In einer Erzählung von Henry James bringt eine der Figuren (ein Schriftsteller) Trauer mit Kunst in Verbindung: «Wir leben im dunkeln, wir geben unser bestes, der Rest ist der Wahnsinn der Kunst.» Der Ausdruck «Wahnsinn der Kunst» fiel neben anderen Autoren auch Truman Capote auf. In *Musik für Chamäleons (Music for Chameleons)* schrieb er: «Henry James trifft hier den Nagel auf den Kopf; er sagt die Wahrheit. Und der dunkelste Teil der Dunkelheit, der wahnsinnigste Teil des Wahnsinns ist das unbarmherzige Vabanquespiel, das damit verbunden ist. Schriftsteller, wenigstens jene, die ein echtes Risiko auf sich nehmen, die bereit sind, Blei zu schlucken und mit den Haifischen zu spielen, haben eine Menge gemeinsam mit einer anderen Spezies von einsamen Männern: jenen, die sich den Lebensunterhalt mit Billard und Kartenspiel verdienen.»

Anders gesagt, mit jenen Kerlen, die man in Amerika grenzenlos bewundert.

Wie Wilshire unterstreicht, ist Tristimanie vergleichbar mit dem, was Jellinek «vage geistige Sehnsucht» nennt, oder mit der «widerlichen Melancholie», die Dr. Johnson von seinem Vater geerbt haben soll. «Diese Gefühle von Trauer», schreibt Wilshire, «versucht der Alkoholiker in einem Meer von Schnaps zu ersäufen. Der Schriftsteller versucht sie mit Worten auszuradieren. Alkoholsüchtige Schriftsteller tun beides – nicht selten auf Kosten ihrer Literatur.» (Abermals die Depression als Bindeglied.)

Sowohl Schriftsteller als auch Alkoholiker sehen sich selber gern als Einzelgänger, wenigstens in Amerika. In *Twelve Steps and Twelve Traditions*, dem Handbuch der Anonymen Alkoholiker, wird der Typus des einsamen Alkoholikers gnadenlos gegeißelt: «Viele von uns haben vor allem unter verkorksten Beziehungen zu Angehörigen, Freunden und der Gesellschaft im allgemeinen gelitten. Diesbezüglich waren wir besonders stur und dickköpfig. *Die wichtigste Tatsache, die wir verkennen, ist unsere vollständige Unfähigkeit, eine wahre Partnerschaft mit einem anderen Menschen einzugehen.* Unsere Egomanie gräbt uns zwei fatale Gruben. Entweder wir beharren darauf, die Menschen in unserem Umkreis zu dominieren, oder wir sind allzusehr von ihnen abhängig. Wenn wir uns zu sehr an jemanden anlehnen, dann wird er uns früher oder später im Stich lassen, denn er ist auch nur ein Mensch und kann unseren grenzenlosen Ansprüchen unmöglich genügen. Auf diese Weise wächst und wuchert unsere Unsicherheit. Wenn wir es uns zur Gewohnheit machen, andere im Sinne unserer willkürlichen Wünsche zu manipulieren, dann werden sie sich dagegen wehren und uns heftigen Widerstand leisten. In der Folge entwickeln wir das Gefühl, verletzt worden zu sein, haben den Eindruck, verfolgt zu werden, und sehnen uns nach Vergeltung. Während wir unsere Bemühungen, andere zu kontrollieren, weiterhin erfolglos steigern, wird unser Schmerz immer akuter und dauerhafter. Nie haben wir versucht, das Mitglied einer Familie, ein Freund unter Freunden, ein Arbeiter unter Arbeitern, ein nützliches Glied der Gesellschaft zu sein. Immer versuchten wir, auf dem Kamm der Welle zu reiten oder aber uns im Sand zu verstecken. Dieses egozentrische Verhalten verhindert jede Partnerschaft mit jemandem in unserer Nähe. Wir haben wenig Sinn für echte Brüderlichkeit.» (Hervorhebungen von mir, D. G.)

Die Anonymen Alkoholiker waren vielen Trinkern eine Hilfe, offenbar aber kaum einem alkoholsüchtigen Schriftsteller. Keiner der acht in diesem Buch vorgestellten Schriftsteller profitierte von den Anonymen Alkoholikern – wenn es überhaupt einer versuchte (Poe frequentierte eine vergleichbare Organisation in den vierziger Jahren des letzten Jahrhunderts). Vielleicht lehnen alkoholsüchtige Schriftsteller die Anonymen Alkoholiker aus dem selben Grund ab wie psychiatrische Behandlung oder Psychoanalyse: sie haben das Gefühl, dies gefährde ihr literarisches Talent.

Es gibt noch andere Gründe, weshalb Amerika ein fruchtbarer Boden für diese Epidemie war. Zum Beispiel eine merkwürdig zwiespältige Haltung gegenüber Alkohol, die vielen Ausländern aufgefallen ist. Wie Alfred Kazin feststellte, ist Amerika trotz der vielen Verbote, an bestimmten Orten und zu bestimmten Zeiten Alkohol zu trinken, von jeher ein Land mit rauhen Trinksitten gewesen. Kazin schreibt folgendes: «Sogar zur Zeit der Puritaner waren die Amerikaner bewundernswert trinkfeste Säufer. Es ist historisch belegt, daß Schnaps bis zum Bürgerkrieg sowohl billig als auch in Hülle und Fülle vorhanden war. In den ersten Jahrzehnten des neunzehnten Jahrhunderts kostete einheimischer Schnaps 25 Cents, importierter Alkohol einen Dollar die Gallone. Zwischen 1818 und 1862 wurden auf amerikanischen Whiskey keine Steuern erhoben, und erst als die Regierung für den Bürgerkrieg Einnahmen benötigte, änderten sich die Verhältnisse. Die Mäßigungsbewegung, die prohibitionistischen Bestrebungen und die ‹Anti-Saloon-Liga› waren allesamt mächtige, von der Kirche unterstütze Körperschaften, aber sie hatten einen schweren Stand gegen die ‹Schnaps-Lobby› und gegen die Freiheit und Ungestörtheit, in der amerikanische Männer im Saloon ihr Glas Bier für vier Cents bestellen wollten. Amerikas Engagement im Ersten Weltkrieg und die Notwendigkeit, mit Getreide sparsam umzugehen, führten schließlich 1918 zur Prohibition. Damals wurde eine Grenze gezogen zwischen dem, was H. L. Mencken die ‹Blödoisie› nannte, und der Partie der ‹Weltmänner›. In den zwanziger Jahren war Alkohol für Möchtegern-Weltmänner der leichteste Weg, sich Prestige zu verschaffen; und dies war immer noch so, als die ‹Tea-Party› der zwanziger Jahre in berufstätigen und wohlhabenden Kreisen zur ‹Cocktail-Party› der fünfziger Jahre wurde (in den fünfziger Jahren war die Klientel der Anonymen Alkoholiker für die Mittelschicht repräsentativer als die Abgeordneten im Kongress).»

In den zwanziger Jahren, als es mit dem Trinken so richtig losging, so berichtete Fitzgerald später, hätten er und seine Generation «nach amerikanischer Art vor den Mahlzeiten Cocktails, nach französischer Art Wein und Brandy und nach englischer Art Scotch-and-Soda getrunken. Diese widernatürliche Mischung war wie ein gigantischer Cocktail in einem Alptraum.»
Amerikas zwiespältige Einstellung zum Alkohol äußert sich in Humor und Slang-Ausdrücken; die Darstellungen von Alkohol in den Cartoons des *New Yorker* haben wir bereits erwähnt. Gleich nach Sex ist Alkohol das beliebteste Sujet für witzige Grußkarten. Edmund Wilson machte eine Liste von über einhundert Wörtern für «Betrunkenheit», die während der Prohibition in den USA im Gebrauch waren, wobei er sie nach aufsteigender Intensität anordnete: er begann mit *angeduselt* und *betimpelt* und endete bei *bezopft* und *stinkbesoffen.* Benjamin Franklin schaffte sogar eine Liste mit über zweihundert Wörtern! Die Vorstellung, daß man auch «maßvoll» trinken kann, scheint in Amerika erst in jüngster Zeit aufgekommen zu sein. In die Saloons an der westlichen Grenze ging man nicht «für ein Bier», sondern um sich zu betrinken. Illegale Bars waren ebenfalls da, um sich zu betrinken. Die Parties der Studentenverbindungen sind heute noch Gelegenheiten, sich zu betrinken.
Von denen, die dann und wann «angeduselt» waren, überlebten die meisten und verzichteten mit zunehmendem Alter teilweise oder ganz auf Alkohol. Aber es gab auch Opfer, viele Opfer, und manche davon waren Schriftsteller. Schnapsselige Verbrüderungen führten zu Sauftouren, später zu Gewissensbissen und schließlich zum Gelübde, aufzuhören oder sich einzuschränken. Jack London erinnert sich in *König Alkohol*, wie es war: «Nie mehr würde ich mich betrinken. Alles, was ich wünschte und was ich tun wollte, war, mich zu erwärmen und anzuregen, damit das Lachen in meine Kehle kam und die Würmer der

Einbildungskraft in meinem Hirn zu kriechen begannen. Oh, ich war noch Herr über mich und König Alkohol!»

Aber London war ein amerikanischer Alkoholiker, und amerikanische Alkoholiker können – wie ich im Simenon-Kapitel erwähnt habe – dem Alkohol abschwören, jedoch nicht maßvoll trinken. Als er gelobte, sich auf einen Cocktail täglich zu beschränken, fand London heraus, daß «auf Dauer ein und derselbe Reiz im menschlichen Organismus nicht die gleiche Wirkung hervorruft. Nach und nach merkte ich, daß ein einzelner Cocktail nicht mehr genügte, mich in Stimmung zu bringen. Ein Cocktail ließ mich kalt. Er schenkte weder Glut noch Lachen noch Kitzel. Um die Wirkung hervorzurufen, die ursprünglich ein Cocktail getan hatte, brauchte ich nun zwei oder drei. Und auf diese Wirkung war ich angewiesen. Ich kippte meinen ersten Cocktail um halb zwölf, wenn ich mich mit der Morgenpost in die Hängematte legte, und meinen zweiten trank ich eine halbe Stunde später, unmittelbar vor dem Essen. Ich gewöhnte mir an, zehn Minuten früher aus der Hängematte zu klettern, um mit mehr Anstand statt des einen zwei Cocktails vor dem Essen zu trinken. Das wurde die Regel – drei Cocktails in der Stunde zwischen der Arbeit und dem Mittagessen. Und das sind zwei der gefährlichsten Gewohnheiten, die ein Trinker annehmen kann: regelmäßig und allein trinken. Besuchte mich jemand, so war ich stets bereit, ein Glas mit ihm zu trinken. Kam keiner, so trank ich allein.»

Simenon sagte, in Amerika habe er gelernt, sich für sein Trinken zu schämen, was ihm in Frankreich fremd gewesen sei. Die puritanische Tradition konnte mit Amerikas Durst nie ganz in Einklang gebracht werden.

«Es gibt Zeiten und Anlässe, wo Trinken einfach in der Luft liegt, ja wo es regelrecht zur moralischen Pflicht wird», schrieb Kazin. Ein Grund, weshalb es in den zwanziger Jahren «in der Luft lag», ist in der großen Umwälzung des noch an der Alten Welt orientierten, kleinstädtischen Amerika zum Großstadtleben, zum großen Geld und zum großen Aufschwung zu finden. Diese Epoche war eine Zeit der Dekadenz.

Der englische Schriftsteller Dan Davin[26] sagt, die «Dekadenz, die zur Jahrhundertwende der Höhepunkt der europäischen Romantik gewesen war … griff langsam und spät nach Amerika über, aber die typisch dekadente Selbstzerstörung – und die Zerstörung der Form auf der Suche nach Originalität – wurde durch die typisch amerikanische Wucht noch verstärkt, so daß Genie nun gleichbedeutend war mit der grenzenlosen Fähigkeit, Schmerzen zu erleiden und den größten Durst zu haben, mit dem Ergebnis, daß der daraus folgende Verfall viel überwältigender und spektakulärer ist als zum Beispiel der anämische Niedergang des Ernest Dowson[27]».

Die meisten Amerikaner haben nie von Ernest Dowson gehört – vielleicht weil sein Niedergang so anämisch war.

Bei einem Teil der alkoholsüchtigen amerikanischen Schriftsteller gibt es eine prosaischere Erklärung: ihre Anfänge als Zeitungsleute in einer Zeit, wo viel Alkohol zum Berufsprofil des Reporters gehörte. (Mindestens die Hälfte aller bekannten alkoholsüchtigen Schriftsteller in der ersten Jahrhunderthälfte arbeitete zeitweise für Zeitungen oder Zeitschriften.)

Jim Bishop[28] erinnert sich, daß es vor etlichen Jahren noch fünfzehn «gutgehende Zeitungen in New York» gab – jede Redaktion lag unmittelbar neben einem Saloon. Diese Trinkanstalten boten mehr als die passende Atmosphäre für den Feierabend; sie waren Orte, wo Reporter, Photographen, Setzer, Drucker und Redaktoren anschreiben lassen konnten: «Diejenigen, die sich dort vollaufen ließen, nahmen vermutlich zu einer garantiert wirksamen Verteidigungsstrategie Zuflucht: Die tägliche Anspannung des Nachrichtensammelns, die Mühsal, sich die ganze Story zu beschaffen und sie rechtzeitig zum Redaktionsschluß fertig zu haben; das Erscheinen der Konkurrenzblätter abzuwarten, nur um dann zu sehen, daß sie einen wesentlichen Teil der Geschichte herausgefunden hatten, der uns entgangen war; die Frustration, einer guten Story auf den Grund gegangen zu sein, damit der Lokalredaktor dann Daumen und Zeigefinger gegeneinander drückt und dazu murmelt: ‹Mach mir drei Schaubilder.› All dies führte dazu, daß sich viele gute Männer wie billige Wecker fühlten, die stets bis zum Anschlag aufgezogen waren und nach der

Willkür der Lokalredaktion läuten mußten. Viele verließen das Büro und suchten den Saloon in der Absicht auf, sich zwei Gläser zu genehmigen, bevor sie den Pendelzug nach Hause nahmen. Jedoch war die Unterhaltung an der Bar immer höchst abwechslungsreich, und das Vergnügen, im Kreise der Zunftgenossen zu plaudern, führte dazu, daß sie ein ums andere Mal ihren letzten Drink bestellten.

Die Hauptursache für das Trinken ist der Katzenjammer des Menschen. (Eine scharfsinnige Beobachtung, die sich auch durch wissenschaftliche Daten untermauern läßt.) Viele Journalisten fanden es unmöglich, am nächsten Morgen auf halbwegs zuverlässige Weise zu denken, wenn sie am Abend zuvor alles der Flasche gebeichtet hatten. So führte das Trinken zum Katzenjammer, und der Katzenjammer führte wieder zum Trinken, und doch würde ich rückblickend behaupten, daß es auf der Zeitungsredaktion weniger Alkoholiker gab als auf einem durchschnittlichen Polizeiposten.»

Die Schriftsteller, die am bereits erwähnten Podiumsgespräch teilnahmen, kamen zum Schluß, daß Journalisten genau wie Romanciers dazu neigen, den Alkoholismus mythologisch und romantisch zu verbrämen, obwohl er im Grunde nur eine «niedrige, elende und schäbige Seuche» ist, die man heutzutage heilen kann. Sie waren sich darin einig, daß Reporter heute weniger trinken als früher. Vielleicht ist das ein Grund dafür, daß sich die große amerikanische Epidemie der alkoholsüchtigen Schriftsteller abzuschwächen scheint.

Hemingway hatte seine eigene Theorie, um zu erklären, wieso so viele amerikanische Schriftsteller alkoholsüchtig wurden. Weil sie nämlich ihr Handwerk mit gemischten Gefühlen betrieben: Einerseits wollten sie große Schriftsteller sein, an die man sich ewig erinnern würde, andererseits wollten sie als Schriftsteller auch reich und berühmt werden. Sie wollten nicht das Urteil der Nachwelt abwarten, sondern hier und jetzt Erfolg haben.

Das setzte sie natürlich unter Druck. Schuld daran war Amerika. William James nannte den Erfolg eine «göttliche Hure» und fügte hinzu, es handle sich dabei um die wichtigste Gottheit Amerikas. Hemingway teilte diese Ansicht; für ihn war der

Alkohol ein «Riesenkiller», wobei man den Riesen durchaus als Amerika mit seinem Erfolgskult verstehen kann. Alfred Kazin schien die Hemingway-Theorie jedenfalls einzuleuchten, denn er führte aus: «Die Geschichte der amerikanischen Schriftsteller, die anfangs des neunzehnten Jahrhunderts beginnt, ist geprägt durch einen unnatürlich heftigen Druck, durch körperliche Isolation und eine Entfremdung von den angeblich so angenehmen und lieblichen Seiten des amerikanischen Lebens. Ein genialer Schriftsteller und Journalist wie Poe litt stets an Geldmangel ... und trug so dazu bei, daß sich die Marktpsychologie unter den amerikanischen Schriftstellern verbreitete. Als diese Perspektive in den zwanziger Jahren überhandnahm, rückte für literarische Schriftsteller allmählich der große Durchbruch und das große Geld in den Bereich des Möglichen. Aber dann ging es mit den großen Alkoholikern unter den Schriftstellern erst richtig los.»

Alkoholismus mit Hilfe einer solchen Stress-Theorie zu erklären, lehnen die meisten Alkoholismus-Experten ab. Aus einer Perspektive jenseits des Atlantik fand Dan Davin jedoch Beweise für Hemingways Theorie in Hemingways eigenen Briefen. Auffallend sei darin, so sagt Davin, der «ausdrückliche Wunsch, der ‹Champion› zu sein; andauernd spricht er von Kämpfen über zwanzig Runden mit Tolstoi (wohl eher im Boxring als in der Bar). Könnte es sein, daß amerikanische Schriftsteller Erfolg und Kunst durcheinanderbringen und den Erfolg zudem noch an den Tantiemen und am öffentlichen Echo messen? Und daß der Stress, den dieses Wettbewerbsdenken mit sich bringt, unweigerlich dazu führt, daß sie immer mehr zu übermäßigem Alkoholkonsum Zuflucht nehmen? Oder handelt es sich um ein Überbleibsel des Macho-Gehabes aus der Pionierzeit? Muß sogar ein Schriftsteller beweisen, daß er weder im richtigen Leben noch in seiner Literatur ein Schwächling ist?»

Oder, fragt Davin, lag es einfach am starken Whiskey, der in amerikanischen Bars ausgeschenkt wird?

Vielleicht war Homer ein Säufer. Er war blind, aber auch Thurber war blind und trotzdem ein Säufer. Homer verweilt gerne beim Wein, singt vom «weinfarbenen Meer» etc. Leider gibt es keine zuverlässige Homer-Biographie …

Vor Homer waren schon die Höhlenmaler Säufer. Wenigstens ist dies die Ansicht eines auf die Geschichte des Weins spezialisierten Historikers, der den Eindruck hatte, daß die Höhlenmaler «aufgrund ihrer unbezweifelbaren Intelligenz vermutlich mit der Inspirationskraft des Weins vertraut waren»: «Zumindest im Sinne eines Diskussionsbeitrags können wir die Entstehung der Weinherstellung bis ins Zeitalter der Magdalenischen Felsenmaler (vor mindestens 10000 Jahren) zurückverlegen … eine prähistorische Rebe mit dem Namen *Vitis silvestris* ist mehr oder weniger kälteresistent, und … sogar im eher kühlen Klima der Magdalenischen Zeit könnte diese Rebe reife Trauben hervorgebracht haben; und wenn dem so war, dann ist es gut möglich, daß die Felsmaler Wein tranken … Wenn man sich die Virtuosität der Magdalenischen Felsmalereien vor Augen führt, kann man sich kaum vorstellen, daß Menschen, die eine derartige Kunst entwickeln konnten, nicht zufälligerweise auch die Weinherstellung entdeckt haben sollen.»

Das Bedürfnis nach so etwas wie Alkohol ist bestimmt so alt wie die Menschheit – *Homo anxius* … Berton Roueché[28] zufolge «bestehen die Grundbedürfnisse der menschlichen Rasse – darüber sind sich deren Mitglieder seit langem einig – in Nahrung, Kleidung und Unterkunft. Zu dieser grundlegenden Dreifaltigkeit würden die meisten modernen Experten wohl die ebenso wichtigen Punkte *Sicherheit* und *Liebe* hinzufügen. Es gibt allerdings noch viele andere Bedürfnisse, deren Befriedigung zwar weniger zentral sein mag, die aber dennoch nicht einfach übergangen werden dürfen. Das drängendste dieser Bedürfnisse ist vielleicht dasjenige, sich von Zeit zu Zeit von den unerbittlichen Klauen der Wirklichkeit zu befreien. Seit es Geschichtsschreibung gibt, haben alle Menschen unter dieser Tyrannei des Geistes und des Gedächtnisses gelitten, und sie alle haben

verläßliche Mittel und Wege gesucht (und auch gefunden), diesen Griff zu lockern.»
Viele amerikanische Schriftsteller dieses Jahrhunderts kam diese Lockerung jedoch teuer zu stehen. In ihren liebevollen Erinnerungen an ihren Vater schreibt Susan Cheever, ihr Vater sei jahrelang «stolz gewesen auf seine Fähigkeit, hochprozentigen Schnaps in großen Mengen zu trinken ... denn das Trinken war ein männlicher Genuß, ein Beweis für Macht, Mut und maskuline Standhaftigkeit. *Alle großen Schriftsteller haben getrunken.*» (Hervorhebung von mir, D. G.)
Dann zitiert sie eine Passage aus seinen Tagebüchern, die 1969 entstanden, also zu einer Zeit, da Cheever sowohl unter seiner Verschuldung wie auch unter dem Alkohol litt; diese Passage ist von derart schmerzlicher Poesie, daß sie als Abschluß dieser traurigen Betrachtungen dienen mag:
«Mein Beschwörungsritual hat sich geändert. Ich sitze nicht mehr in sauberen Chinos unter dem Apfelbaum und lese. Ich sitze nackt im gelben Stuhl des Eßzimmers. In meiner Hand halte ich ein großes Kristallglas, das bis zum Rand mit honigfarbenem Whiskey gefüllt ist. Im Whiskey schwimmen zwei Eiswürfel. Ich rauche sechs oder sieben Zigaretten und denke zufrieden über meine interessanten Reisen durch Ägypten und Rußland nach. Wenn das Glas leer ist, fülle ich es abermals mit Eis und Whiskey und zünde mir noch eine Zigarette an, obwohl sich im Aschenbecher noch mehrere angerauchte befinden. Ich sitze nackt in einem gelben Stuhl, trinke Whiskey und rauche sechs oder sieben Zigaretten.»

Bibliographische Notiz

Dieses Kapitel entwickelte sich aus Notizen, die ich während einer Zeitspanne von zwanzig Jahren angelegt habe, außerdem aus vielen Gesprächen mit Schriftstellern, Trinkern und trinkenden Schriftstellern. Der amüsanteste Artikel über dieses nicht immer so amüsante Thema stammt von Barnaby Conrad (*Horizon*, Dezember 1980). Der Kritiker Alfred Kazin kann in seinem Artikel «The Giant Killer» (*Commentary*, März 1976) mit einigen alten und neuen Anekdoten aufwarten. Bob Dunham liefert in der Januar/Februar-Ausgabe 1984 der Saturday

Review einige weitere Anekdoten. Die Umfrage der Zeitschrift *Writer's Digest* erschien in der Ausgabe von Oktober 1978 und beinhaltete Zitate von Jim Bishop, William McIlwain und Michael Crichton. Ein ausgezeichneter Artikel von Marcus Grant mit dem Titel «Drinking and Creativity: A Review of the Alcoholism Literature» wurde im Juni im Rahmen des Sechsundzwanzigsten Internationalen Seminars über Alkoholismus-Prävention und -Therapie vorgestellt.

Im Oktober 1979 unterhielten sich vier bekannte Autoren (Ian Hunter, Roger Kahn, Ring Lardner Jr. und Jill Robinson) bei einem vom «New York City Affiliate of the National Council on Alcoholism» gesponserten Seminar über trunksüchtige Schriftsteller. Ihre Beobachtungen waren äußerst hilfreich. Robert J. Wilshire bin ich für die Erlaubnis zu Dank verpflichtet, aus seiner unveröffentlichten Dissertation «Making Them Pay: Alcoholism, Writing and the Madness of Art» zitieren zu dürfen. Die Baudelaire-Zitate stammen aus dem in den *Yale French Studies* (Nr. 50, 1974, «Intoxication and Literature») abgedruckten Text «Enivrez-vous». Das Nietzsche-Zitat stammt aus der *Götzen-Dämmerung* (Kritische Studienausgabe, dtv/de Gruyter, München/Berlin/New York 1980, Band 6, S. 116 ff.). *Twelve Steps and Twelve Traditions* wurde 1974 vom Weltdienst der Anonymen Alkoholiker veröffentlicht.

Ralph Maloney beschäftigt sich in der Einleitung zu seiner Geschichtensammlung *Fish in a Stream in a Cave* (W. W. Norton, New York 1972) mit Alkoholismus. Berton Roueché habe ich aus dessen Buch *Alcohol* (Little, Brown & Co., New York 1960) zitiert. Die Spekulationen über die alten Felsenmaler stammen aus William Youngers Buch *Gods, Men and Wine*, aus dem in dem von Alan Bold herausgegebenen Band *Drink to Me Only* (Robin Clark, London 1982) zitiert wird. Offenbar das einzige Buch, das sich bisher hauptsächlich mit trinkenden Schriftstellern befaßte, war Donald Newloves *Those Drinking Days* (Horizon Press, New York 1981); es handelt größtenteils vom Autor selbst, beinhaltet aber auch Anekdoten über andere Schriftsteller. Dan Davins Bemerkungen über Alkohol in Amerika stammen aus einer Besprechung von Newloves Buch im *Times Literary Supplement* vom 16. Oktober 1981.

Art Hills Text «The Alcoholic on Alcoholism», einer der klügsten Artikel zum Thema, erschien in der Herbst-Ausgabe 1974 der Zeitschrift *Canadian Literature*. Die Truman-Capote-Zitate stammen zur Hauptsache aus Nachrufen auf ihn. Arnold Ludwigs Bemerkungen über Trance-Zustände wurden 1966 in den *Proceedings of the Second Annual Conference of the R. M. Bucke Memorial Society* veröffentlicht.

Einige der kurzen Passagen von und über John Cheever stammen aus Susan Cheevers wunderbarem Buch über ihren Vater mit dem Titel *Home Before Dark* (Houghton Mifflin, Boston 1984). Gilman Ostrander ist Professor für Geschichte an der Universität of Waterloo in der kanadischen Provinz Ontario.

1987 publizierte Thomas B. Gilmore, Anglistik-Professor an der Georgia State University, eine Reihe von Aufsätzen über Bücher und Kurzgeschichten aus der Feder von acht Schriftstellern, von denen sieben Alkoholiker waren (die einzige Ausnahme bildete Saul Bellow). Ihre Werke – wenigstens die von Gilmore besprochenen – troffen vor Alkohol und eigneten sich deshalb bestens für Gilmores Zwecke: den Alkoholiker als «Menschen», nicht als Klischee zu zeigen. Gilmore verwandte neun Jahre, um dieses Buch zu verfassen und gab ihm den Titel *Equivocal Spiritis* (University of North Carolina Press, Chapel Hill 1987), weil er die Ansicht vertrat, daß Alkohol für Schriftsteller manchmal gute, manchmal schlechte, meistens aber schlechte Auswirkungen habe. Das Werk ist spannend und reich an Informationen.

Nancy Andreasens Studie wurde in der Oktober-Ausgabe 1987 des *American Journal of Psychiatry* veröffentlicht.

---

[1] Elwyn Brooks White (1899–1985), Autor von Gedichten und Kinderbüchern, Redaktor beim *New Yorker*.

[2] John Ciardi (1916–1986), amerikanischer Lyriker.

[3] Alexander Woollcott (1887–1943), Kolumnist beim *New Yorker*.

[4] Lizzie Borden (1860–1927) wurde 1893 angeklagt, ihren Vater und ihre Stiefmutter mit der Axt umgebracht zu haben; der Prozess endete mit einem Freispruch, aber in der Öffentlichkeit wurde sie dennoch zur klassischen Elternmörderin stilisiert.

[5] Bret Harte (1836–1902), Journalist und Vertreter einer Lokalkolorit-Literatur des amerikanischen Westens, Mentor von Mark Twain.

[6] Artemous Ward = Charles F. Browne (1834–1867), amerikanischer Journalist, Humorist und Schriftsteller.

[7] John Cheever (1912–1982), amerikanischer Romancier.

[8] Elmore Leonard (geb. 1925), Krimi-Autor.

[9] James Dickey (geb. 1923), vor allem als Lyriker bekannt gewordener amerikanischer Autor.

[10] Jill Robinson (geb. 1936), im Hollywood-Filmbusiness aufgewachsene Autorin, schrieb vor allem autobiographische Romane.

[11] Raymond Carver (1938–1988), amerikanischer Autor, Erzählungen von ihm dienten Robert Altman als Vorlage zu *Short Cuts*.

[12] Lawrence Block (geb. 1938), amerikanischer Erzähler.

[13] Roger Kahn (geb. 1927), Journalist bei Sportzeitschriften und beim *Esquire*, Autor von Kinderbüchern und Biographien.

[14] Dylan Thomas (1914–1953), walisischer Dichter im spätromantisch-surrealistischen Stil, der vor allem bei Lesereisen durch die Vereinigten Staaten gefeiert wurde.

[15] John Berryman (1914–1972), amerikanischer Lyriker.

[16] Thomas Thompson (1933–1982), amerikanischer Autor.

[17] Angus Wilson (1913–1991), englischer Schriftsteller.

[18] Norman Douglas (1868–1952), in Österreich geborener britischer Diplomat, Wissenschaftler, Journalist und Schriftsteller, der viele Reisebücher schrieb; das 1917 erschienene *South Wind* schildert ein sorgenfreies Leben am Mittelmeer.

[19] Willa Cather (1876–1947), amerikanische Autorin von psychologisch-realistischen Romanen.

[20] A. E. Housman (1859–1936), englischer Lyriker.

[21] James Thurber (1894–1961), amerikanischer Schriftsteller und Cartoon-Zeichner.

[22] Anthony Burgess (geb. 1917), englischer Schriftsteller, Kritiker und Komponist. Berühmt geworden durch seinen von Stanley Kubrick verfilmten Roman *Uhrwerk Orange (Clockwork orange).*

[23] Robert Lowell (1917–1977), amerikanischer Lyriker.

[24] Cesare Lombroso (1836–1909), italienischer Mediziner, Anthropologe und Begründer der Kriminologie. Er stellte haarsträubende Theorien über die Zusammenhänge zwischen avantgardistischen Künstlern und kriminellen Geistesgestörten auf.

[25] Leon Edel (geb. 1917), emeritierter Anglistik-Professor der University of Hawaii.

[26] Dan Davin (geb. 1913), in Neuseeland geborener, in Oxford lehrender Professor für englische Literatur und Romancier.

[27] Ernest Dowson (1867–1900), englischer Symbolist und Fin-de-siècle-Poet.

[28] James Alonzo Bishop (1907–1987), amerikanischer Journalist.

[29] Berton Roueché (geb. 1911), amerikanischer Medizinjournalist.

Danksagungen

Ich möchte meiner Frau Sally für ihre gewohnte, unverzichtbare Hilfe danken.
Ich möchte Peter L. Simpson, dem Freund, Dichter und Kritiker, für seine Hilfe danken.
Ich möchte einem weiteren Freund, George Wedge, für seine Hilfe danken. Professor Wedge leitet an der University of Kansas eine Lehrveranstaltung über trinkende Schriftsteller und weiß vielleicht mehr über dieses Thema als irgend jemand sonst.
Ich möchte Mrs. Evelyne Karson danken, deren Geduld und deren Textverarbeiter ein Geschenk des Himmels sind.
Ich möchte Gilman Ostrander, Professor für Geschichte an der University of Waterloo in Ontario (Kanada) danken, weil er eine der wenigen vertretbaren Theorien – vielleicht die einzige – mit mir teilt, welche erklären kann, weshalb alkoholsüchtige Schriftsteller trinken.
Von den Kapiteln über Fitzgerald, O'Neill und Simenon sind Teile ursprünglich im *Journal of the American Medical Association* erschienen.

Dankbare Anerkennung geht an folgende Verlage für die Erlaubnis, aus ihren Titeln zu zitieren: Douglas Day, *Malcolm Lowry: A Biography*, copyright 1973, Oxford University Press. Abdruck mit Erlaubnis des Verlages. Auszüge aus der Korrespondenz von Mrs. Malcolm Lowry, die ursprünglich in Douglas Days Biographie erschienen, wurden mit Erlaubnis der Sterling Lord Literistic, Inc., wieder abgedruckt.
Canadian Literature, wo Art Hills Artikel über Malcolm Lowry erstmals im Herbst 1974 erschien.

Der Übersetzer dankt herzlich:
Dem Lektor Thomas Schlachter, Zürich, für unverzichtbare Korrekturen und Anregungen.
Véronique Müller, Küsnacht, für medizinische Auskünfte.
Cameron Truong, Palo Alto, für ihre Hilfe bei sprachlichen Knacknüssen.

Bildnachweise:
Poe: Comet
Fitzgerald: RDZ
Hemingway: Keystone
Steinbeck: Sidney Stafford, Brookhaven, N.Y.
Simenon: Université de Liège
Faulkner: University of Mississippi, Jackson
O'Neill: S. Fischer Verlag
Lowry: University of British Columbia, Vancouver

Donald W. Goodwin, geboren am 25. September 1931 in Parsons, Kansas. Studium der Anglistik und der Psychiatrie. Emiritierter Professor für Psychiatrie der Universität von Kansas in Kansas City. Zahlreiche Veröffentlichungen zur Alkoholismusforschung. Lebt in Kansas City, Missouri.

Michael Pfister, geboren am 10. November 1967 in St. Gallen. Journalist und Übersetzer, arbeitet zur Zeit zusammen mit Stefan Zweifel an einer Übersetzung von Marquis de Sade, *Juliette et Justine*. Lebt in Küsnacht am Zürichsee.

Edition Epoca
Werdstr. 128
CH-8003 Zürich